天下文化
BELIEVE IN READING

科學文化 138A

馭風男孩

The Boy Who Harnessed the Wind

Creating Currents of Electricity and Hope

by William Kamkwamba & Bryan Mealer 吳茵茵 譯

獻給我的家人

contents
目錄

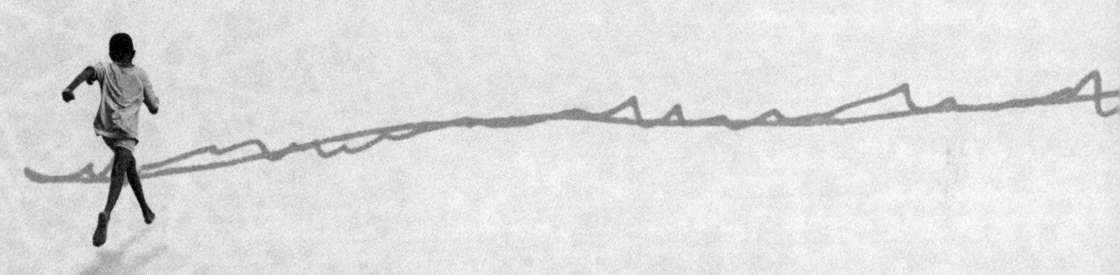

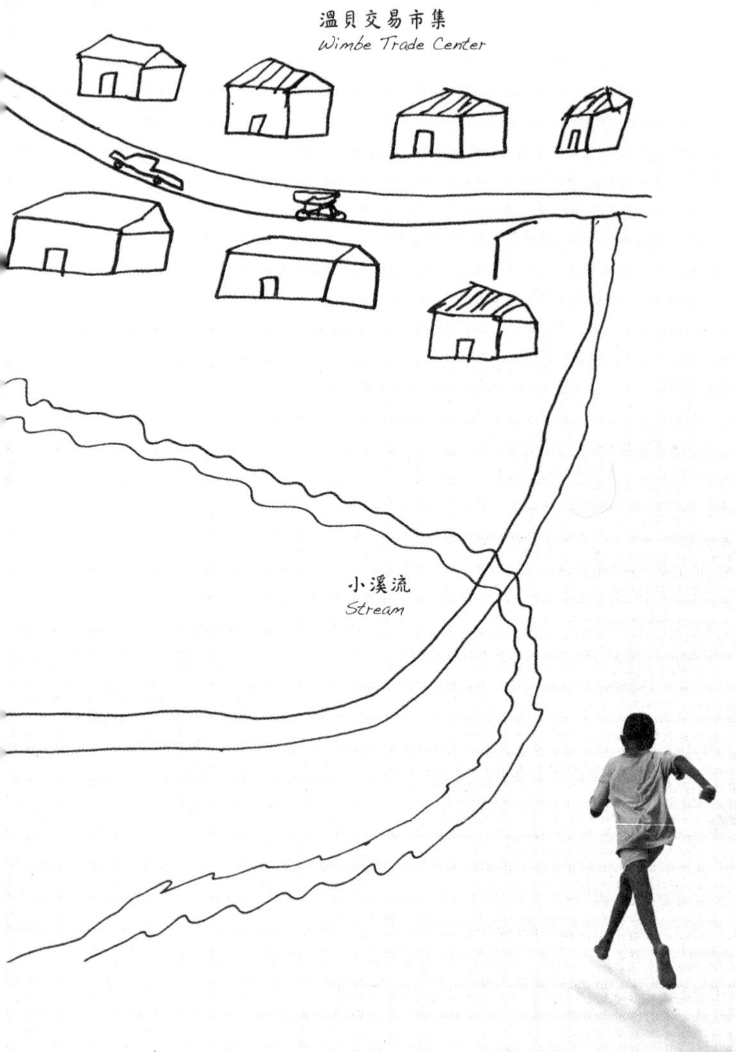

溫貝交易市集
Wimbe Trade Center

小溪流
Stream

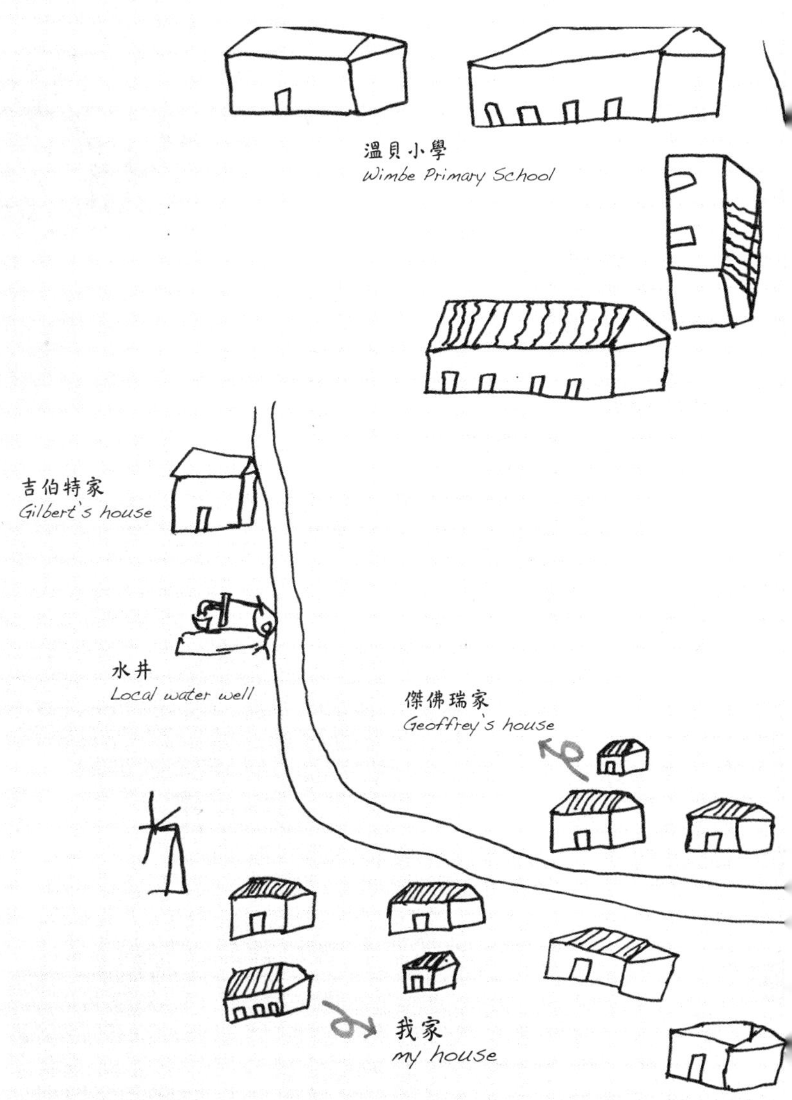

我的世界從馬拉威溫貝鎮的馬斯塔拉村開始，我、堂哥傑佛瑞和我們的朋友吉伯特住得很近，是形影不離的三人幫，溫貝小學是我們知識的啟蒙地，交易市集則是我們閒暇時最愛流連的地方。你注意到我把風車蓋在哪裡了嗎？

威廉・坎寬巴（William Kamkwamba）畫

前言

風車發電了

準備工作已經完成，於是我耐心等候。之前工作得太認真，我雙臂的肌肉依然痠疼得如熾火燃燒。不過現在大功告成了，風車已經用螺栓固定，穩穩當當的安裝在風塔上。風塔在扭曲的鋼鐵和塑膠材料的重量之下，紋風不動、穩固扎實。現在我看著它，覺得它百分之百就是這個樣子——那來自夢想中的物體。

風塔建好的消息傳遍四周的村莊，大夥兒陸續抵達。做買賣的從他們的攤位看到風塔，於是打包收攤；卡車司機把車停在路旁。大家走入山谷，聚集在風塔的陰影下。我認得這些面孔，其中有些人幾個月來都對我冷嘲熱諷，現在仍彼此咬著耳朵，甚至哈哈大笑。來的人愈來愈多，是時候了。

我左手拿穩一小段蘆葦稈，它的一端接著燈泡，另一端有電線穿出來，我單靠右手把自己拉上風塔的第一條木階。柔軟的木頭因我的重量而咿軋作響，人群安靜了下來。我信心十足的繼續慢慢往上爬，最後來到風車粗糙簡陋的結構面前。它的塑膠葉片燒得發黑，金屬骨架用螺栓拴緊並焊接固定。我停住不動，仔細端詳上面的鏽斑和漆點，欣賞它們在遠方田野和山林襯托下的模樣。每一塊零件都訴說自己的來龍去脈，在艱難和恐懼之中如何遭到遺棄，而後又重新給找回來，現在終於聚在一起，我們都彷彿脫胎換骨重生了一般。

風車的中央有兩條電線懸盪著，在微風中輕輕擺動，電線的尾端已經磨損了。我把這兩條電線跟蘆葦稈上的電線連接起來，這個動作我已經在腦中預演了無數次。下方的群眾格格笑了起來，有如一幫子嘎吱亂叫的鳥兒。

「安靜，」有人說：「我們來看看這小子到底秀逗到什麼程度。」

一陣風驟然吹起，掩蓋了底下的人聲，風逐漸增強，轉為穩定的強風，攫住了我的運動衫，呼嘯穿過風塔的木階。之前我用一根拗彎的鋼絲固定住風車的轉輪，現在我伸手把它拿開，輪軸和葉片一脫離電線的束縛就開始旋轉，一開始轉得很慢，後來愈轉愈快，最後，那股力道讓整座風塔搖晃不已。我的膝蓋已經打不直了，但我硬撐著。

別讓我失望呀。

我緊抓住接著燈泡的蘆葦稈，等待奇蹟出現。終於奇蹟到來，起先掌中的燈泡只是閃現一絲光芒，後來突然增強為絢麗的亮光。群眾倒抽一口氣，身子不禁顫抖，小孩往前鑽動，想要看得更清楚。

「是真的哪！」某人嘆道。

「沒錯，」另一個人說：「這小子成功了。」

第一章

馬拉威的世界

在我發現科學的奇蹟之前，巫術統御著世界。巫術和許多相關的玄祕之事，有如不斷糾纏的幽靈，烙下我兒時最早的記憶——當年我面臨死亡的威脅，父親把我救回來，成為今天的馭風英雄。

當時六歲的我正在路上玩耍，一群牧童開懷高歌、手舞足蹈的走了過來。這裡是卡桑古（Kasungu）市附近的馬斯塔拉（Masitala）村，我們一家人住在此地的農莊裡，這些牧童替附近一位養了許多牛的農夫工作。他們告訴我早上放牛時，發現路上有個大布袋，打開後瞧見裡頭滿是泡泡糖。居然發現這樣的寶藏，真是不可思議！你大概無法想像我有多喜愛泡泡糖。

「要不要給這孩子一些？」一個牧童問。

我動都不敢動，甚至連呼吸都暫停了。我的頭髮中夾雜著幾片枯葉。

「呃，好啊，」另一名說：「他看起來真可憐。」

一名牧童從布袋裡掏出一大把色彩繽紛的泡泡糖球，放入我的手中。我一口氣把它們全部塞入嘴裡，牧童離開時，我感受到那香甜的汁液沿著下巴滾落下來，濡濕了我的上衣。

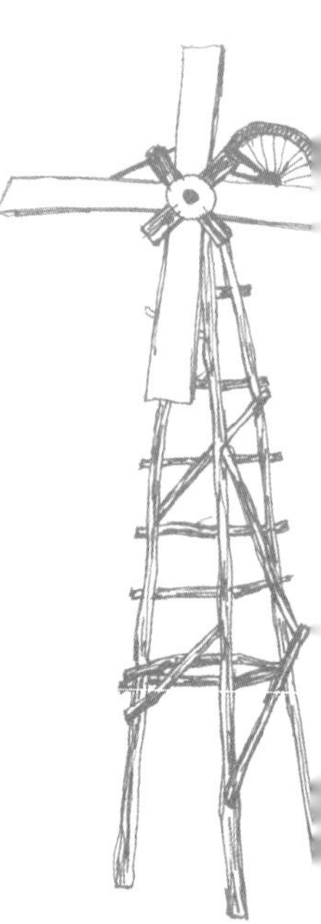

隔天我在芒果樹下玩耍時，一名騎著腳踏車的生意人停下來和我父親聊天。他說前天早上去市場的時候，掉了一個布袋在路上，等發現後連忙繞回去找，但已經被拿走了。他表示那布袋裡全是泡泡糖，一些同行跟他說，有牧童在附近好幾個村莊裡到處發放泡泡糖，這把他氣炸了。他這兩天騎腳踏車繞遍這整個地區，誓言要把那些牧童一個個搜出來。然後他還放狠話威脅：

「我已經去找希南佳了，不管是誰吃了泡泡糖，很快就會後悔的！」

希南佳是巫師。

我老早就把泡泡糖吞下肚了，那原本縈繞不去的香甜記憶，現在竟變成了舌尖上的毒藥。我開始冒冷汗，一顆心跳得超快。趁大家不注意，我跑到家裡後面的藍桉樹叢，靠在樹旁盡量把自己清乾淨。我拚命吐口水和嘔痰，把手指往喉嚨深處挖，試過所有把詛咒趕出身體的方法，搞得我快虛脫了。我吐出來的口水把腳邊的樹葉都染了顏色，於是趕忙用泥土蓋住。

但是接下來就彷彿烏雲蔽日般，我感覺巫師的大眼睛穿透樹林監視著我。我吃了他的符咒，現在他的邪惡占據了我的心。晚上，成群的巫婆就會來床上抓我，把我帶上她們的飛機，強迫我打鬥對抗，再把我拋棄在巫術戰場上，任我自生自滅。我遭拋棄的靈魂會孤零零的在雲端上飄泊，清晨之前我的身軀就會冷去。

對死亡的恐懼，像發燒一樣席捲了我。

我哭得走不動，滾燙的淚水流下臉頰，這同時，毒藥的氣味充滿了鼻腔，遍布全身。我死命逃離樹林，努力掙脫巨大巫眼的注視。我直衝回家，父親正坐在屋旁，為成堆的玉米剝苞葉。我真想撲倒在他懷裡，讓他保護我不受惡魔侵擾。

「就是我啦，」我嗚嗚咽咽的說，眼淚淹沒了我的話語，「是我吃了他們撿到的泡泡糖。爸爸，我不想死，別讓他們把我抓走！」

父親望了我一秒鐘，然後搖搖頭。

「是你啊，欸？」他說，然後露出似笑非笑的表情。

難道他不明白我死定了嗎？

「唉呀，」他一邊說，一邊從椅子上站起來。我父親很高大，每次他一站起來，膝蓋就會啪答響，「別擔心，我會找到那個商人，跟他解釋清楚。我們一定找得到方法解決的。」

那天下午，父親走了八公里的路，抵達那位商人居住的馬薩卡市。父親跟他解釋整個事情的來龍去脈，表示牧童經過時給了我一些偷來的泡泡糖。然後父親二話不說，把一整袋泡泡糖的錢付給商人，那可是他一星期的工資哪！

當晚吃完晚餐，我的小命已經救了回來，我問起父親詛咒的事情，問他是不是真的相信我差點玩完了。他收起笑容，變得非常嚴肅。

「那當然，我們即時解除了詛咒，」他說，然後開懷大笑，讓我非常開心，他碩大的胸膛有節奏的起伏著，木椅也跟著吱嘎作響，「**威廉，誰知道你以後會怎樣呢？**」

小時候的我緊挨著父親。對我而言，他是世界上最高大、最強壯的人。

地點：馬斯塔拉村。日期：不明。　坎寬巴家族照片

我父親英勇堅強，不怕巫術，但所有的故事他都曉得。在沒有月光的夜晚，我們會點亮一盞燈，聚集在客廳裡，我和姊妹坐在父親的腳邊，聽他解說世界的運作方式，巫術怎麼打從一開始就跟我們息息相關。父親說，在貧農居住的土地上，單是上帝和人碰到的麻煩就夠多了，為了彌補這樣的失衡，巫術才會存在，成為第三股強大的力量。巫術不是你看得到的東西，不像是一棵樹，或是汲水的女子，而是像風一樣無形但強大的力量，或是像擋住小徑的蜘蛛網。巫術存在於故事之中，我們最喜歡的是「姆瓦賽酋長與卡桑古之役」的故事。

在十九世紀初期，甚至到現在，我們契瓦族一直是非洲中央平原的統治者。我們是在許多世代以前，於戰爭頻繁、疾病肆虐的時期，從剛果南部的高地逃到中央平原來的；由於時日漫長，我們就在土壤呈紅黑色的肥沃之地安頓下來。

這段時期，就在我們村莊的西北部，有一隻凶猛殘暴的黑犀牛把這一帶搞得風聲鶴唳。牠比三噸的輕型卡車還龐大，牛角跟我父親的手臂一樣長，牛角尖跟匕首一般鋒利。當時，村民和動物共用一個天然水坑，那隻犀牛會把整個身子泡在淺水處埋伏著。去水坑汲水的大多是像我母親和姊妹這樣的婦女和小女孩，在她們把提桶往水裡舀時，犀牛就會奮起出擊，用力道強大的蹄子戳刺和重踏，最後只剩下血淋淋的破爛衣衫。幾個月下來，令人膽顫心寒的黑犀牛殺了一百多人。

有天下午，一名契瓦族的王族少女在天然水坑被踩踏至死。酋長聽到消息後憤怒不已，決定採取行動。他召集長老與戰士一起研擬計畫。

「這隻犀牛是一大禍害，」酋長說：「我們要怎麼解決牠？」

大家拋出許多點子，但酋長似乎都不甚滿意，最後他的一位助手站起身來。

「我知道里朗威有個人，」他說：「他不是酋長，但有一把白人的槍，也很擅長巫術。他法力無邊、神機妙算，絕對能夠打敗這隻黑犀牛。」

助手說的這個人就是姆瓦賽‧奇法祖，他的法術高超，名聲傳遍整個國度。姆瓦賽是個會施法術的獵人，他的大名意指「化身為青草的殺手」，因為他能夠把自己偽裝成田野中的一叢蘆葦，埋伏獵捕獵物。酋長的手下走了一百公里的路，來到里朗威求援，姆瓦賽同意協助這些來自卡桑古的同胞。

一天清早，太陽還沒出來前，姆瓦賽就已經來到水坑。他站在水岸邊的高草叢中，把神水灑在身上和來福槍上，頓時身體和槍都消失不見，化成了微風中的音樂。幾分鐘過後，黑犀牛踏著雄壯有力的步伐，轟隆隆的越過山丘，朝水泉走來。牠笨重的身軀噗通沒入淺灘時，姆瓦賽輕手輕腳的爬到牠身後，把一顆子彈送進牠的腦袋。犀牛頹然倒下，一命嗚呼。

大夥兒立刻歡宴慶祝，整整三天，全區的村民盡情享用這頭殘害無數生命的可怕野獸的肉。在慶典的最高潮，酋長把姆瓦賽帶到最高山丘的頂端，俯瞰契瓦族統治的土地。這座山丘叫做「姆瓦拉瓦恩岩結」，意思是「可食蒼蠅之岩」，因為峰頂有幾座懸崖，且山丘的樹林中住著美味多汁的肥嫩蒼蠅。

酋長站在「可食蒼蠅之岩」的頂端，指著底下一大片綠色土地，轉頭對姆瓦賽說：

「由於你殺了那隻大家最害怕的恐怖野獸，我要賞賜你，授予你權力，掌管山的這一頭，以及在山頂視野所及的全部土地。把家人帶來，把這裡當成你的家，現在這裡歸你管轄了。」

於是姆瓦賽回到里朗威，把家人帶過來，不久之後，他建立了一個蓬勃發展的帝國。他的農田物產豐饒，以玉米和蔬菜餵飽整個地區的居民。他的子民營養充足、身體強健，他的戰士驍勇善戰、令人畏懼。

不過大約在這個時候，南非的祖魯王國爆發了一場大混亂。祖魯國王沙卡的軍隊為了征服國土外圍的土地，掀起了一場血腥戰役。這條恐怖與毀滅之路造成數百萬人的逃亡，其中一群人就是恩貢尼族。

恩貢尼族人往北走了好幾個月，最後在契瓦族的領土停了下來。這裡的土壤濕潤肥沃，但由於他們不斷遷移，常有飢困的情況發生，這時就會到更北的地方請姆瓦賽酋長幫忙，酋長總是提供他們玉米和山羊。有一天，恩貢尼族的眾領袖在接受姆瓦賽的另一次施捨之後，坐下來討論：「我們要怎麼做，才能夠永遠有這種食物吃？」

有人回答：「把契瓦族滅了。」

恩貢尼族是由那旺比酋長領導的，他的計謀是把「可食蒼蠅之岩」以及從山頂可見的所有土地都搶奪過來。然而，恩貢尼族並不曉得姆瓦賽酋長的法術有多麼高明。

一天早上，恩貢尼族披著動物外皮爬上山丘，一手拿著巨型盾牌，另一手拿著長矛。不過當然，姆瓦賽酋長的戰士大老遠就已經看到他們了。恩貢尼族抵達山丘之前，契瓦族戰士已經偽裝成青草，用匕首和長矛把侵入者趕盡殺絕。最後戰死的是那旺比酋長，因此山名從「可食蒼蠅之岩」改為「恩古魯亞那旺比」，意思就是「那旺比戰敗身亡」。這座山丘就在我們村莊附近，現在它長長的影子籠罩著卡桑古。

這些故事一代代傳下來，父親是從爺爺那邊聽來的。爺爺年紀非常大，甚至不記得自己是什麼時候出生的。他的皮膚又乾又皺，雙腳有如石頭雕鑿出來的。他的外套和褲子看起來比他本人還年代久遠，又加上有一堆補丁，掛在他身上就如同古樹的樹皮。他用玉米葉和菸草捲成粗粗的雪茄菸，他的眼睛因為喝了「卡恰索」而布滿血絲——卡恰索是玉米釀的烈酒，烈到會讓體質較虛的人變瞎。

爺爺每個月來探望我們一、兩次。每當他穿著那件長外套、戴著那頂帽子、唇邊飄出一縷輕煙，從樹林邊緣冒出來時，就彷彿是森林長了腳走過來似的。

爺爺講的是不同時空的故事。他還年輕時，在玉米與菸草公營事業來到我們村莊、砍伐掉附近大片樹林之前，森林非常茂密，旅人身在其中很容易抓不準時間，失去方向感。在森林裡，無形的巫術世界更貼近地面，與樹叢的陰暗交融為一。森林也是許多野生動物的家，比如羚羊、大象、牛羚、土狼、獅子和花豹，讓森林益發危險。

爺爺小時候，他的祖母遭獅子攻擊。當時她在森林邊緣的田地工作，正忙著把猴子嚇跑，

爺爺展示他的手工製弓和箭，這弓箭曾用來殺死獅子和牛羚。大家都說爺爺是我們這一區最優秀的獵人。

布萊恩・米勒（Bryan Mealer）攝

這時一隻母獅朝她步步逼近。村民聽到她的求救聲，立刻打鼓通報——不是跳舞或舉辦儀式時那種快速、有節奏的拍子，而是緩慢、嚴肅的鼓聲，他們稱這種緊急事件的敲鼓聲為**沐薩達威**，意思是：「別問，快來！」這就好像撥打一一九，但不是報警，而是呼叫村民。

爺爺和其他人帶著長矛弓箭抵達時，已經太遲了。他們看到母獅（身軀跟母牛一樣碩大）拖著他祖母進入荊棘林中，像拋老鼠一樣把她的身體甩入樹叢裡。然後母獅轉過身來面對挑戰者，發出一聲令人聞之喪膽的怒吼，接著就帶著獵物消失了。我可憐的曾曾祖母的身體從此再也找不到了。

爺爺說獅子一旦嚐過人血，就會食髓知味，不把整座村莊的人吃掉不罷休。因此隔天早上，有人通知當時依然統治我們國家的英國當局，英方派遣士兵進入森林射殺了獅子，把屍體放在村莊的廣場示眾。

不久之後，有一天爺爺獨自在森林裡狩獵，看到一個男子遭眼鏡蛇咬死。眼鏡蛇隱藏在樹叢裡，趁男人經過時攻擊他的頭部，男人的皮膚立刻變得灰白，幾分鐘過後一命嗚呼。爺爺趕緊通報最近的村莊，村民跟著巫醫來到現場。巫醫把一隻腳踏在亡者的胸口上，又把一些藥往森林四處拋撒。幾秒鐘後，潮濕的地面彷彿活了過來，幾百條眼鏡蛇從陰暗處蠕動著身子爬出來，圍聚在屍體四周，因為受到魔咒催眠而顯得恍惚。

巫醫蹲伏在亡者的胸膛上，喝下一杯神奇魔粥，魔粥從他的雙腳流出來，滲入了無生氣的屍體裡。男子的手指開始鬆動，再來是手掌。

「讓我起來，」他說，然後站起身，面對這一大群毒蛇。

他們一起檢查在場每條眼鏡蛇的毒牙，搜尋咬死男人的那一隻。巫醫通常會以迅雷不及掩耳的速度，砍掉犯下殺人大罪的毒蛇的頭，但是這次，死而復生的男子心懷慈悲、寬容以待，允許那條眼鏡蛇繼續存活。巫醫施法救人，得到三英鎊做為報償。爺爺親眼目睹了整件事。

我父親年輕時，經常跟爺爺一起去打獵。當時，森林仍相當危險，獵人出去狩獵前，會先執行一場神聖的儀式。狩獵活動通常是由一個人發起，這人被稱為「姆威尼—奇索柯勒」，意思是狩獵領袖，他會召集周圍村莊所有願意去狩獵的男人。領袖決定狩獵在何時、何地進行，在殺宰獵物時，也會得到最上等的部位，通常是後腿及臀部。過去爺爺經常擔任狩獵領袖。

狩獵的前一天晚上，領袖不准與妻子同床，甚至在同一屋簷下也不行，目的是讓領袖盡可能保持心神專注，也確保睡眠充足。要是精神不集中，在森林裡就會粗心大意，最糟糕的是容易受蠱惑。那天晚上，領袖不管是獨自睡在鄰居的屋裡，或是跟兒子們在獨立的小屋中睡覺，一定會先煮一鍋紅玉米，混入一些根莖類植物和草藥，隔天一早分給狩獵隊的每一位獵人吃。以這種方式熬煮的玉米具有神奇力量，大家相信，吃下玉米就能受到巫術保護，化險為夷。

出發之前，獵人也會吩咐妻子待在室內，最好躺在床上睡覺，直到狩獵結束。他們認為這會促使動物入眠，讓獵人能輕易的偷偷靠近。

我小時候走路穿越森林時，擔憂的並不是碰到眼鏡蛇或獅子，因為牠們多數已消聲匿跡了。不過在尚未遭砍伐的森林裡，還潛伏著其他危險，而在寂靜空曠的田野間，樹木的鬼魂似乎在低聲泣訴哀愁。獨自走在這些地方時，我最害怕的是撞見「古勒—汪庫魯」。

古勒—汪庫魯是一群魔舞者，他們受酋長之邀，在喪禮和契瓦族男子的成年禮上表演。據說古勒—汪庫魯是我們死去祖先的靈魂，他們從陰間復活，受派在人間四處遊走。他們不再是人，身上有動物的毛皮，臉部有如地獄之獸——詭異邪門的魔鳥和驚聲狂叫的惡魔。

古勒—汪庫魯表演時，你只敢從遠處觀賞。他們通常從樹叢中踩著高蹺出現，聳立於群眾之上，大聲說著不同的方言。有一次，我甚至看過其中一位古勒—汪庫魯像蜘蛛一樣，頭下腳上的攀爬藍桉樹的樹幹。他們跳舞時，彷彿有一千人在他們體內，而且各往相反的方向掙扎。

古勒—汪庫魯沒有表演時，會在森林裡和沼澤地遊走，尋找小男孩帶回去墓地。至於小男孩到了墓地後會有什麼下場，我從來不想知道。甚至只要談到古勒—汪庫魯，都會帶來厄運。要是你曾經懷疑過他們，比如說：「看看他們的手，不就跟我一樣都有五根手指頭嗎？他們是假扮的啦！」如果講這種話被聽到，就只能祈求老天保佑你的小命了。對他們心生懷疑，絕對會遭到魔咒，此外，古勒—汪庫魯只聽從酋長的召喚，因此沒有人會保護你。他們出現在村莊時，婦女與孩童都會停下手邊的工作或遊戲，一溜煙躲起來。

在我還很小的時候，有一次一位魔舞者出現在我們家的庭院，他像公雞一樣昂首闊步，像蛇一般發出嘶嘶聲。他的頭用玉米粉袋裹住，嘴巴的地方挖了一個黑洞，鼻子長如象鼻。當時父母都在田裡工作，我和姊妹們衝到樹旁，只能眼睜睜看著這路過的鬼魂偷走我們的一隻雞。（驢子是唯一不怕古勒－汪庫魯的生物。要是驢子看到魔舞者，會把他追趕到樹叢中，用有力的蹄子狠狠踹他一腳。別問我為什麼，不過驢子真是勇氣可嘉。）

每次穿越森林時，我都得盡量鼓起勇氣，像我的驢子朋友那麼勇敢。但是巫婆和巫師永遠不會顯露本尊，因此你永遠不知道他們的陷阱設在哪裡。在他們練習巫術的地方，力量強大的巫術會以多種樣貌呈現。據說恩奇斯縣外頭的道路上有六公尺高的禿頭男出沒，一開始只有幾位，後來出現幾十名。到了夜晚，同樣的道路上會看到幽靈卡車閃著超亮的燈、引擎轟轟大響飛速行駛，但是車燈經過時，你卻看不到車身，路面上也沒有輪胎的胎印，要是你當時正在開車，引擎會自動熄火，隔天早上才能復原。

魔法土狼會在晚上徘徊於村莊裡，牠們鋒利的尖牙一次就能把好幾隻山羊咬走，送到巫師家的門階上。魔法獅子會受命去咬死拖欠債務的人；跟牽引機一樣巨大的毒蛇會在田裡等你到來。

但是小孩面臨的危險更大。我之前提過，這些巫師會指揮大批孩童去施法術，每晚這些孩子兵都會在村莊裡徘徊搜尋，暗中招募新兵。他們會用可口的肉食誘惑小孩，表示這是抵達天堂的唯一途徑，小孩一旦大口咬下美味的鮮肉，就會發現那是人肉，但是為時已晚，因為巫師的邪惡一旦進入你的身子，就會永遠控制你。

巫師除了施咒和報復之外，還會彼此鬥法，導致惡魔國土裡亂象四起，也使得許多人傷亡，這就是為什麼他們會急募孩子來當兵。

孩子兵擠上巫師飛機，在夜空中潛行，一分鐘之內就能從尚比亞飛到倫敦。什麼都有可能當成巫師飛機：木製臉盆、陶壺或一頂簡單的帽子。孩子兵到處飛行，執行巫術任務，也會奉派去敵方巫師的家，藉此測試法力有無進步。如果孩子兵在鬥法過程中身亡，勝利的巫師可以處置敵方的武器，以此發展出力量更強大的裝備。其他夜晚，孩子兵會拜訪其他女巫的陣營，以一較長短。在這裡，在我從來沒聽過的神祕球場上，還會舉行神祕的足球比賽；被施咒的孩子兵會用人頭當球踢，頭破血流的爭奪大杯裝的人肉做為獎賞。

從泡泡糖商人的巫術脫困後，我變得整天提心吊膽，擔心會被逮到，絞盡腦汁想出不同的方法來保護自己。我知道巫師、巫婆對金錢過敏，對他們而言，現金的存在就像是邪惡敵手。一跟金錢有接觸，魔咒就會破解，把他們打回人形，而且通常是一絲不掛、赤裸裸的。因此，人們經常把克瓦查紙鈔（克瓦查是馬拉威的主要貨幣單位）貼在牆壁和睡覺的草蓆上，好在夜晚保護自己。如果他們突然驚醒，發現全身光溜溜的男人正要逃跑，就知道自己猜得沒錯，果然遭巫師盯上了。

另一個保護自己的方式是每晚跪在床腳，祈禱自己的靈魂乾淨純潔，這一招我也用過。巫師飛機從上空飛過時，就彷彿是穿過雲霧般，因此看不到虔誠禱告者的家。

「爸爸，拜託嘛，幫我在牆上貼幾張克瓦查紙鈔啦！」一天下午我懇求父親，「晚上我都害怕得睡不著。」

父親對巫術瞭解甚多，但是他生命裡可沒有容納巫術的空間，這讓我覺得他似乎又更強壯了。父母把我們教養成固定上教堂的長老教會信徒，我們相信上帝是最好的保護。父母跟我們說，一旦敞開心門接受巫術，就永遠不會知道還有什麼能進入心裡。我們尊敬符咒的力量，甚至害怕它，但是我們家一直相信，信仰能夠戰勝恐懼。

那天下午我請求父親這麼做時，他正在修理園子的籬笆，他停下手邊的工作，跟我說：「我跟你講個故事。一九七九年，我還在做買賣，和一些人坐在小貨車後方，要去里朗威的市場賣魚乾。貨車突然失控，我們全給甩到空中，等摔到地上時，我眼睜睜看著貨車直直向我們駛來，心想：『這下死定了，我的大限到了。』就在貨車快要輾過我身體、把我像螞蟻般壓扁之前，竟頓然停了下來，距離近得我伸手就能碰到。有些人摔到草叢裡斷了氣，但是我身上一個傷口也沒有。」

他把臉轉向我，跟我講這則故事的寓意。

「那件事情發生後，我怎麼還能相信巫師和巫術？相信巫術的人會試盡各種奇門怪法，但還是死路一條！我是因為上帝的力量而得救的。兒子啊，尊敬巫師，但永遠記得，有上帝在你身邊，他們是動不了你一根汗毛的。」

我相信爸爸的話，但是不曉得他的說法要怎麼解釋電影英雄「藍波」和武術大師「羅禮士」

刀槍不入、大難不死的奇蹟；他們倆當年夏天現身交易市集，製造了許多爭議。這兩人演的電影在我們當地的電影院播放，說是電影院，其實只是個茅屋，裡頭只有一些木頭板凳、一台小電視和一台錄影帶放影機而已，因此大家都稱為「影帶秀」。到了晚上，這裡會發生精采刺激但玄祕難解的事情，可惜天黑之後我不准出去，所以錯過了每一場好戲，只能依靠住在電影院附近、父母又沒那麼嚴格的朋友，聽他們口沫橫飛的描繪，過過乾癮。這些朋友，比如彼得・卡滿加，會在我隔天走到交易市集時向我吹噓。

「昨晚我看了世界最讚的電影，」彼得說：「藍波從山頂上跳下來，落到地面的時候還在猛開槍，把前方的每個人都射死了，整座山也爆炸了。」彼得抱著假想的機關槍向玉米磨坊掃射，口中發出一連串砰砰砰砰的聲音。

「真是的，」我嘆道：「到底什麼時候才會在白天放電影？我都沒辦法看！」

有些人想不透，藍波和三角洲部隊如何辦到這些英勇戰績，他們無法想像一個人怎麼能夠逃過整支軍隊的追緝攻擊，同時還能殺掉這麼多人。播放「魔鬼終結者」的那個晚上，更是讓人震撼不已。隔天早上彼得找到我時，還沒有從驚嚇中恢復過來。

「威廉，昨晚看的那部片，我現在還搞不懂，」他說：「這傢伙的左邊、右邊和中間都中槍了，可是還死不了耶！敵人炸掉他的手和腳，連頭都跟身體分開了，可是他的眼睛還在動哪！跟你說，這傢伙肯定是有史以來最偉大的巫師！」

這聽起來太炫了，所以我問他：「這些從美國來的白人，真的會這種巫術？我才不相信！」

「我親眼看到的，沒騙你啦！」

雖然在好幾年過後，我才終於在「影帶秀」裡看到這種影片，但那些電影早已開始影響我們在家玩的許多遊戲，其中之一就用姆波羅尼灌木做成玩具槍，玩「美國大戰越南」。為了製作這種槍，我們把姆波羅尼灌木主幹的中心挖空，成了有點像拔除原子筆芯後的中空筆桿，又做了推彈桿和扳機扣。挖掉灌木的中心後，我們嚼碎玉米莖稈，塞入槍管裡，再用紙團封住。推彈桿從後方往前推時，就會造成足夠的壓力，把黏滑噁心的渣渣噴得敵方渾身都是。

我是其中一隊的隊長，我堂哥傑佛瑞是另一隊的隊長。我們和其他一些堂兄弟與鄰居分成五人一組的兩隊，在玉米田間和分隔我們家與傑佛瑞家的泥地庭院裡，互相追逐攻擊。

「你們走左邊，我走右邊！」一天下午我們玩這遊戲時，我指揮戰友，然後手腳並用的在紅色泥土上爬行；我們一天到晚都玩得渾身髒兮兮。

我從房屋轉角處瞥見傑佛瑞的褲角，於是從另一頭偷偷溜過去，免得驚動雞隻。確定傑佛瑞果然躲在那裡之後，我衝過轉角，不費吹灰之力就抓到他。

「通嘎！」

我把推彈桿通過槍管用力往前推，釋出一陀混著唾液的糊狀黏渣，直往我堂哥臉上噴。他倒在地上，手緊壓著胸口。

「**呃，枚幽──伊尼！我死了！**」

通常先贏的那一隊能夠在下一回合擔任美國隊，因為在錄影帶裡，美國總是打敗越南。

我、傑佛瑞和我們的朋友吉伯特，是形影不離的三人幫。吉伯特的父親是我們整個溫貝（Wimbe）鎮的鎮長，大家都稱吉伯特的父親為溫貝鎮長，雖然他真正的名字是亞伯特・莫法特。「美國大戰越南」的遊戲玩膩時，我和傑佛瑞會去找吉伯特。在吉伯特家一定會看到精采好戲，因為鎮長總有忙不完的事情。跟以往一樣，我們看到一排卡車司機、市場婦女、農夫和商人在外頭的藍桉樹下，等著進去請鎮長幫他們解決疑難雜症。每個人的臂膀下都夾著一隻雞，或是一手拿著一小疊現金，做為送給偉大領袖的禮物。在會晤鎮長時，人民會稱他為**嘉羅**，意思是所有土地的統治者。

「**歐迪**，**歐迪**，」一位農夫在門階前說，意思是：「你好，我可以進來嗎？」

鎮長的傳令兵兼保鏢恩瓦塔先生站在門前，穿著短褲和軍靴，一身警察的打扮。保護鎮長和過濾所有訪客是恩瓦塔先生的工作，他也處理所有送來的雞隻。

「進來，進來，」他說。

鎮長坐在沙發上，穿著乾淨筆挺的襯衫和材質良好的西裝褲。鎮長通常都穿得跟商人一樣，從不會戴羽毛穿獸皮，電影裡的酋長才這麼打扮。溫貝鎮長也很愛他的貓，這隻貓毛色黑白相間，但是沒有名字。在馬拉威，只有狗才會有名字，我也不知道為什麼。那隻貓永遠蜷縮在鎮長的大腿上，鎮長撫摸牠的脖子時，牠會滿足的輕聲喵叫。

「**嘉羅，嘉羅，**」農夫一邊說，一邊單膝跪地，輕拍雙手以示敬意，「我們需要您的介入。您十五年前給我的土地，現在遭我姪子侵占了，我需要您的幫忙，才不會跟他鬧得你死我活。」

「好的，」鎮長回答：「讓我想一想，做些調查，星期天你再來一趟，到時我再給你答案。」

「**噢，吉柯摩—關比瑞，嘉羅**。我帶著敬意向您道謝。」

我們等待農夫離開後才靠近恩瓦塔先生。

「我們是來找吉伯特的。」我們穿過門口時說。

「嗯。」

吉伯特正在他的臥室裡，跟隨著卡帶播放的比利•康達的歌曲哼唱，比利才剛獲選為馬拉威年度最佳歌手。就男孩而言，吉伯特擁有美麗的歌喉，他後來在布蘭泰爾（Blantyre，馬拉威的第一大城）灌錄兩張專輯。我的歌聲聽起來則像我家有隻珠雞在樹上拉屎時的尖叫聲，但我沒有因此停止唱歌。

「吉伯特，笨猪？」

「笨豬！」

「酷？」

「酷！」

這是我們的黑話，每次見面一定嚴格執行。「笨豬」是法文「早安」（bonjour）的發音，是由一些從中學開始學法文、沒事就愛秀幾句的傢伙發起的。「酷」的意思是：「你好嗎？」如果你覺得非常好，甚至可以繼續說：

「讚？」

「讚！」

「妙？」

「妙！」

「唉呀呀！」

「我們去交易，」我說，意思是去交易市集，「聽說歐非西昨晚有一堆醉漢走出來。」

「歐非西暢飲中心」是我們的禁地，因此特別令人著迷。歐非西位於交易市集的外緣，是通往恰瑪瑪鎮路上最後幾間店之一。就連正午時分，那黑暗的門裡也總是大聲播放著震耳欲聾的音樂。那種地方，會有橫眉豎眼的男人出現在門口，他們嘴裡叼著菸，把手中已經喝完的啤酒紙盒順手一扔，丟進旁邊由空酒盒堆積成的垃圾山。大部分人看到這些紙盒時只見到垃圾，但我們卻看見寶藏和可能性。

雖然我、傑佛瑞和吉伯特在非洲的這個小地方長大，但是我們做的許多事情跟世界各地的兒童沒兩樣，只是用的材料稍微不同。現在我跟來自美國和歐洲的朋友聊，知道確實是如此。每個地方的兒童都用類似的方式娛樂自己，如果你從這個角度來看，世界其實沒那麼大。

我們三個喜歡的是卡車，什麼樣的卡車都喜歡，可能是四噸中型卡車，它們轟隆隆的經過附近的菸草園，把塵土激得四處飛揚；或是半噸小貨車，這種車往返於一小時路程的卡桑古市，後頭擠滿了乘客，看起來活像擠滿雞隻的籠子。我們愛極了各式各樣的卡車，每個星期，我們都比賽製作玩具卡車，看誰能做得最大、最堅固。我美國的朋友可以在購物中心買到已經組裝好的卡車模型，但是我們得利用鐵絲和空酒盒來製作組裝，即便如此，我們的卡車還是一樣美麗。

在歐非西的醉漢，丟棄的是「奇布庫搖搖啤酒」的紙盒，搖搖啤酒是由玉米發酵後釀製成的，在馬拉威很受歡迎。它帶有酸味，底部還有些許玉米粒碎屑的沉澱，要搖一搖才能喝，所以稱為搖搖啤酒。不管你相不相信，這種酒其實營養豐富。我不喝酒，但是聽說一個人要喝很多盒搖搖啤酒才會醉，因此到歐非西的人，當然會盡情的喝，然後再一股腦兒的把空紙盒丟到路上。

把紙盒裡的酒清洗乾淨後，就是製作玩具卡車底盤的理想材料。我們用啤酒瓶的蓋子做車輪，啤酒瓶蓋在學校裡也充當成計數器（「三個可口可樂瓶蓋加上十個嘉士伯啤酒瓶蓋，等於十三」）。

我們從鄰居家的樹上偷採芒果，拿來跟別人換一段段的鐵絲，用來製作輪軸，並固定瓶蓋車輪。後來發現：用沙拉油的塑膠瓶蓋當車輪，卡車會跑得更快，而且更耐用持久。我們甚至拿自己爸爸的刮鬍刀片，在塑膠瓶蓋上刻出圖案，好讓每一輛卡車都有自己的獨特胎面，這麼一來，單看泥土上的胎痕，就能立刻知道該輛卡車是屬於「坎寬巴豐田」或「吉伯特有限公司」的卡車大隊。

不久之後，我們建造了自己的巨無霸拉車，叫做「齊葛力葛力」，有點像美國小型賽車用的卡丁車。車子的骨架用粗樹枝搭建，粗樹枝的一端有個分叉，可以讓一個人坐在上面。然後我們挖出碩大渾圓、稱為「康布」的塊根植物，把它們刻成車輪，用藍桉樹的樹枝當輪軸，再把所有散開的零件用藤蔓和樹皮捆綁在一起。

一個人用繩子拉車，駕駛者則用腳控制。我們在泥土路上舉辦人人皆可參加的巨無霸拉車公開賽，一次兩台拉車同時開跑。

「我們來比賽。」

「好啊！」

「最後一個到『艾彭加』的是豬！」

「預備，起！」

「艾彭加理髮廳」是溫貝交易市集的第一家理髮店，我的頭髮都是在那裡剪的。父親每個月帶我去理髮時，艾彭加先生會拿一條髒兮兮的帆布披在我身上，問說：「要剪什麼髮型呢？」牆壁上掛著許多髮型各異的男士照片，比如美國知名拳擊手泰森的那種髮型，還有英式髮型、奈及利亞式，以及佛陀型，也就是剃光頭。我通常是剪辦公髮型，也就是全部頭髮理得快要接近頭皮，沒有任何花樣，我猜這種髮型也是最便宜的。

當然，在交易市集理髮的問題，在於會碰到整個馬拉威深受其苦的經常性停電；當艾彭加先生拿著電動剪刀在你頭上動手時，發生這種事情是家常便飯。

「噢歐，停電了，過幾個小時再回來吧。」

「可是……」

所以最好的方法是帶一頂帽子去，或是晚上再去理髮，才可以趁黑溜回家，隔天早上再回去剪完。

如果爸媽給我們一些零錢，我們就會在經過板大先生的商店時，進去買一瓶冰涼的芬達汽水，或一把「丹迪」糖果。板大先生把這些糖果收在玻璃罐裡，玻璃罐上方的架子上擺著「安德魯・立佛牌」鹽巴、「康傑克」咳嗽藥錠、「上流社會奢華」沐浴乳、「簡易黑亮」染髮劑、「藍帶」人造奶油、「力寶」肥皂，以及紙盒裝的「牛鈴」奶粉。

要是我們肚子餓的話，就會去**堪炎亞**攤上（其實就是暢飲中心旁邊，那一大鍋用柴燒熱的滾燙熱油），一起湊出幾克瓦查，合買香酥味美的炸山羊肉和馬鈴薯片。老闆會咕噥問道：「買多少？」你回答：「五克瓦查。」他就會從掛在類似絞刑架的山羊肉上，鋸下好大一塊，使得原本停在上頭的一大群黑色蒼蠅飛旋一次，然後再度停下來。他把肉塊丟入油裡，在火上加幾根木柴，好讓熱油沸滾，再放入一把切片的馬鈴薯。炸好後，他把食物丟在台子上，附上一小堆鹽巴讓客人沾著吃。

「你媽媽燒的菜很好吃，」吉伯特說：「但是永遠比不上這個。」

「那當然。」

不過多數的時候我們都沒有錢，所以下午時光通常是在飢餓和白日夢中度過。我們在回家的路上，會拿姆蕃加拉灌木玩一種遊戲。這種灌木的鮮紅色花朵是給小孩畫畫用的絕佳蠟筆，但是花梗也能夠用來算命。你把整株花拔下來，試著把花梗撕成兩半，過程中如果沒有斷掉，就表示家裡的晚餐有肉可以吃。

「唉呀老兄，算你好運，今晚我去你家作客吧！」

不過花梗若是斷掉，情況就不同了。

「噢，老弟，真替你難過，你媽媽去參加喪禮了，所以你回家只有白開水喝！哇哈哈！」

村莊裡的黃昏時刻，也就是太陽消失在藍桉樹後方到天黑的那段時間，是一天當中我最喜歡的時段。這時我爸爸和約翰伯父（傑佛瑞的父親）忙完了玉米田和菸草田的工作，回到家吃晚餐。母親和大姊安妮會在廚房裡忙著準備食物，讓令人垂涎欲滴的香氣隨微風輕飄出來。這段時間，我的所有堂兄弟姊妹會聚集在我家和傑佛瑞家之間的那塊庭院踢足球，足球是用我們稱為「強波」的塑膠購物袋盤繞紮成的。

天色昏暗時，可能有隔壁村莊的農夫路過。「坎寬巴先生，我從菜園裡帶來一些東西，」他會這麼說，然後打開用紙包裹住的美麗番茄藤苗。他們會談個價錢，然後父親會把番茄種在房屋後面。

雨季期間，當芒果成熟時，我們會把鄰居樹上的芒果摘來，放在提桶裡泡水放涼，等吃完晚餐，就可以每人分幾顆冰涼的芒果，大口咬下多汁的果肉，讓甜滋滋的芒果液沿著指頭流下。如果沒有月光讓我們繼續在外頭玩耍，父親就會召集所有小朋友到我們的客廳裡，點亮煤油燈，跟我們講民間故事。

「坐下來，安靜別作聲，」他說：「我說過花豹和獅子的故事了嗎？」

「爸爸，再說一遍！」

「好吧，是這樣的……很久很久以前有一天，有兩個女孩從卡桑古市走到溫貝鎮，結果累得再也走不動了。」

我們坐在地板上，雙手緊抱膝蓋，凝神聆聽故事。我父親信手拈來就是一個故事，花豹和獅子的故事我百聽不厭，情節是這樣的：

這兩個小女孩沒有隨地躺在泥地上小睡，而是決定尋找一個乾淨且安靜的地方，好好睡一覺。找了一會兒，她們看到一棟房屋，裡面住著一位老伯，她們向他請求，老伯說：「妳們當然可以在這裡休息，進來吧！」

那天晚上，趁著女孩睡得正熟，老伯偷偷溜出門外，走進黑暗森林裡，找到他的兩個好友：花豹與獅子。

「我的朋友，我有美味可口的食物要給你們吃，跟我走吧！」

「噢！老兄，感激不盡，」花豹說：「我們立刻就去。」

老伯帶著他的兩個朋友穿過森林，往房屋的方向前進，花豹和獅子想到即將享用的美味大餐，不禁心花怒放，甚至開心的唱起歌來。可是就在他們快要到達時，女孩剛好醒來，她們小睡後覺得神清氣爽，決定繼續上路。因為遍尋不著老伯，於是留下字條，感謝他提供床鋪讓她們休息。

終於，老伯帶著花豹與獅子抵達家門前。

「在這等著，我去帶她們出來，」他說。

老伯看到床上空無一人，納悶著她們跑到哪裡去了？他到處尋找女孩，但是遍尋不著，最後發現那張字條，知道她們已經離開。花豹和獅子在外頭，開始等得不耐煩了。

「食物呢？」花豹說：「你難道沒看到我們在這裡等得口水直流嗎？」

老伯叫道：「等等，她們就在附近，我來找找。」

老伯知道，要是花豹和獅子發現女孩不見，一定會把他當晚餐吃掉。老伯的屋角有個大葫蘆，裡面裝的是飲用水，他別無他法，只好跳進去躲起來。

最後，因為等了太久，獅子說：「不等了，我們進去吧！」

他們破門而入，發現屋裡空無一人，沒有女孩，沒有老伯，也沒有晚餐。

「嘿，那老伯一定是在耍我們，」花豹說：「連他自己都溜了。」

就在這時，花豹瞥見葫蘆口露出老伯的衣角，他向獅子招招手，然後一起使勁拉扯，終於把老伯拉得飛出葫蘆。

「拜託別吃我，我可以解釋！」老伯大叫，但是花豹和獅子可沒耐心聽他的故事，不一會兒就把他吃下肚。

父親雙手一拍，表示故事結束，然後他環視我們這些小孩子。

「計劃陷害朋友時，」他說：「可要當心，因為一定會自作自受，你們一定要心存善念。」

「爸爸，再說一個！」我們央求。

「嗯，好啊……蛇和珠雞的故事如何？」

「太好了！」

有時候父親會講到一半就忘了後面的故事情節，只好一邊說一邊自己編。這些故事會愈編愈長，長達一小時，角色和主題每次都不盡相同，但是爸爸就是那麼厲害，能夠每次都回到同樣的結局。爸爸天生就是說故事高手，主要是因為他的人生就像一篇精采絕倫的故事。

第二章 我的父親

我父親崔威爾，年輕時相當有名。現在他是農夫，就像他父親和他爺爺。只要生為馬拉威人，自動就會成為農夫，我猜這是憲法規定的，就像摩西頒布的律法。如果你不耕種，另一個選擇就是在市場做買賣，我父親獻身於田地之前，就是過著四處做生意的瘋狂日子。

當時他住在多瓦（Dowa），那是位於馬斯塔拉村東南方的小鎮，高居棕色山丘上方。一九七〇年代與八〇年代，多瓦是個生氣蓬勃的地方，年輕男子去那邊工作，就能賺到錢。當時，馬拉威受到海斯廷斯・卡穆祖・班達（Hastings Kamuzu Banda）的控制，他是權勢強大的獨裁者，統治我們國家長達三十餘年。

每個馬拉威人從小就對班達的故事耳熟能詳。班達小時候住在卡桑古市，也就是契瓦族打敗恩貢尼族的那座大山陰影籠罩之處，他曾經赤腳走了一、二千公里的路程，到南非的金礦區工作。後來他得到獎學金，到美國印第安納州與田納西州的大學就讀，拿到醫學學位。他在英格蘭行醫數年後，回到馬拉威，把人民從英國的統治中解放出來，成為我們的第一任大統領，一九七一年時，我們的國會在他施予的極端壓力下，贈予他「終身總統」的頭銜。

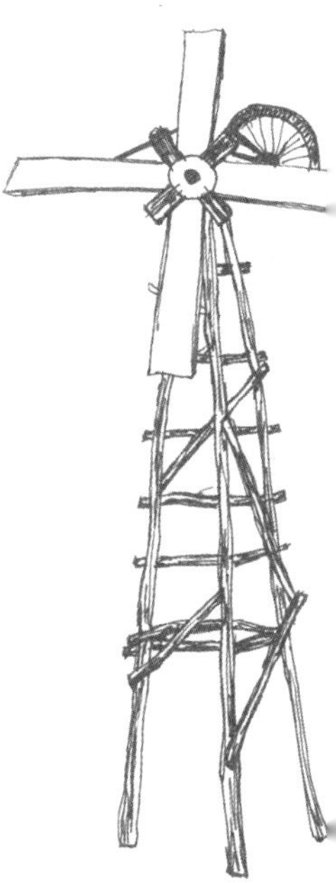

班達霸氣強悍，他下令馬拉威的每個商人都要在店裡掛上他的照片，而且其他照片都不能擺得比他的照片高。牆上要是沒有掛著我們「親愛的總統」穿著三件式西裝、手中拿著驅蠅撣子的照片，就得繳納巨額罰金。這是我們歷史上風聲鶴唳且混亂的時期。班達也禁止婦女穿著長褲，衣裙必須遮過膝蓋。至於男人，要是留著長髮，就會被關進牢裡。公共場所禁止親吻，有親吻畫面的影片也禁止播放；總統痛恨親吻，而即便到了今天，大家還是不敢公開摟抱親吻。最蠻橫的是，警察和「少年先鋒隊」（班達的私人爪牙），隨時都在抓走膽敢批評他政策的人。許多馬拉威人因此而遭打入地牢、受到酷刑虐待，甚至被丟到坑裡餵食飢腸轆轆的鱷魚。

儘管如此，那個時候從商做生意卻十分精采刺激。父親跟我們講了許多做買賣的故事，比如一路搭著人家的小貨車，穿越鄉間到達馬拉威湖，在那裡買了大批的魚乾、米和二手衣物，再回到多瓦的市場販賣。馬拉威湖是世界最大的湖泊之一，幾乎覆蓋了我們國家的整個東半部，它如此廣大，甚至有跟海洋一般的波浪。雖然從家裡到湖岸只要兩個小時，但我一直到二十歲才親眼見到這座湖。我一站在湖岸邊，眺望無邊無際的水面，內心就充滿強烈的愛國之情。

到了湖邊，商人會搭上「伊拉拉號」和「喬西味波號」這兩艘汽船，前往恩科塔科塔（Nkhotakota）和曼戈切（Mangochi）這兩座市鎮。汽船上總是供應美味的食物，而在航行期間，商人齊聚在甲板上飲酒作樂、跳舞狂歡。在大湖地區，父親會與穆斯林商人做生意；我們稱這些穆斯林商人為「堯人」，他們大多住在大湖地區。

堯人在一百多年前，從莫三比克穿越這汪湖來到馬拉威。來自坦尚尼亞桑吉巴的阿拉伯人說服他們信奉伊斯蘭教，然後招募他們組成部隊，把我們契瓦族的人俘虜過去當奴隸使喚。他們襲擊我們的村莊，殺掉我們族裡的男人，把婦女及小孩送到船上，穿過馬拉威湖到坦尚尼亞邊境。一到達邊境，奴隸的脖子就給套上枷鎖，並被迫徒步穿越坦尚尼亞，這會花上三個月的時間，抵達海濱時，大部分人都已經體力不支，相繼死去。後來，堯人還曾把我們俘虜過去，跟葡萄牙人交換槍枝、黃金和鹽。

要不是蘇格蘭的偉大傳教士大衛・李文斯頓（David Livingstone, 1813-1873），堯人和我們契瓦族到今天可能還水火不容。李文斯頓是終止非洲人遭賣為奴隸的關鍵人物，他讓馬拉威能夠自由貿易，創辦良好的學校和慈善機構，青年男子因此有機會接受教育與賺錢，而一旦大家都能得到賺錢機會，我們兩族人士就沒有理由繼續廝殺。現在我們把堯人視為兄弟姊妹，我母親就是堯人，所以我有半個堯人血統。

爸爸跟我講了很多曼戈切小鎮的故事，這座小鎮位於馬拉威湖的南部尖端，靠近夏爾河（Shire River）河口，爸爸把它描述得熱鬧非凡，就像我在書中讀到的北非商店街。小鎮的街道上，處處可見來自馬拉威、尚比亞、坦尚尼亞和莫三比克的商人，各用不同的語言交談，唱著自己家鄉的歌曲，這些聲音夾雜著汗臭味、香料味、炸魚和烤玉米的香味。滿口袋的大把鈔票，一眨眼工夫就在酒館裡花個見底；要不然就是花在晚上的特種行業女郎身上，她們把商人誘進房間裡洗熱水澡，享用昂貴美食，還有我長大後才知道的其他樂事。在這種地方，商人常沉醉得渾然忘我，最後變得囊空如洗。父親還記得看到一些男人逃出去時，全身上下只剩一條內褲。

這些商人當中，有許多已經家有妻小，但還是不斷拈花惹草。這是早在父親遇到母親之前的情況，當時他還是個到處奔波做生意的小伙子，忙得沒辦法跟一個女子固定下來成家立業。他當然交過一些女朋友，但他通常遠離吧女。由於他不願意沾惹吧女，市場的人開始稱他為「教宗」。

「唉呀，教宗，」他們揶揄，「是哪裡不對勁啦？該不會是從巴婆樹上掉下來，摔斷了命根子吧？別聽你老娘的話，這些女孩不會把你吃掉的啦！」

我父親忍受他們的嘲笑戲弄，要不然他還能怎麼辦？一陣子過後，「教宗」的名號傳遍市場，但大家幾乎都忘了這個名號的由來。

我父親身材魁梧，酒量更是驚人。有天傍晚五點鐘的時候，他和朋友在多瓦的「大眾雜貨店」坐定下來，根據我父親的說法，他喝了五十六瓶嘉士伯啤酒，到了凌晨兩點還能走路回家跟人吹噓。飲酒作樂時偶爾會引發拳鬥事件，父親欣然接受這樣的挑戰，把拳鬥當成運動一般稀鬆平常。

一陣子之後，他成為附近最有名的商人之一，但這不只是因為他善於經商，或是酒量驚人。我父親的力氣是有名的大，馬拉威有個諺語是：「一顆頭是頂不起屋頂的。」嗯，看來我父親沒有把這句話聽進去。

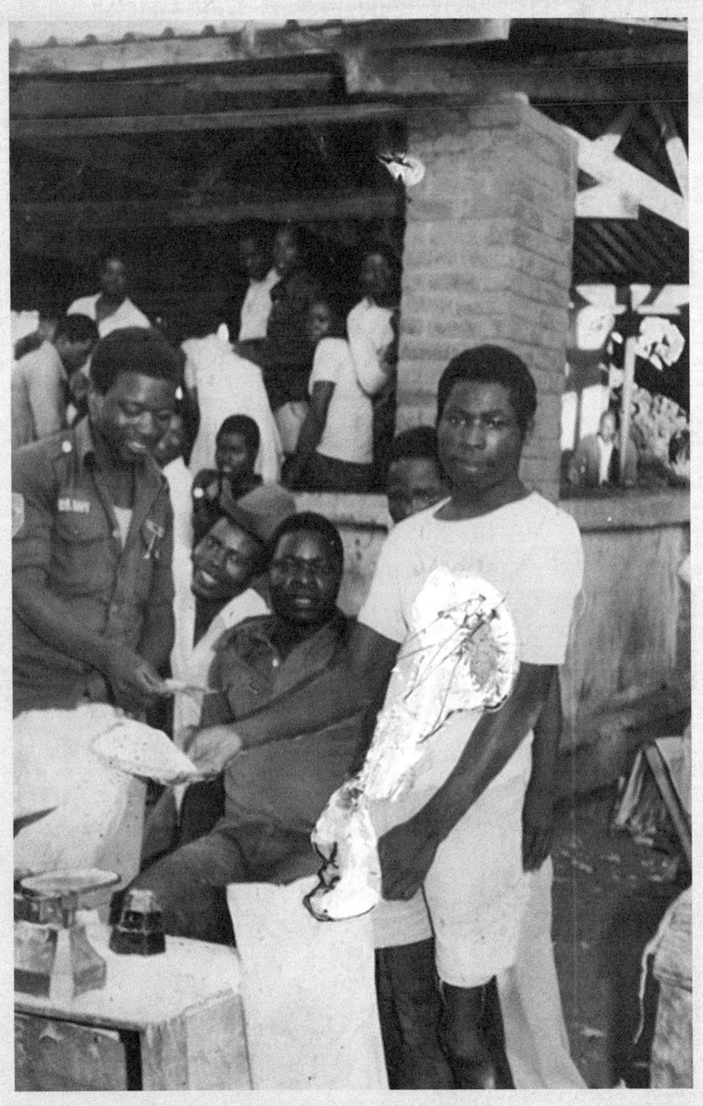

「教宗」（中間穿深色上衣的那位）在那段瘋狂的日子裡，跟好友坐在他的攤位上，照片因年代久遠而稍有損毀。

地點為多瓦市場，日期不明。　坎寬巴家族照片

每年七月六日，我們馬拉威人會慶祝當年脫離英國獨立，這跟美國的兄弟姊妹在七月四日慶祝獨立紀念日很像。我們慶祝的方式也跟美國很像，會舉辦大型派對，播放熱鬧的音樂，大家跳舞歡慶，大啖美味的烤肉。馬拉威式雷鬼樂教父羅伯特•福姆拉尼（Robert Fumulani）就是在這樣的一個節日裡，來到多瓦鎮公所大廳獻唱，當時年僅二十二歲的父親決定前去欣賞。

福姆拉尼是父親最喜愛的歌手，他的歌曲經常描繪窮人的奮鬥打拚，歌詞直接來自馬拉威的溫暖紅土。父親已經看過他的現場表演好多次了，不管是在卡桑古、里朗威、恩科塔科塔還是恩奇斯，父親都去過，而且每一次福姆拉尼都會穿上他的正字標記——讓他看起來帥氣時髦的白色襯衫。

好，你可以想像在獨立紀念日那天，等著看福姆拉尼表演的人，一定是七早八早就開始排隊，差不多就是在我父親踏進「大眾雜貨店」酒吧的時候吧。幾個小時過去了，父親跌跌撞撞的走出酒吧時，福姆拉尼的美麗嗓音繚繞了整座小鎮。音樂會已經開始了。

爸爸連忙衝去鎮公所，發現還有大排長龍的人等著進去。如果你曾經在機場或公車站跟我們非洲人一起站著，就知道我們的隊伍永遠排不好。要是錯過了什麼怎麼辦？所以父親毫不浪費時間，拚命擠到前方，但是到了門口，就被警察攔了下來。

「裡面已經滿了，」警察跟他說：「我們不能再放人進去。」

父親把票拿出來，但警察還是把他擋在門口。父親已經喝得有點醉了，就藉著酒意壯膽，把警察推到一旁，快速混入人群中。一進場，他就發現這個派對實在棒透了！台上是羅伯特•

福姆拉尼本尊和他的「立古卜拉河舞蹈樂團」，福姆拉尼穿著他那身時髦帥氣的白色襯衫，肩頭上掛著吉他。在後方，工作人員正在準備盛大的烤肉野宴，堪炎亞攤子也準備了大量的美味山羊肉和牛肉。當然，還有喝不完的嘉士伯啤酒。

父親興奮得沖昏了頭，擠過渾身臭汗味的群眾，好不容易鑽到前頭。福姆拉尼正在唱著父親最愛的一首歌「姊妹」，內容是關於他分居但尚未離婚的太太。

「小姐，」他唱著：「別只因為我窮，就對我惡言潑語，妳不知我的前途一片光明……」

父親彷彿讓這美妙的音樂催眠了，開始手舞足蹈，但可不是平常的手舞足蹈——他像是著了魔，他心裡明白自己是全世界最棒的舞者，他的手臂和雙腿變得像瞪羚一般優雅靈巧，碩大的身軀像飛舞的蚱蜢一般往空中跳躍。噢，真是一流的舞步哪！但是他睜開眼睛時，發現音樂已經停止了，舞池的每個人都沉默的站在那裡，而我們的國族音樂聖父羅伯特•福姆拉尼，正火冒三丈的往下瞪視。

他指著我父親喊道：「來人啊，把這醉漢帶離舞池，他毀了我的演唱會！」

群眾也憤怒的大叫：「他在這！把他帶走！」

父親彷彿從雲端掉入谷底。這怎麼可能呢？他只是在享受音樂而已，現在卻被我們親愛的英雄喝叱，好像他是不聽話的孩子。他覺得遭到背叛，於是挺起身子，往舞台一指。

「福姆拉尼先生，」他喊道：「我是有邀請函才來這裡的，而且我就像在場的每一個馬拉威人一樣，都在慶祝我們光榮的獨立。跟你說，這裡喝醉的又不只我，更何況你的職責不就是唱歌和娛樂大家嗎？」

一排警察和「少年先鋒隊」圍住了舞池，等待機會行動。

「福姆拉尼先生，我只希望平靜的跳舞，」父親說，然後轉身面向警方，「但既然你請這些人來把我帶走，**那就放馬過來吧！**」

警察猛撲了過來，在一陣推擠鬥毆中吞沒了我父親，群眾連忙退到後頭，看起來父親是遭制伏了。

但是突然間，警察開始一個個從人堆中飛出，彷彿在跟龍捲風搏鬥，他們像玉米粉袋般在空中扭轉，然後痛得一拐一拐的離開。最後一名警察被拋向牆壁之後，整個舞池爆出喝采。

「教宗」站在人群的中央，揮舞著他強有力的拳頭。

「下一個放馬過來啊！」他大吼：「我要把你們全部打倒！」

於是一群「少年先鋒隊」上前試試他們的運氣，但落得下場相同，一一被拋開。這半個小時，警察和政府的爪牙用盡方法要把我父親戴上手銬，但每一次都失敗。最後父親筋疲力盡，再也無法打鬥下去，於是同意讓他們逮捕，在牢裡度過一晚（「只因為我尊敬法律的規定，」他這麼告訴他們）。不過他有一個條件：要先享受獨立紀念日的烤肉野宴。於是在大口吃下一盤美味的**堪炎亞**之後，「教宗」洗了手，跟警方一起出去。

這就是我父親打敗十二個彪形大漢的故事。

很快的，這個事蹟傳遍整個地區，父親變得無人不知，無人不曉。在湖岸的酒吧與市場裡，大家碰到父親時便向他恭喜喝采，結果他的生意愈來愈興旺。不過，這樣的名聲也招來在市場潛伏的小偷和搶劫者。「你還真壯哪，」他們拍著他的背說：「讓我們借助你的力量發財吧！」

但是父親並不願意做壞事，他只想努力工作賺錢，享受他的嘉士伯啤酒，不過有人要是想打架，是可以安排的。

「教宗」相中一位女孩已經好一陣子了，而他的朋友都沒發現。這女孩每天早上都在同一時間來到市場，只是很快就沒入人群中。一小時過後，她會提著一堆蔬菜或一袋玉米粉出現，然後走回山腳下的家。每天早上這匆匆幾瞥，變成父親一天當中的大事，他一定會留守在自己的攤位上，以便好好觀察她。雖然他從沒聽過她的聲音，但是她的某個特質似乎改變了他的內在。你大概已經猜到，這女孩就是我母親安涅絲。

嗯，我父親偷偷觀察女孩子的行徑，肯定是做得太明顯，因為母親早就察覺父親一直盯著她看，就像小狗站在雞舍門前，垂涎欲滴的盯著裡頭，但是又不知道該怎麼行動才好。她到處打聽，得知他的名聲，而這些打架鬧事的故事也莫名的讓她興奮。每天她都迫不及待的等媽媽叫她去市場，甚至還沒走到那一排排的木造攤位前，心頭小鹿就會亂撞，砰砰響得像是小時候跳舞的奇沃達鼓聲。她往前挪動時，要以非常強大的意志力才能強忍住得意的笑容。但母親可不能洩漏一點心意，她才不是省油的燈呢。

這個注視遊戲延續了好幾個月，母親不禁納悶這男人到底會不會採取行動。要是他真的那麼強壯勇敢，為什麼會怕她怕成這個樣子？（父親說因為她總是離得遠遠的，要追也追不上，而且沒錯，他真的怕了。）

最後，母親決定考驗一下這魁梧壯碩的男人。

一天早上，父親看到她進入市場，而且跟以往一樣，一看到她就神魂顛倒。不過這一次母親行動反常，她採取新的路線穿過市場，一個直接把她帶往父親方向的路線。

父親緊張了起來，但是知道若不趁現在，將會永遠錯失良機。這是我的大好機會，他心想，**但是我要說什麼呢？**他沒有時間思考，因為才過了幾秒，母親就已經從他面前經過，這是她有史以來最接近他的一次，而父親看到她水嫩的肌膚，心臟不禁狂跳得厲害，彷彿就要奔出胸口似的。

父親不知哪來的勇氣，一瞬間躍到他的攤位前方，在她經過時喊道：「妳是我見過最美麗的女人！」

母親連忙轉身，父親正站在街道上，雙臂敞開，雙眼跟她四目相望。

「我愛了妳一輩子，」他說：「我想娶妳為妻。」

母親強作鎮定，回答：「我得考慮考慮。」然後轉身跑走了。

不過呢，父親可沒給她多少時間考慮。就在那天下午，他出現在她家門前，又求了一次婚，隔天又再問了一次。母親的大哥巴奇力警告她，要小心我父親。巴奇力也是市場的商人，對於父親的「惡」名早有所聞。

「他總是在酒吧裡打架鬧事，」他說：「妹妹，這個人不會是好老公。」

「我不管，」母親回道：「他好強壯，我愛他。」

於是巴奇力告訴父母。我外婆相當能幹，能幹到親手搭蓋了給一家大小居住的房屋，而外公則是在市場幹裁縫。外婆甚至親手建造火爐，還用模子做磚塊，這實在不是輕鬆容易的工作，甚至到今天也不是女人會做的工作。

外婆、外公聽到這消息，質問我母親。

「安涅絲，跟我們老實說，妳是真的想嫁給這個男人嗎？」

「是啊，」母親說：「我是百分之兩百認真的。」

原來當初，外公在村莊的舞蹈比賽看到外婆的曼妙舞姿之後，也是以類似的方式向她求婚的。「她跳舞的模樣，讓我魂牽夢縈，」外公說：「所以我告訴自己：『我要娶她。』」他請村莊裡的一個小女孩去找外婆，表示想跟她說話，結果外婆親自過來質問他。

「你想跟我說話？」她說：「那就直接跟我說啊！你想要幹什麼？」

「想要妳當我的妻子，」他回答。

所以外婆、外公現在看到女兒這樣，又能說什麼呢？半年後，安涅絲嫁給了我父親，隔年生了我姊姊安妮。但是儘管生活出現那麼多轉變，父親依然是「教宗」。

「教宗」每天喝得酩酊大醉的生活型態，很快開始嚐到苦果。母親愈來愈不喜歡看到他醉醺醺的回來，還渾身散發著酒臭味，兩人經常為此爭吵。那是一段黑暗時期，父親有幾位好友在那段期間喪命或坐牢，還有一些朋友則是莫名其妙的消失無蹤。

首先是他的朋友卡夫，從酒吧妓女那裡染上了稱為「炸彈」的淋病，睪丸的血管開始腫脹腐爛，有一天血管爆了開來，一命嗚呼。另一名朋友叫做姆旺札，因為一個女孩子的關係，在酒吧裡被打死。鎮上新來的這個妓女一時大意，同時和姆旺札及他的朋友調情，他們對當晚誰可以帶這位美女回家，無法達成共識，於是決定用武力解決。一開始只是單純的比劃，但在大家還沒反應過來前，姆旺札就已經躺在血泊中斷了氣，那個妓女當然在第一拳開打之前，就逃之夭夭，從此再也沒回來過。

在多瓦鎮，有一位傳教士很有名，叫做奇甘肯尼牧師，他剛好是父親最忠實的主顧之一。奇甘肯尼牧師主持多瓦鎮最大的長老會教堂，也領導多瓦地區的二十五間小型禱告堂。他經常路過父親的攤位，跟他買一袋米，然後兩人會聊聊天。有一天，牧師深深的看入父親的雙眼，彷彿鑽到他的靈魂深處。

「坎寬巴？」他說。

「什麼事？」

「你知道上帝愛你，而你每一次喝酒打架鬧事的時候，就令祂失望嗎？」

「牧師，謝謝您，不過……」

「好消息是，雖然你讓祂失望，但祂已經接受了你，祂要你信仰祂。」

「牧師，謝謝您，」父親試著禮貌的回應：「一切都聽您的。」

過了幾晚，父親又跟以往一樣在酒吧裡喝酒，這時一名男子走來，把他的啤酒撞翻。這男子醉意正濃，正想找酒吧裡最魁梧的男人來大顯身手。這個嘛，我父親滿足了他的願望，而且還不只如此。才一眨眼的工夫，那男子就倒在地上，鮮血不住的從耳朵湧出。父親幾乎把他揍到沒命，眾人好不容易才把父親拉開，警方也很快抵達現場，逮捕了父親。

「你這次是真的鬧出事來了，」警察跟他說。

多瓦鎮的首席檢察官也是教堂執事，叫做卡比薩先生，他是父親的忠實顧客之一。卡比薩聽說父親關在牢裡等待審判，於是親自去探監。

「坎寬巴，」他說：「我一直奉勸你不要沉迷這些不必要的拳鬥，總有一天你不是被人揍死，就是打死人。看看現在發生什麼事，你是我的朋友，我可不想失去你。

「照道理，你今天是要送去法庭受審的，」卡比薩繼續說：「這場官司你應該贏不了，你會被關入大牢，很可能是扎雷卡監獄，那裡的環境你也聽說了，可能再也沒辦法活著出來。」

接著卡比薩先生傾身向前，雙眼就跟奇甘肯尼牧師一樣穿透父親的眼底深處，彷彿在搜尋他內心的黑暗角落。

「但我不希望你坐牢，你有一條更好的路可走，我很樂意把這些檔案撕毀，放你出去，但你得答應我一件事。」

「什麼事我都答應，」父親說。

「信仰上帝。」

為了離開監牢，父親當然欣然答應，不過卡比薩的話在他心裡縈繞不去，那天晚上和隔天，他都坐立難安。

隔天晚上父親睡覺時做了一個夢，夢中他只見一片黑暗，什麼也沒有，只有廣袤無垠的一片黑暗；他覺得困惑恐懼，彷彿眼睛瞎了，但也沒辦法把自己搖醒。接著出現一個聲音，彷彿從天堂透過擴音器傳送而來，這聲音這麼說：「喝酒鬧事會毀了你的生命，信仰我吧！」

父親早上醒來時，整個身子像雛鳥一樣不住的發顫。這場夢，再加上過去這星期得到的所有勸告與警示，似乎是不容忽視的重要訊息。他搖醒睡在旁邊的我母親，說：「老婆，今天我要信仰上帝了，我看到了徵兆，現在是改變的時候了。」

那天早上，父親不是直接去工作，而是先到奇甘肯尼牧師的教堂，牧師正在辦公室裡。

「我來了，」父親說：「我準備好了。」

母親簡直不認得自己的丈夫，他開始每天晚上工作完畢直接回家，這個全新的男人突然多出許多錢可以買食物、為孩子買藥品。她滿心歡喜，但還是無法相信自己這麼好運。於是接下來好幾星期的每個晚上，當爸爸回家進門時，她還是會說：「來這邊！」只為了聞他身上有沒有酒臭味。

正當父親到處奔波、從事買賣和大口灌酒的時候，他的大哥約翰已經建立了興旺的事業。一九六〇年代末到七〇年代初，班達總統在溫貝鎮和卡桑古市附近大規模興建住宅，為當地的男人帶來許多就業機會。營建合約就像黃金一樣值錢，而約翰伯父剛好認識一些需要雇用小包商的營建負責人，他算是人力仲介，會物色具有適當技術且值得信賴的工作團隊，來發包工作。由於他的判斷總是那麼準確，營建商付給他的酬勞很優渥。

約翰伯父為營建商工作了幾年之後，積攢了足夠的資金來經營農產品進口事業，買進玉米種子及肥料，再轉賣給當地農人。他甚至在交易市集設立小型店面。這個事業相當成功，幾年後，他轉手他人，然後向溫貝鎮長購置二十四公頃的土地，用來種植玉米和纖細菸草——這是一種在戶外手搭棚子下燻製的淡味菸草。

由於約翰伯父有錢購買優良肥料，田地裡種出來的菸草自然品質一流。他的田裡從來不會有雜草，菸草生長時，葉子總是綠油油的，乾燥時呈現帶點紅色痕跡的牛奶巧克力色。在里朗威「拍賣控股有限公司」的拍賣市場地板上，農夫們販售自己種的菸葉，每捆一百公斤，而伯父的菸草每年都在那裡賣得高價。一捆上等菸葉賺得的錢，能夠購買十七包肥料，讓他的田地維持良好的生產力，不過前提是天公要作美。

一九八九年我一歲時，約翰伯父來到多瓦參加朋友的訂婚宴，也順道來看我們。那天晚上，他和我父親一起去散步。

「你何不回來村裡跟我一起種田呢？」約翰伯父說：「現在時機很好！」

「看得出來，」父親說：「但是種田要等好久才收成，而且我又那麼習慣做買賣，怎麼可能換跑道從頭開始？」

「要等很久是沒錯，但是你投資的是時間，只要一點資金，就會得到很高的報酬。你看我從菸草賺到多少錢？那樣的利潤，做小生意是不可能賺到的。你每個月從賣米和二手衣賺到的利潤有多少？百分之五？」

「百分之四，」父親回答：「很快的，我連這些孩子都沒辦法餵飽了。而我要是填飽肚子，就沒有資金做生意了。」

「小弟，回來吧，有好大的地方在等你呢！」

父親於是告訴約翰伯父他不再喝酒，也改信上帝了。

「那就把這當成重新開始的機會吧，」他說：「也把這當做徵兆。」

「好吧，」父親說：「你說服我了。」

那時我們家共有三個孩子（我妹妹艾莎不久前才出世），父親覺得這是無法抗拒的良機。幾星期之後，他把市場的攤位賣掉，把我們所有的家當，包括衣服、鍋碗瓢盆和收音機，都綁在一輛「馬拉威聯合運輸」巴士上頭。我們往北走了四小時車程，抵達溫貝交易市集，親戚都在那裡等著迎接我們。他們幫我們把東西沿路搬到馬斯塔拉村，進入約翰伯父家附近一個沒有隔間的屋子。

這就是父親成為農夫的地方，也是我童年的所在。

我們搬到村莊不久，約翰伯父又向溫貝鎮長買了一些土地，並且給了我父親一塊四十公畝的地，在距離家裡約兩公里之處。我們在那裡可以種植販售用的纖細菸草，以及自己食用的玉米及蔬菜。我們的玉米是白色的，讀完本書後，你對於玉米的認識之深，會讓自己也大吃一驚。

我們抵達之初，約翰伯父正忙著種植菸草，這是需要父親幫忙的第一項農作物。公雞發出第一聲啼叫之前，父親就會起床，走到山谷中雜草叢生、我們稱為**丹波**的沼澤區。由於菸草種子需要大量的水才能發出嫩芽、鑽出土壤，因此許多農夫都在沼澤附近開墾苗圃，方便每天灌溉。每一位農夫在沼澤附近都有自己的地——土地擁有權並不是用白紙黑字或簽了名的正式文件來證明，而只是你一直知道這塊地屬於自己。沼澤不僅水源充足，深黑色的土壤也相當肥沃，充滿菸草幼苗成長茁壯所需的養分。

苗圃要在雨季即將來臨之前開墾，那時太陽最為毒烈。這項工作相當辛苦，又會弄得滿身汙泥，父親很快就覺得筋疲力盡。在頭幾個星期，他一直渴望回到交易市集的攤位，在那兒他只要坐著跟朋友和顧客閒聊就行了，中午還可以回家休息一小時吃午餐、看看家人，甚至小睡一會兒，然後才回去做生意。他大可以跟哥哥說這是個錯誤，然後搬回多瓦，這麼做會容易得多，

我小時候在馬斯塔拉村。看我那副頑皮樣，肯定是在打什麼惡作劇的鬼主意，好讓媽媽難過。

日期不明。　坎寬巴家族照片

但是他咬緊牙根，繼續奮力工作。他看到約翰伯父賺了那麼多錢，也想要達到這樣的成就，經常工作得過於賣力，到很晚都還不收工，害得約翰伯父以為他跌入沼澤滅頂了，趕忙前來尋找。「小弟，收工了，」他會說：「留一些明天再做，為明天保存一點體力吧。」「再做一點就好，」從頭到腳都裹著泥巴的父親會這麼回答。

約翰伯父當初來多瓦拜訪我們，提到有一塊很大的地方等著我父親時，他講的不是住屋。我們一家五口住在小屋裡，很快就覺得擁擠。

於是父親在烈日下工作了漫長的十小時之後，回到家還要建造新房屋，週末也都是用來蓋房子；我們把草和黏土壓入約七十五公分長的木頭模子裡製作泥磚。

為了取得黏土，父親在田地附近挖洞，坑洞深到裝得下他整個人。他挖出一桶桶重達四、五十公斤的黏土，舉到肩頭上，踏著他用鋤頭在坑洞牆面挖鑿出來的階梯爬出洞口，接著推這一桶桶的黏土走兩公里的路回家，把黏土卸下，然後又回去重複同樣的過程。

黏土壓入磚塊模子後，父親用好幾天的時間，在山谷裡砍下要做為屋頂的長莖草，然後把草紮成圓捆。有時候，約翰伯父會把田裡的幾名季節性工人派來幫忙蓋房子，不過大部分時候，父親都獨自工作。兩個月後，我們擁有了一棟有兩個房間的屋子，事後父親說那是他這輩子做過最艱難的事。

「小弟，幹得好啊！」約翰伯父經過時，跟累得快要癱倒在地的父親開玩笑說：「這房子不錯，對吧！每個男人都需要一棟好房子。」

我們在這房子裡住了三年，直到家裡人口愈來愈多，住不下為止。到後來，我們家共有五個孩子，我是唯一的男生。這時父親種田賺的錢，已經足以請工人來蓋房子，於是我們建造了兩棟新屋子。第一棟有客廳和主臥房，加上穀物儲藏室。另一棟就在旁邊，只隔一條戶外的狹窄走廊，裡頭有廚房、姊妹們合住的房間，以及我的獨立臥室。

我的房間成了我的堡壘，抵禦住成天吵嘴的眾姊妹，這是我能夠獨自思考的藏身之處。我很會做白日夢，部分原因是隨著年紀愈大，田地裡每天發生的奇異事件，讓童年時聽到的傳說相形見絀。這些事情比父親所能想像的任何虛構故事，都還要真實且不可思議。

在約翰伯父雇來幫忙種植及採收的季節性工人中，有一位菲瑞先生，此人力大如神。約翰伯父根本不用牽引機來清理土地或拖走砍下來的樹木，而是派這位菲瑞先生出場，他把樹拔出地面，輕鬆得像拔雜草一樣，就這樣一棵拔過一棵。

大家都知道菲瑞的祕密在於**曼果羅魅拉**，這是給予你超人力量的巫術。**曼果羅魅拉**是終極的自衛手段，是對抗軟弱無力的疫苗。只有法力最強大的巫師，才有辦法製作這種魔藥，那是以花豹和獅子的骨頭經過燃燒後磨碎，再混入植物根與草藥製成的膏藥。使用的方法，是把膏藥塗抹在每個指節上的小切口，這些切口通常是用巫術剃刀割出來的。**曼果羅魅拉**一旦進入你的血液中，就永遠無法逆轉，而且會一直增加力量，只有最強壯的男人才有辦法駕馭這不斷增強的力量，否則很快就會自我毀滅。

菲瑞的神力之大，沒有人或動物打敗得了。有一次他在田裡工作，一條黑色的曼巴眼鏡蛇爬到他腳邊準備攻擊，但是他並不害怕，輕輕鬆鬆拿一根草劃過蛇的背部，就讓牠全身癱瘓、動彈不得，然後他用手抓起蛇，折斷牠的脊椎。大家都說，菲瑞口袋裡隨時帶著另一條曼巴眼鏡蛇當做護身符，所以這條蛇怕得不敢咬下去。

但是菲瑞的力量如此強且不斷增大，讓他一直想找人打架，這時我父親就得介入了。

一天下午我在院子裡玩耍時，聽到田裡傳來一陣令人不寒而慄的聲音，彷彿是二十隻花豹同時咆哮怒吼，我連忙跑過去一探究竟，發現菲瑞與一個名叫詹姆士的工人起了衝突。菲瑞呼吸沉重，雙拳緊握，手臂爆起粗如樹根的青筋，準備發動攻擊；當他張嘴大吼時，腳下的土地彷彿也恐懼得直打哆嗦。有人說菲瑞給了詹姆士一些錢，請他幫忙在卡桑古市買物品，但是詹姆士沒上過學，不識字也不太會算數，所以被店主占了便宜。

我還沒回神過來，菲瑞就出拳揍向詹姆士。菲瑞身材短粗，詹姆士個子較高，而且也壯碩如牛；兩人你一拳、我一拳，眼看著詹姆士還撐得過去，但是我知道菲瑞的力量遲早會爆發開來，摧毀可憐的詹姆士。

大約此時，父親也聽到了打鬥聲，他擔心詹姆士性命不保，連忙衝過去阻止這場打架。**曼**

果羅魅拉的力量雖然不會減弱，但是可以用蕃薯的綠藤來緩和一陣子。超人看到閃亮的綠色水晶，力量就會減弱，這點你知道吧？具有巫術神力的人看到蕃薯藤也是如此，雖然我也搞不懂為什麼。

總而言之，菲瑞看到我爸爸出現的那一刻，連忙向他大喊：「坎寬巴先生，拜託……拿蕃薯藤繞在我的頭上！我可不想把他打死！」

父親在附近沒看到蕃薯藤，只好跑向菲瑞，用雙臂圈住他，菲瑞像被拴住的老虎一般，又踢又吼，但是父親把他緊緊扣住，然後帶到我們的菜園，拔了幾條蕃薯藤，纏住菲瑞的頭部和手肘。不消幾秒，菲瑞的心火就冷卻了下來，累得癱倒在地。那天，看到父親有辦法跟**曼果羅魅拉**這種極危險的巫術搏鬥，讓我心服口服的相信關於「教宗」驚人力氣的每一則故事。

隔天早上，菲瑞照常來工作，看起來一切如常。不過詹姆士卻悽慘無比，一整個星期都得請假休息，他的手和臂膀腫脹得無法移動，雙腿也動彈不得。我親眼看見詹姆士自我防衛得不錯，因此這種慘況並不是菲瑞拳毆的結果，而是菲瑞無比強大的法力，像毒藥一樣散播到他人身上。

菲瑞有個姪子叫做沙巴尼，到處吹噓自己是擁有**曼果羅魅拉**的真正巫醫，我和吉伯特懷疑他只是耍耍嘴皮子，但又無法百分之百確定。沙巴尼就跟我們一樣是小男生，長得也不是孔武有力的樣子，不過他講得天花亂墜，好像自己是二頭肌跟蟻丘一般大的彪形大漢，這點讓我們納悶不已。由於沙巴尼從沒上過學，而是選擇跟叔叔菲瑞一起在田裡工作，因此每天下午我回家時，他通常都在附近。

當時我九歲，不是非常強壯，在學校也不是體育健將。我雖然瘋狂的迷上足球，但是在每一場比賽裡，都沒踢幾下就給換下來，只好坐在旁邊的板凳上，眼巴巴看著同學玩得不亦樂乎。在學校裡我常被欺負，身心備受煎熬，那是一段我深感奇恥大辱的時光。

有一天，沙巴尼聽到我又在學校被欺負的可悲故事後，把我拉到一旁。

「你每天都抱怨被欺負，我聽得都煩死了，」他說：「我可以給你**曼果羅魅拉**，你就會變成學校最強壯的男生，其他人都會怕你。」

當然，具有超能力是我最常做的白日夢。我總是想像自己在足球場上神勇得像巨人歌利亞，雙腿像火箭發射器那般強健有力。有了**曼果羅魅拉**，我只要輕輕一碰那些惡霸，他們就會摔得鼻青臉腫，嚇得屁滾尿流。

父親一直警告我們別玩巫術，現在沙巴尼站在那裡，笑得像隻貓鼬，我彷彿看見父親站在耶穌旁邊，往下瞪視著我。然後我發現自己在點頭贊同，嘴巴也開始說話。

「好，」我說：「就這麼辦。」

「我們在傑佛瑞家後面的藍桉樹叢施法，」沙巴尼說：「一個小時後在那裡等我，記得帶二十坦巴拉。」（坦巴拉是馬拉威的輔幣，一百坦巴拉等於一克瓦查。）

我提早抵達樹林，在陰影處等待，腦子裡想著各種可能性，然後看到沙巴尼穿過樹林向我走來，手上拿著一個黑色的大袋子，袋子底部下垂，彷彿放了什麼威力強大的重物。

「準備好沒？」他問。

「嗯，準備好了。」

「坐下吧！」

我們坐在地面的落葉上，他打開袋子。

「我們先從你的左手開始，把指關節割開，再把魔藥放入血管裡，再來是右手。」

「為什麼左手先來？」

「老弟，你是右撇子啊！你的右手比較強，我讓你兩邊力量相當，這樣你出拳揍人，兩手才會一樣狠啊！」

「噢，原來如此。」

他手伸進袋子裡拿出一個火柴盒。

「這就是獅子和花豹的焦黑骨粉，以及其他魔力強大的樹根和草藥。」

他又搜出一團紙，裡頭包著更多黑色灰燼，然後拿來和其他魔藥相混。

「其他這些東西非常稀有，只有在海底才找得到。」

「那你怎麼拿到的？」我問。

「小子你聽好，我可不是普通人，我就是從海底拿來的。」

「好吧。」

「我可是在那裡待了三天三夜哪！老子我要是有興致，可以把你們這笨村子的小老百姓全都打倒，兜在頭巾裡，甩到肩上扛著走。你可別想耍我。想要有這種法力，就得花上大筆的錢，我現在只是讓你嚐嚐甜頭而已。」

我根本沒看到他把剃刀拿出來，剃刀就亮晃晃的出現在眼前，我還來不及反應，他就已經抓住我的左手，刺入我的第一個指關節。

「啊！」我大叫。

「坐好別動，不要哭！」他說：「你哭就沒效了。」

「我又沒哭。」

我的指關節一個個湧出鮮紅的血滴，沿著左手流下來。他捏起魔藥粉，在血淋淋的傷口上摩擦，痛得我像被火紅的木炭燙到一樣。兩手都弄好時，我鬆了一大口氣。

「看吧，我沒哭，」我說：「你還是覺得這樣有效嗎？」

「當然囉，保證有效。」

「什麼時候？我什麼時候才會有力量？」

他側頭想了一秒，說：「給它三天時間來穿透血管，完成後你自然會有感覺。」

「三天。」

「沒錯，千萬別吃秋葵或蕃薯葉。」

「我會記得的，」我說。

「最後一點，千萬別跟任何人說，」他又說。

我走出樹林，低頭看著傷痕累累、烏漆嘛黑的雙手，現在已經開始腫起來了。這雙手看起來飽經風霜，我想像自己的雙臂在身體兩側沉重的擺動，有如兩根粗重的鋤頭把手那樣，胸膛不禁挺起，自信洋溢。

那天晚上，我躲在房間裡沒有跟任何人說話，睡覺時覺得非常滿足。**我是個男子漢了**，我心想，然後飄入夢鄉。**男子漢哪**。

三天實在漫長難熬，不過剛好符合我的計畫。當時是暑假，本來就預定好隔天早上出發去多瓦，跟外公外婆住幾天。多瓦是養精蓄銳的好地方，等我回來，就會蛻變為令人跌破眼鏡的傳奇英雄。

不過呢，這三天簡直是度日如年，我以為自己會無聊到死。我非常愛我的外公外婆，但是他們家沒什麼好玩。之前說過，我外婆是會自己製作泥磚來蓋房子的女強人，她總給我一堆做不完的活。

第四天醒來時，我立刻覺得自己脫胎換骨。我在床上坐直身子，覺得雙臂輕盈，但硬如樹幹，雙手像岩石般堅硬固實。我走到屋外沿著街道奔馳，測試自己的速度，果不其然，耳邊的風颼颼吹過，這種感覺是前所未有的。

那天下午，馬大舅舅邀請我到鎮上的足球場，去看多瓦地區的足球聯賽，我滿心期待在那裡測試自己的威力。比賽是多瓦醫療隊對抗農業隊，不出所料，球場裡人山人海。我們的習慣是婦女及幼兒待在球場的一頭，男人和男孩擠在另一頭，一邊抽菸一邊大罵政府官員。

我對比賽一點興趣也沒有，只是忙著掃視群眾，直到看到一個與自己年紀相仿的男孩，遠遠站在球場角落附近。他似乎是一個人來，於是我放膽行動。我穿越人群，向他步步趨近，經過他身邊時，故意把我穿著涼鞋的腳，往他的赤腳用力踩下，他痛得唉唉叫。

「哈囉，你踩到我的腳欸！」他大聲叫道，痛得單腳直跳。

我兩隻眼睛死瞪著他。

「我說你踩到我的腳了，很痛欸！」

「那又怎樣？」我說。

「你不覺得這很沒禮貌嗎？」

「所以你要怎麼辦？」

「我要怎麼辦？」

「我不是說了嗎！**喀白**，你可以出手還擊呀！」**喀白**是指流口水的白痴。

「好啊，沒問題，」他說：「我要揍你了。」

「正合我意。」

我們開始繞著圈子準備開打，但我一秒鐘也不浪費，連連出拳攻擊，手臂的速度飛快，看起來就像把連續動作快速播放一般。我對著他狠狠使出左拳、右拳、上鉤拳，我的兩個鐵拳移動得如此迅速，甚至沒有感受到把他臉部擊碎的感覺。我可不想殺了這可憐的傢伙（忘了帶蕃薯藤來），好不容易迫使自己往後退步，但是叫我驚奇的是，那個男孩居然還站在那裡，不但站得好好的，甚至還在狂笑哪！

在我使出另一回合的致命一擊之前，我的右眼突然感到一陣劇痛，然後又是一陣劇痛，接著又一陣。沒兩三下，我就倒在地上，他的拳頭往我的頭和臉狠力猛揍，同時用腳猛踹我的肚子。舅舅衝過來把他拉開時，我已經哭得不成人樣，而且渾身是土。

「威廉，你在搞什麼鬼？」舅舅喊道：「你明知道打架是不對的，這男孩的塊頭比你大一倍哪！」

受到這樣意想不到的奇恥大辱，我衝回外婆外公的家，躲在房裡一個人也不見，直到要動身回家。一回到家，我立刻去找沙巴尼興師問罪。

「你的巫術一點屁用也沒有！你說魔藥可以讓我力大無比，可是我在多瓦被人揍得死去活來！」

「魔藥當然有用，」他說，然後思考了一會兒，「我問你，我幫你塗魔藥的那天，你有洗澡嗎？」

「有。」

「唉呀呀，難怪，塗上魔藥後是不能洗澡的。」

「你又沒說。」

「我當然有說。」

「可是……」

你也看得出來，我顯然被耍了。我的初次且僅有的巫術體驗，落得給人打成貓熊眼的下場，外加塗了怪裡怪氣的假魔藥而陣陣作痛的雙手。**憑我這種爛運氣**，我心想，**這雙手鐵定會受感染、然後爛掉！**我不禁想像自己成了沒有雙手的乞丐，可憐兮兮的在市場裡行乞，連洗澡上廁所都沒辦法自己來。這種恐懼在我心裡纏繞了好幾小時。跟你說，這種感覺可真不好受！

第三章
和康巴去打獵

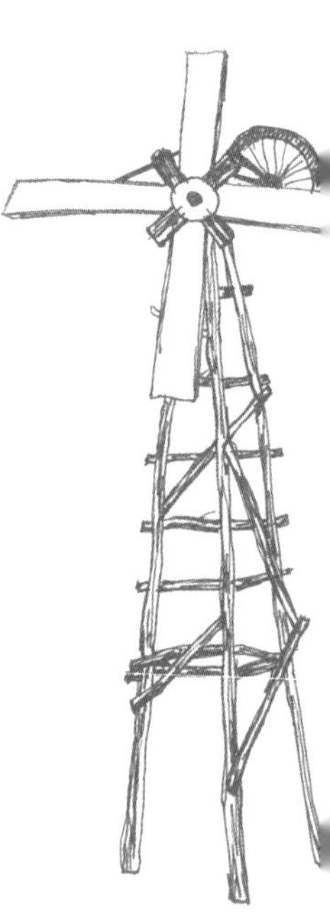

一九九七年一月，當時我九歲，我們家族突然痛失至親。

一天下午，約翰伯父跟父親一起在田裡照料菸草時，整個人癱垮了下來。他其實已經病了好幾個月，卻不願意看醫生。父親立刻帶他去交易市集附近的診所檢查，診斷出罹患了結核病，並建議立即轉診到卡桑古醫院。當時約翰伯父的小貨車剛好拋錨，於是父親跑去跟朋友借車，離開前，他先把約翰伯父睡覺的草蓆放在相思樹的陰涼樹蔭下，讓他好好休息。伯母恩妮法在旁邊陪伴，不久之後，村裡的許多人都前來探望。

父親離開後不久，我聽到樹下傳來一陣大騷動，然後是一陣恐慌。首先是伯母尖聲大叫，我探頭一望，看到她推開群眾，六神無主的喘著氣。緊接著，其他圍在樹旁的人開始慟哭哀泣，雙臂舉向天空。然後我察覺到有一隻手扶住我的肩膀，抬頭一看，是母親，她的臉扭曲得像是吃到酸苦的食物。

「你的約翰伯父不在了，」她說：「他去世了。」

這時父親開著朋友的車回來，聽到這不幸的消息，有如遭晴天霹靂，需要幾個人扶住才行。

這是我第一次看見父母那麼傷心難過，他們受苦的樣子，比任何一種巫術都還令我害怕。約翰伯父去世了，他的屍體放在相思樹下。我從沒見過死人，但也嚇得不敢上前觀看，擔心這景象會在腦海中徘徊不去。

不久後，我看到堂哥傑佛瑞穿出人群，他一邊哭泣一邊茫茫然繞著圈子，彷彿失去了方向感。我不知道該怎麼做或說什麼話來安慰他。我想帶他離開這裡，去沼澤那邊，我們就可以玩，我也可以思考。我不喜歡這種突如其來的感受。

在我們的文化裡，當親愛的人去世了，你要哀嚎哭泣，適當的展現出自己的哀傷，可是我不想這樣，我也解釋不出原因。看到每個人都哀痛欲絕，尤其爸爸那布滿血絲的眼睛和因淚水而紅腫的臉，我開始覺得慚愧，於是我獨自坐在那裡逼自己哭，專心想著死去的伯父，直到感覺溫熱的眼淚滾下臉頰。趁著淚水還沒乾掉，我趕緊去找堂哥，表示我的哀悼之意。

那天稍晚，父親的另外兩位兄弟穆賽威和蘇格拉底，從卡桑古趕來，其他聽到消息的親朋好友也陸續抵達。教會的教友也來到約翰伯父的屋子，待了整個晚上和隔天一整天。他們擠在房間內，唱著聖詩「這世界非我家」，其他人則是悄悄的進進出出，致上哀悼之意。約翰伯父的遺體放置在地板的草蓆上，用色彩鮮豔的傳統花布覆蓋著。隔天早上，一具樸素的木製棺材從卡桑古送來，遺體被輕輕放進去，但我還是沒有勇氣進入屋裡。

一月是雨季，空氣濕重悶熱。那天早上愈來愈多人前來致哀，屋裡變得擁擠濕黏，人們的慟哭聲讓傑佛瑞無法承受，後來他走出屋子，臉上的表情甚至比之前還不知所措。他走到我坐的地方。

「堂弟，接下來呢？會發生什麼事？」

「不知道，」我說。我能說什麼呢？

接下來一整天，直到喪禮開始之前，傑佛瑞就像這樣，不時進屋裡去看看他父親的遺體，然後又流著淚出來。

溫貝鎮長不在鎮上，所以他的傳令兵兼保鏢恩瓦塔先生和其他的村長來到這邊，他們坐在相思樹下好幾個小時，討論喪禮該怎麼進行，以及這一家人該怎麼安置。當掌握大權的一家之主去世時，有許多事需要處理，像是關於繼承者和財產轉移等問題，得由鎮長出面決定。

最後大家從屋裡湧出，聚集在相思樹周圍，恩瓦塔先生站著，代表吉伯特的父親向大家宣布：

「我們知道這個男人留下一些財富，這些財富包括他的孩子。我們建議他的兄弟全權負責這些孩子，務必讓他們完成中學教育，他們的父親如果還在世，一定會堅持這一點。至於物質財產，我們不想聽到家族為此產生糾紛，如果這裡有任何人想要幫助這家人，就請幫忙提供孩子的衣物和學費。」

另一個人站起來說話，是來自南卡桑古的瓊那西先生，他代表傑佛瑞母親那邊的家族發言：

「對我們家族而言，這也是個令人傷痛的時刻，」他拿著帽子致哀，「現在我們非常擔心。逝者留下妻子，也就是我們親愛的姊妹恩妮法，以及她的四個孩子。我們這個姊妹很早就離開生長的家庭，來到這座村莊，因此我們請求坎寬巴家族照顧孩子，履行他們親愛的父親的責任，我們只要求這樣而已。」

接著我父親和叔叔伯伯們抬起棺材，放上向朋友借來的卡車，然後也全都跳上去，在車子駛向墓地的路上扶穩棺材，眾人則是步行跟隨在後。墓地位於小路的盡頭，靠近爺爺的村莊，那只不過是藍桉樹叢底下的一小塊地，有幾座水泥墓碑，幾乎都讓叢生的高草淹沒了。父親的兩個姊妹，芬妮和艾蒂絲，也在那裡安息。

大家都到齊時，幾個穿著橡膠靴的男子已經等在那裡了。他們是受雇來挖墓穴和安葬的掘墓工。在馬拉威，墳穴不像西方國家那樣，只挖個二公尺深的坑洞就好，而是每個墓穴底部還有個隱藏的隔間（通常是在坑穴側面再挖個小隔間），可以把棺材推進去，就好像死後擁有自己的小臥室。這麼一來，把土剷回坑穴時，死者就不會被拋下來的泥土打到，實際上也是為了不讓家人看到泥土直落在棺材上。但掘墓工把約翰伯父墳穴的小隔間挖在底部正中央，算是洞中之洞。

掘墓工小心翼翼的用繩索把棺材降到墳穴裡，再把棺材放入小隔間，過程中因為施力，口中不住發出哼哼聲。小隔間的大小跟棺材完全吻合。最後，其中一個掘墓工跳進穴裡，用木板條和茅草蓆蓋住墓穴底部，有了這層新地板之後，墓穴裡頭看起來是空的。

我看著這整個過程，覺得自己好像在發燒做夢，頭部陣陣作痛，心裡深處發出隱約的嗡嗡聲，彷彿頭上毒焰逼人的太陽向我洩漏了它的聲音。墳穴終於填滿泥土、覆蓋上草皮，我與送葬者爬回山丘上，心裡感到前所未有的孤寂。

約翰伯父去世之後，一切變得更辛苦了，不僅大家傷心難過，父親還得獨自扛起事業。那時候是作物開始生長的季節，父親照料作物直到收成。他支付所有季節性工人的工資，並把全部帳目處理妥當，然後聽從眾村長的意見，把整個事業交給約翰伯父二十歲的大兒子耶利米。

我們的習俗是長子繼承父親的所有家產，但是這種方式不見得行得通，常常會有其中一名兄弟出手干涉，把控制權搶奪過來，搞得逝者全家大小都得受他擺布。不幸的是，這種情況是家常便飯，是村民最常去請村長介入協調的紛爭。

耶利米仍跟傑佛瑞和他們的母親一起住在家裡，經常到田裡幫忙，但是大家都清楚他不喜歡粗活。他雖然聰明絕頂，但是對學校課業從不感興趣，經常被發現在酒吧喝酒。對於要把家族事業交給他，我父親感到惶惶不安，但是又不希望村長們或親戚說閒話。

「我可不想被當成小偷，」父親說：「就算好好的事業會葬送在他手中，我這麼做還是對的。」

耶利米聽說自己將掌管家產，當然是大吃一驚，他早認定叔叔伯伯永遠不會信任他。

「真是太好了，」他跟我父親說：「非常謝謝您。」

不過耶利米一握有家產，就在里朗威和卡桑古的酒吧裡，把當季的利潤花得差不多精光。到了十一月要買種子和肥料來種植玉米和菸草，以及雇用新一批工人時，已經沒什麼餘錢了，因此下一批收成少了許多。菸草在拍賣會販售出去之後，耶利米拿了錢就不知到哪裡逍遙了，一直花到所剩無幾才回家。

約翰伯父生前也在附近的村莊，購置並經營兩座玉米磨坊，獲利不少，此外還養了八頭牛。磨坊與牛隻也都傳給耶利米，但是到了隔年，大伯父穆賽威強行奪走了一座磨坊和一半的牛隻。不到兩年，耶利米又失去了另一座玉米磨坊及全部的母牛。

對我父親而言，他哥哥的事業已經瓦解了。從事農業就是這個樣子，你可能在一夕之間失去一切。依照我們的習俗，父親不可以把給出去的東西收回來；你一旦交出控制權，就永遠拿不回來。事業瓦解後，我們家只好自食其力。

由於新總統的政策，在馬拉威從事農業也變得更艱辛了。一九九四年，也就是約翰伯父去世前三年，班達總統在自己批准舉辦的第一次總統選舉中敗選，終於下台。掌權三十年是很長的一段時間，大家已經厭煩了，加上反對黨煽風點火，情況愈演愈烈，大批群眾聚集在市區，抗議班達的專制集權及嚴苛暴政，因而爆發動亂。選舉之前，班達的「少年先鋒隊」甚至還想恫嚇人民投他一票。有一天在交易市集，有超過三百位古勒—汪庫魯魔舞者，抬著空棺材遊走在街上，揚言不支持「終身總統」的人都會被裝入這些棺材裡。

不過反對黨依然取得勝利，而班達跟大部分的非洲輸家不同，他同意默默退位，不發動戰爭，甚至在計算出最後得票數之前，就已經接受敗選。他知道是時候了。班達生長於卡桑古，卸任後回到恩古魯亞那旺比山（舊稱「可食蒼蠅之岩」，也就是我們偉大的契瓦族戰士打敗恩賈尼族的地方），在山腳的老家度過餘生。腦滿腸肥的前內閣部長莫魯士（Bakili Muluzi）成為新總統，帶來他特有的一連串問題。

雖說班達是殘酷的獨裁者，但是他對農人和土地的確至為關切。我們卡桑古地區的土壤是全馬拉威最肥沃的，有馬拉威的「麵包籃」之譽。班達瞭解土壤需要什麼條件才能肥沃，因此他一定會讓馬拉威每一位需要肥料的農人，都買得到；種子的價格也相當便宜，讓馬拉威人都能夠種植菸草出售。這表示只要雨水充足，就沒有家庭會挨餓。

莫魯士就不同了。他從政之前是有錢的商人，深信政府不需要插手處理肥料與種子這種事；他想盡辦法與班達不同，包括停止所有的補助金，讓農人自謀生計。市場自由化促使資金雄厚的公司，大批湧入菸草拍賣市場，並以量產的菸草壓低價格，使得獨立小農的利潤直直落。不久之後，我們的纖細菸草價格一落千丈，許多農夫因此不願意繼續種植菸草。我們家除了種植平常那些玉米田，還是勉強種了幾小塊菸田。但是少了季節性工人的幫忙，就得靠我和堂兄弟，才能讓農田繼續運作下去。

叔叔蘇格拉底原本在「卡桑古熱風管法加工熟成菸草局」當焊工，約翰伯父去世之後的隔年，菸草局關門大吉，他因此丟了飯碗，與家人被迫遷出在那裡的住處，搬回我們村子，住進我家附近的一間大庫房。

蘇格拉底叔叔有七個女兒，這對我的姊妹們是好消息，但就我而言，她們搬來這裡對我並沒有太大的差別。然而，正當我們幫忙把家當從十噸卡車卸下來時，我看到有東西從卡車底部躍起。

一隻大狗不知從哪裡冒出來，出現在我的腳邊。

「走開！」蘇格拉底叔叔叫道，一邊往狗的頭頂上方踢了一腳，狗唉叫了一聲，夾著尾巴倉皇而逃，到安全距離之外坐下來瞅著我瞧。

「那是我們的狗康巴，」他說：「想說帶來幫忙看雞和山羊也好。當初牠在菸草局，最擅長的就是看管牲畜，也許這會讓牠有回家的感覺。我們一定都會想念那裡的。」

康巴是我見過最奇怪的動物：全身白色，頭和身體有黑色的大斑點，好像有人把整桶油漆潑在牠身上一般。牠的眼睛是咖啡色的，鼻子上布滿亮粉紅色的斑點，整體看起來相當奇特，好像是從外星球來的一樣。牠身型碩大，比我們村裡的狗都高大，但當然同樣都瘦巴巴。在馬拉威，狗純粹是養來看家的，因此不像牠們在西方的遠親那樣，吃得那麼好。馬拉威的狗吃老鼠和剩菜（如果有剩菜的話），我這輩子還沒看過胖嘟嘟的狗。

康巴坐在那裡緊盯著我，修長的白色尾巴搖來擺去，揚起了灰塵，長長的舌頭掛在嘴巴的一邊，不住的滴著口水。蘇格拉底叔叔一進屋裡，康巴就跑過來把腳搭在我的腿上。

「走開！」我大叫，把雙手往外一揮，牠連忙跑到屋子旁邊。

「去追雞吧，你這笨狗！」

牠的舌頭又伸了出來，口水直落在塵土上。

隔天早上我醒來，迷迷糊糊的要去屋外上廁所時，卻被什麼東西絆了一下，原來是康巴趴在我的門口正中央，豎著耳朵等待著。

「我不是跟你說別來煩我嘛！」說完才發現自己在跟狗說話。可不能被人逮到我在跟動物說話，他們會以為我瘋了。

從廁所回來時，碰到蘇格拉底叔叔跟爸爸從我們家走出來。叔叔面露微笑，指著如影隨形跟著我的康巴。

「看來你找到朋友囉，」他說：「上帝賜予我七個孩子，但全是女兒，康巴大概很高興終於有男生作伴。」

「我才不跟狗做朋友咧！」我撇撇嘴，不屑的說。

叔叔笑道：「你去跟牠說吧！」

從此以後，我不再試著把康巴趕走，因為怎麼趕也沒用，不過牠其實也沒多壞啦！我從沒養過狗，現在隨時有動物跟在身邊，而且牠不會講話、也不會叫我做事，感覺實在不錯。康巴每天晚上都睡在我的門外，下雨時會偷偷溜進母親的廚房，在角落縮成一團。沒人吩咐，牠就自行擔任山羊和雞隻的看守者，保護牠們免受偶爾來訪的土狼和成群結隊四處打食的流浪野狗侵害。康巴也會在院子裡追逐山羊，惹得牠們咩咩大叫、驚慌閃躲，踢起一堆塵土，這時母親就會從廚房探出頭來，把一隻鞋往康巴頭上一丟。

「把那隻狗趕出去！」她會這麼喝令。

這對康巴來說純粹是個遊戲。牠也經常虐待雞隻和珠雞，當母雞兇巴巴的拍翅嚇牠，對牠嘶聲怪叫，並壯起膽子試圖把牠趕走，牠似乎都覺得相當有趣。

但是康巴最喜歡的是打獵。

這時，去田野和沼澤打獵，開始取代以前在家裡玩的許多遊戲。剛開始，我是堂哥們的小跟班，緊跟著傑佛瑞和同樣住在附近的恰瑞提。

我們大多是獵鳥。我們躲在沼澤旁邊的高草叢裡，乾季的時候，這些草長得非常高，可以把一個大男人淹沒。下午時分，鳥兒會到沼澤區喝水，我們在那個時候過去，安置塗上**巫林波**（某種黏稠樹汁，可做為黏膠）的幾根枝條當誘餌。鳥兒一踏上枝條，就會黏在上頭，驚慌得撲打翅膀，發出各種瘋狂叫聲。趁鳥兒還沒逃脫，我們會拿著大砍刀從草叢裡跳出來，喊道：

「**通嘎**！抓到了！」

「**塔滿加**！動作快，才不會把其他的也嚇走！」

「我來割牠的喉嚨！」

「不行——我要拔掉牠的頭！」

我們總是為誰來執行殺鳥任務爭個不休，最後只好輪流，不是把鳥頭砍掉，就是用手指捏住鳥頭，然後像拔番茄一樣把頭「啵」一聲摘下來。我們會把內臟清乾淨，拔掉羽毛，存放在脖子上掛著的糖袋裡。回到家，我們就生火，在火紅的炭塊上把鳥烤了吃，幸好父母從不要求我和傑佛瑞把獵來的野味跟大家分享。夏天的某些晚上，我們甚至可能獵到八隻鳥，帶回家大打牙祭。

我們家一直不是很富有，捕捉野鳥經常是我們攝取肉食的唯一來源，而肉是奢侈品。契瓦族的奇切瓦語甚至有個詞叫做**恩古利**，意思是「很渴望吃到肉」。

要滿足這種渴望並不容易，而且有的時候為了獵到鳥，過程險象環生。首先，最有效的捕鳥樹汁**巫林波**，要取自恩卡澤樹，這種樹的樹枝叢生，上面長滿尖刺。我們得用大砍刀把張牙舞爪的樹枝砍掉，再擠到恩卡澤樹幹的前方，把它切割出一道裂痕，還要小心別讓眼睛沾到樹汁液，否則會瞎了眼。

一天下午，我、恰瑞提和傑佛瑞出去搜尋**巫林波**，這時看到了一棵一級棒的恩卡澤樹。

「我來！」恰瑞提說。他這個人老愛賣弄，總是喜歡一馬當先，我們也就不掃他的興。

恰瑞提帶著刀爬上恩卡澤樹，留心到處凸起的尖刺，他舉起大砍刀，往樹幹切開一條裂痕，然後用裝糖的塑膠袋接住不斷流出的樹汁液。就在這時，一陣強風把整棵樹吹得晃動不已，**巫**

林波濺到了他的眼睛，他衝出樹叢，大叫：「我瞎了，我瞎了！救我！好痛！」

「怎麼辦？」我問傑佛瑞。

之前替約翰伯父工作的麥斯威爾，曾經告訴我們有關恩卡澤樹的各種知識，以及眼睛沾到樹汁液時該怎麼處理。

傑佛瑞轉向我說：「還記得麥斯威爾教的吧？」

「嗯，」我說：「他說什麼？」

「唯一的解藥就是母奶。」

「對噢，要去哪裡找？」

「你家。」

沒錯，母親最近才生了妹妹梅莉絲，也許她願意幫忙。我們拉著恰瑞提的衣角，把他帶到我家。到了我家，傑佛瑞就跟我母親報告發生的狀況，母親欣然答應。她指示恰瑞提跪下來睜開眼睛，然後從衣服裡掏出一邊的乳房，傾身靠近他的臉。

「別動，」她說，然後擠出一道白色母奶噴向恰瑞提的眼睛。

這景象實在太滑稽了。「呃，老兄，」傑佛瑞叫道：「可別吃進嘴裡啊！」

「這就是你為了滿足**恩古利**的代價，」我捧腹大笑著說。

我從來沒問過恰瑞提對那次事件有什麼感覺，不過我猜應該是沒什麼特別的感覺。不消幾分鐘，他就能張開眼睛看東西了。我們全都同意麥斯威爾一定是某種巫師，才會知道這個祕方。

母親跟恰瑞提說：「為了報償我的服務，你們下一次獵得的所有鳥兒都歸我了。」

恰瑞提同意了，隔天他帶來用糖袋裝著的四隻鳥，放在廚房裡。

跟堂哥們一起打獵，讓我學到在土地上的生存之道：如何在高大茂密的草叢中，和波光粼粼的沼澤水塘邊，找到最好的位置；如何用堅固巧妙的捕捉器智擒鳥兒；以及伺機等待時，安靜不動和按捺性子的美德。好獵人都知道耐心是成功的關鍵，康巴似乎瞭解這點，好像牠一輩子都在狩獵似的。

雨季之初，我開始單獨帶著康巴出去狩獵。雨季來臨時，整個早上都下大雨，於是下午的空氣總是悶熱黏濕。土地潮濕、處處是水窪時，鳥兒不會特別到沼澤喝水，這時我們獵人就得靠**奇夸捕**來獵鳥，那是一條致命的大鞭子，像是彈弓的彈射橡皮圈，只是沒用石子當子彈。

一天早上雨停了之後，我和康巴出發布置陷阱。我把用**姆盤裹**做成的布袋掛在鋤頭尾端，把鋤頭扛在肩上（**姆盤裹**是一種色彩鮮豔的長型頭巾，婦女用來包紮所有東西，小至綁頭髮，大至把嬰兒背在背上）。布袋裡有一長條的腳踏車內胎、一根斷掉的腳踏車輪輻、我從母親曬衣繩剪下的一小段鋼絲，一把我們稱為**嘎嘎**的玉米糠，以及四塊重重的磚頭。此外，我還帶著每次打獵時都會攜帶的兩把自製獵刀。

第一把獵刀是我用厚鐵板製成的突擊用藍波刀。首先我用鉛筆在鐵板上勾勒出凶猛嚇人的刀身圖案，然後用一根釘子和重型鐵鎚沿著線條打洞，之後用力一敲，刀身就會自動脫落，最後再用一顆平坦的岩石磨平邊緣、磨利刀刃。至於刀柄，我用足夠的塑膠袋纏住刀身底部，然後用火燒融，形成塑膠握把，讓我的手可以穩穩的握著。

第二把刀比較像戳刺工具，我用鐵鎚把一根大釘子敲扁，再把邊緣磨利，刀柄的製作方式則跟第一把一樣。我把兩把刀插在褲頭，緊貼著身子。

全副武裝之後，我和康巴沿著傑佛瑞家後方那條通往墓地的小徑出發，一直走到藍桉樹長得較高而樹蔭濃密的地方。多瓦高地的丘陵（翻過丘陵就是馬拉威湖）壯麗的高聳在我的眼前，丘陵的頂端籠罩在一片灰濛濛之中，雲愈積愈厚，另一場暴風雨即將來臨，我們得加快速度。

我在主要小徑附近找到一塊好地方，旁邊有一棵高聳的藍桉樹，太陽一穿透薄霧，這棵樹就能提供修長的影子做為掩護。我用鋤頭除掉雜草和藤蔓，直到露出紅色泥土為止，這塊圓形空地的直徑約一公尺多。我用刀子從藍桉樹上劈下兩根粗枝，剝掉樹皮，把頂端削尖，然後插進潮濕的土壤中，間隔約半公尺。我伸手拉一拉，測試牢不牢固，結果還算滿意。

我把腳踏車的內胎切割成兩個細條，各接上鋼絲的一端，再把兩條橡皮條分別綁在剛剛插進土裡的兩根藍桉木長杆上。完成後，整個就像是巨型彈弓，而中央的粗鋼絲就是殺鳥祕器。

我把附近幾棵樹的樹皮剝下來，紮成一條約四公尺半的長繩，然後剪下二十公分長的一小段，連接在殺鳥鋼絲上，再將這一小段樹皮繩的另一端綁上短木棒，把結打得像顆圓球。我把短木棒當成把手抓住，用力往後拉，將橡皮圈拉到最緊繃的狀態，然後把短木棒插在兩根標杆

從我家看出去的多瓦高地。在玉米田以及我和康巴打獵的藍桉樹林後方，就是綿延不絕的丘陵。

布萊恩・米勒（Bryan Mealer）攝

（另一根木棒和腳踏車輪輻）之間，再利用圓球般的繩結抵住固定。接著我把長繩拉到樹林中，這等於觸發器。安置妥當後，我就在這陷阱前方幾公分的地方堆好四個磚塊，做成一堵磚牆，然後把玉米糠撒在中間的空地，這是殺鳥地帶。鳥兒飛下來吃玉米糠時，我就把長繩一拉，彈弓會因此鬆開往回衝，猛力把鳥兒彈到磚牆上。

「咱們來打獵吧！」我說，於是康巴跟著我進入樹林。

我們躲在一棵桑波吉小樹後方，那裡視野清晰且不會被看見。一抵達小樹後方，康巴就在我旁邊趴下，熱切的凝視前方的動靜。牠動也不動，從不吠叫。大約半小時之後，四隻鳥低空飛過，看到了誘餌，振翅撲下，開始朝地上啄食。我的心跳加快，康巴的耳朵豎起，嘴巴開始顫抖。就在我準備放開繩子時，看到第五隻鳥降落在其他四隻的後方，牠身型碩大，前胸呈灰色而肥厚，全身羽毛呈黃色。

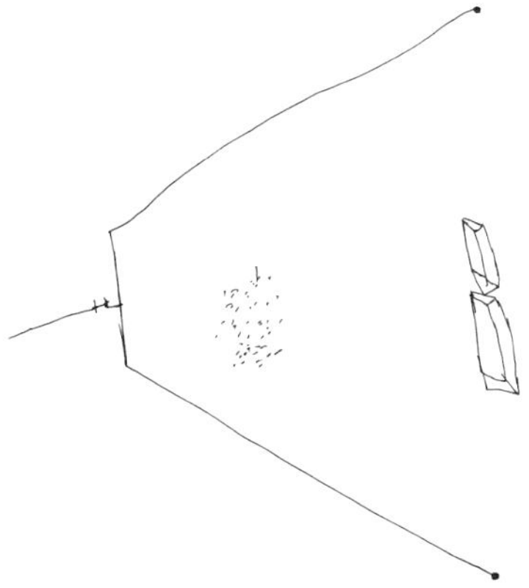

雨季中用來補鳥的陷阱，鳥會被打到磚牆上而死，然後被我吃掉。

威廉・坎寬巴畫

拜託，我心想，**再往右邊一點，就是這樣，拜託**。

過了漫長的幾秒鐘，那隻肥鳥終於擠到鳥群之中，開始啄食。牠們一處於殺鳥地帶的正中央，我就把繩子往後拉。

咻砰！

鳥兒在揚起的一團羽毛和玉米糠中消失了。

「**通嘎！**」我興奮的大喊，與康巴一起衝出埋伏處。

四隻鳥的屍身躺在磚頭旁，第五隻僥倖飛走了，那隻大肥鳥依然在泥地上拍打著翅膀，我趁牠恢復活力之前把牠撿起，我手掌裡的身體依然溫熱柔軟，甚至可以感受到牠的小心臟輕輕的快速跳動。我用兩根手指夾住牠的頭，然後扭斷牠的脖子。

我把其餘的鳥撿起來，把牠們身上的泥土拍掉。通常我會帶一個裝糖的袋子，不過今天忘記了，只好把這些癱軟的死鳥放入口袋。

我把陷阱重新設好，又等了半小時，都沒有鳥兒再上當，只好收兵。

「吃鳥時間到囉！」我說。

於是我和康巴準備前往**姆法拉**。

姆法拉的意思是「未婚男孩之家」，這就是我堂哥恰瑞提住的地方。這裡更像是俱樂部會所，坐落於我們的地產上，就在傑佛瑞家對面。跟大力士菲瑞先生打過架的那位季節性工人詹姆士，曾住在這裡，但是他被解雇後，這裡就空了下來，於是恰瑞提跟他的朋友米札克（一個輟學的胖傢伙，目前在做生意）占據了空屋。他們倆雖然都還是跟父母住（恰瑞提家就在藍桉樹林裡，吉伯特家附近），但是晚上會睡在這間俱樂部會所。

角落裡，有人用藍桉樹枝幹和塞滿乾草的玉米布袋，做了一張床。髒衣服到處亂丟，芒果皮、花生殼和其他莫名的垃圾滿地都是。一面牆上貼著「ＭＴＬ流浪者足球隊」（又名「游牧隊」）的海報，這支球隊是「馬拉威超級聯盟」裡、也很可能是全世界裡，我最喜歡的足球隊。對面牆上則貼著他們的頭號大敵「大子彈」足球隊的海報，我有多麼痛恨「大子彈」，你大概無法想像。角落裡有壁爐——其實只是一個大淺鍋，側面刺了幾個氣孔，裡面裝滿焦黑的玉米芯和木柴。淺鍋上方有個小窗戶，可以把煙排出去，但是通風效果不是很好。小窗戶也是屋內唯一的光源，照射進來的那一小束太陽光，受瀰漫的塵埃所汙染，空氣聞起來像是骯髒的臭腳丫。對我而言，這是全世界最棒的地方。

因為我年紀小又惹人厭，所以大多時候都不准進入俱樂部會所，除非我掙得了入場資格，其中幾次是因為幫忙偷採芒果。恰瑞提要我在脖子上繫一個**姆盤裹**布袋，偷偷溜進鄰居的宅院。我嘴裡含著刀，爬上芒果樹，迅速割下果實，丟入胸前的袋子裡，然後把芒果帶回去**姆法拉**，他們就會讓我進去，就像在繳會費一樣。

進去之後，他們談話的內容對我十一歲的心智而言，不僅驚駭聳動，通常也讓我似懂非懂，內容大多跟女孩子有關。要是他們忘了我的存在，那可是天大的福氣。有一次，米札克講到某位他在鎮上看到的女孩，講到一半突然停住，跟恰瑞提說：「我們得小心點，有小孩在旁邊哪！這小子可不能聽這種故事。」

我開始跟他們狡辯：「我又不是小孩子！快點嘛，繼續說嘛，我已經是男子漢了，女生的事也懂一點啊！」

「是嗎？你懂什麼？」

「我懂……你們懂的我都懂。」

我和康巴從獵鳥處走回家，我知道這些戰利品足以讓我進入會所。我走近時，聽到恰瑞提和米札克在裡頭，我敲敲門，恰瑞提把門打開。

「幹嘛？」

「我剛才捕到四隻鳥哪！就在口袋裡。我可以進來嗎？」

米札克出現在門口，問：「這次帶什麼來？」

「四隻鳥。」

他露出微笑：「我們**姆法拉**正需要這種男子漢。幹得好！」

「我們來生火，」恰瑞提說。

我笑咪咪的走進去，康巴跟在後頭。

「叫那隻笨狗出去，」米札克吼道：「免得牠以為這是牠家。你難道不知道狗不准進來嗎？我看哪，你甚至還會跟牠說話呢！」

「康巴，」我大吼：「出去！」

我把腿往後舉起，做出要踢牠的動作，牠連忙飛奔出門口，然後一臉困惑的望著我。

「在那等著，」我輕聲說。

我開始清理這些鳥，先從拔羽毛開始，羽毛都黏在手指上，我把羽毛甩入提桶裡，接著把鳥頭扯下來，挖出內臟。我打開門時，康巴正乖乖等著。這是牠狩獵的獎賞，比牠自己的生命還寶貴。我把鳥頭一顆顆的丟入空中，康巴跳起來用嘴巴接住，嘎吱嚼一下，鳥頭就不見了，內臟則是唏哩呼嚕一口吞下。

回到屋裡時，恰瑞提和米札克已經把鳥放在炭火上，鳥肉烤得發出嘶嘶聲，聞起來令人垂涎欲滴。

「兩位大哥，」我說：「我口水真的要滴出來了啦！」

「安靜點。」

他們烤好我捕來的鳥兒之後，甚至還會大發慈悲讓我享用一隻。不過我一旦失去用處，就會面臨不可避免的結局。

「嘿！小子，」米札克說：「我好像聽到你媽在叫囉。」

「有嗎？我啥都沒聽到。」

「他說的沒錯，」恰瑞提說：「那一定是你媽在叫。」

他們已經下了逐客令，我也就不好再說什麼，只好把刀插回腰際的皮套裡，呼喚我的狗，一起回到滿屋子都是女生的家。

第四章
我要當科學家

我十三歲的那年是新世紀的開始，我逐漸注意到自己的轉變：我開始長大了。我不再那麼常去打獵，而是愈來愈常在交易市集出沒，與人交際、認識新朋友。吉伯特通常跟我在一起，此外還有傑佛瑞和其他幾位朋友。我們會去交易市集玩無數回合的**巴沃**，這個遊戲在馬拉威和東非相當熱門。**巴沃**是一種寶石棋遊戲，用彈珠或種子來玩，棋盤是長木板條做成的，上頭有成排的小洞，每個玩家都有兩排，每排有八個洞，遊戲目的是把對手前排的彈珠吃掉，以及阻礙他移動彈珠。

巴沃需要用到許多策略，腦筋要動得很快。我承認，這種遊戲我很拿手，在交易市集經常贏過其他男生，算是小小的報復，誰叫以前玩足球時，我還沒踢幾下，他們就把我換下來派其他隊員上場。就算我永遠沒有**曼果羅魅拉**的巨大神力，至少還有**巴沃**讓我走路有風。

每一次我要去交易市集找朋友玩，康巴都會興奮起來，想要跟著去。牠很想念我們一起遊獵的那段日子，但我不准牠跟來，免得人家看我帶著狗，以為我不僅沒長大，還變得更幼稚。有一次我不曉得康巴偷偷跟在後頭，結果到了理髮廳附近，我們玩**巴沃**的那棵無花果樹下時，

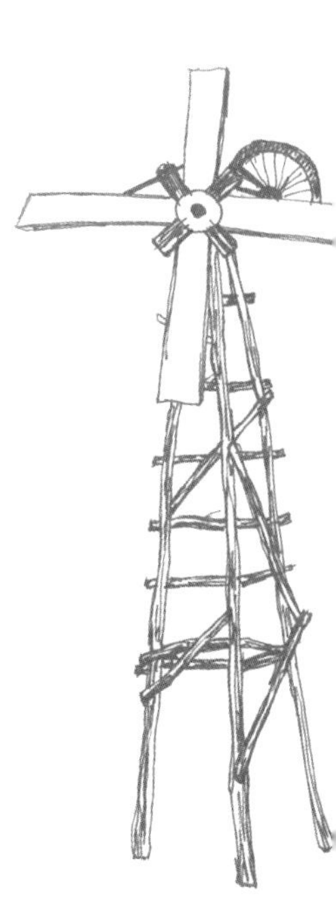

有人指著我大笑。

「你後面幹嘛跟著一隻狗？」他們說：「附近又沒有兔子或鳥，難道你要在市場裡打獵？」

其他男孩也開始哈哈大笑，實在很丟臉，所以從那次之後，每次康巴想跟來，我都得裝出兇巴巴的樣子。

我低聲咒罵、狂聲吼叫，牠當然什麼也沒聽進去。走了幾公尺之後，我就得撿起小石子往牠的頭上丟去。

「別跟！」

幾次之後，牠終於領會我的意思，不過還是會自己跑來交易市集，通常是在七月的交配季節，這時母狗正發情，會在村子裡各處遊走。康巴看到我時，就會熱情的猛搖長尾巴奔過來，我總是立刻制止。

「走開！」我會這麼怒吼，一邊趁別人還沒看到時，踢起塵土嚇走牠。

此外，我年紀愈大，ＭＴＬ游牧隊的每日勝敗不再影響我的心緒。在這之前，游牧隊的那些足球員對我而言不只是男人而已。每一場比賽我都聆聽一號電台的實況轉播，想像他們是巨人。游牧隊戰敗時，尤其是輸給大子彈隊時，我會難過得連晚餐都吃不下，就算媽媽煮了我愛吃的雞肉，還是食不下嚥。接著，這種喜愛變成著迷。那年，游牧隊在跟大子彈隊對決時，我的心砰砰跳得厲害，一直覺得自己就要死了（這可能就叫做焦慮症發作），後來心想：**何必把自己搞成這副德行？足球帶給我的壓力太大了，實在有害健康。**從那之後，我幾乎再也不聽足球實況轉播了。

大約在這個時候，我和傑佛瑞開始把一些壞掉的老舊收音機拆解開來，看看裡頭是什麼，也開始研究收音機如何運作，試試如何修復。

在馬拉威和非洲的大部分地區，並沒有足夠的電力可以來看電視，因此收音機是我們連結村子與外面世界的唯一工具。在非洲，你所到之處，不管是在樹林最深處，或是城市車水馬龍的街道上，幾乎都會看到人們拿著掌上型的小收音機在收聽。你會聽到來自布蘭泰爾（馬拉威第一大城）的二號電台，播放馬拉威雷鬼音樂會的美國節奏藍調，或是來自首都里朗威的奇切瓦語福音詩歌和佈道。

自從「馬拉威廣播公司」成立，時間大概是在獨立前後，馬拉威人就把收音機當做家庭的一份子。父親老愛講馬拉威廣播公司早期的點滴，從收音機裡聽到美國歌手桃莉・芭頓與肯尼・羅傑斯的鄉村流行音樂，還有羅伯特・福姆拉尼的美妙歌聲。當時農業節目非常熱門，父親還記得標榜農人第一的班達總統，提醒大家在雨季來臨之前清理田地、堆砌田壟及播種作物，表示這麼做會讓馬拉威人快樂及成功；他還提醒農夫施糞肥呢！我永遠記得成長的那段日子，每個星期天都聆聽來自里朗威「中非長老教會」的沙德瑞克・瓦米（Shadreck Wame）佈道，接著就聽「週日二十大熱門歌曲」。

當時只有兩家電台（一號電台和二號電台），直到幾年前才開始增加，可惜都由政府經營，大幅降低我們一窺外面世界的機會。

我從第一次聽到收音機裡傳出聲音，就想知道裡頭是怎麼運作的。我會盯著拆開來的電路板瞧，納悶這些電線各扮演什麼角色，為什麼顏色不一，又各通向何處。為什麼這些電線和塑膠元件，能讓布蘭泰爾的ＤＪ在我家說話？為什麼頻道調節器的一端在播放音樂，而另一端卻是牧師在講道？是誰這麼安排的？這個人又怎麼會學到那麼美妙的知識？

我們完全是透過反覆試驗摸索，才發現雜訊聲是印刷電路板接觸不良造成的。印刷電路板是其中最大的一塊板子，所有的電線和塑膠元件都在上頭。跟印刷電路板連接在一起的，是看起來像小豆子的電晶體，電晶體控制從收音機傳導到擴音器的電力。我和傑佛瑞之所以知道這個道理，是因為有一次我們切斷其中一個電晶體的焊接點，發現音量大幅降低。我們沒有像樣的焊鐵，為了在電路板上進行修復，我們會在廚房的火爐上加熱一根粗鐵絲，等它燒燙發紅，再用它來把金屬焊點重新熔接在一起。

我們也發現收音機如何接收每一個頻帶，比如ＦＭ、ＡＭ和短波。為了接收波長較長的ＡＭ，收音機設有內置天線，但是要接收波長較短的ＦＭ，天線就必須裝在外頭，可以拉開變長。ＦＭ波就跟光線一樣，碰到高樹或建築時會被擋住。

我們透過實驗來學習這一切知識，因此許多收音機都慘遭犧牲，大概每一位叔伯、姑姑和鄰居的家，都貢獻了一台收音機，全部讓我們拆解成一大團糾結的電線，存放在傑佛瑞房間的一個箱子裡。但是在我們從錯誤中學習之後，大家開始把家裡壞掉的收音機帶來請我們修理，很快的我們成立了自己的小事業。

我們在傑佛瑞的小臥室進行營業，就在他媽媽家後方。我們在那裡接待客人，地板上散落著成堆的電線、電路板、馬達、破裂的收音機外殼，還有無法辨認的金屬片及塑膠元件鋪滿一地。我們和顧客的對話通常是這樣的：

「**歐迪，歐迪，**」有人站在門口說。是隔壁村莊的老伯，像抱雞一樣把收音機夾在腋下。

「請進，」我說。

「聽說你們這裡幫人修理收音機？」

「是的，就是我和我同事傑佛瑞先生。出了什麼問題嗎？」

「可是你們年紀那麼小，怎麼會修呢？」

「別懷疑，告訴我出了什麼問題。」

「我找不到電台，沒辦法聽了。」

「我來看看……嗯……好，我們應該有辦法處理，晚餐前你就可以來拿。」

「六點前修得好吧！今天星期六，我想聽廣播劇。」

「那當然，包在我們身上！」

要判斷收音機哪裡出問題，就需要有電源，由於家裡沒有供電，這表示我們只能用電池。但是電池昂貴，我和傑佛瑞的維修事業也賺不了多少錢，沒辦法一直買電池來用，因此我們會走到交易市集，尋找丟在垃圾桶裡的舊電池。我們會蒐集五、六顆電池，還有一個搖搖啤酒的空紙盒。過了這麼多年，我還是在利用這些發出酒臭味的紙盒子。

首先我們會測試電池，看看還有沒有電，把兩條電線分別接觸電池的正極與負極，然後連接到手電筒的燈泡上，燈泡愈亮表示電力愈強。接著，我們把搖搖啤酒紙盒壓扁，捲成管狀，把電池整齊的推放進去，務必讓正極接著負極，這就成了電池組。接下來，我們把電池組兩端的電線，分別與收音機連接，連接點是收音機裝電池處的正極與負極接頭。這幾個廢棄電池串聯在一起，通常會有足夠的電力啟動一台收音機。

當然，成功與否也取決於電池的牌子，以及電池之前的用途。掌上型收音機使用非常少的電力，所以通常可以把電池的電力消耗殆盡；而卡帶式放音機需要非常高的電壓，因此即便電池還剩下一點電力，只要沒辦法維持放音機的運作，就會斷電。最爛的電池（偏偏是最普遍的），是中國製造的虎頭牌電池，不管用哪一種放音機，電力幾個小時後就會耗盡。這就是為什麼我們撿到最令人喜愛的馬拉威太陽牌電池時，會興奮得如獲至寶，那是當時電力最強、最耐用的電池，用來供應我們收音機的電力，是其他廠牌電池所不能比擬的。

「傑佛瑞先生，今天我們真是走了狗屎運，居然讓我找到一顆馬拉威太陽牌電池！」

「是啊，男子漢先生，這顆會非常耐用。」

我們在修理收音機時，大家常會走過來說：「看看這些小科學家，嘿！小子，加油喔，有一天你們會找到好工作的。」

我對於器物如何運作，變得極有興趣，但是從沒想過這就是科學。除了收音機之外，我對於車子如何運作也非常著迷，汽油如何使引擎運轉這回事，尤其讓我覺得不可思議。**這是怎麼發生的呢？**我心裡想，**這個嘛，要找到答案很簡單——去問有車的人不就行了！**於是我在交易市集把卡車司機攔下來，請教他們：「是什麼東西讓你的卡車開動的呢？你的引擎是怎麼運作的呢？」但是沒有人可以回答，他們只是搖頭苦笑。真是的，你怎麼可以只會開卡車，卻不知道它怎麼運作呢？

就連我認為是上通天文下知地理的父親，都說：「燃料燃燒後會釋放出火力……這個嘛，我其實也不太確定。」

當時在交易市集，CD 唱機才剛開始流行，這讓我更覺得神奇。我看著別人把閃亮的 CD 唱片放進唱機裡，音樂聲就飄揚了出來。

「他們是怎麼把聲音放進 CD 裡的呢？」我這麼問。

「誰在乎啊？」大部分人都這麼回答。

雖然交易市集裡的人光享受這些設備就覺得心滿意足，不覺得需要知其所以然，但是這些問題一直在我心中縈繞不去。如果解決這些謎題是科學家的工作，那麼我以後就想當科學家。

當時我就讀溫貝小學，沿著吉伯特家旁邊的那條樹林小徑走一公里，就可以到學校。隔年我就要參加畢業考，通過的話就能進入中學就讀。聽說中學開設更多的科學相關課程，老師甚至還會指定一些實驗來操作。

對我而言，當科學家比種田好太多了，在當時，耕種開始占據我大部分的時間。父親仍種植了一點菸草，好在拍賣市場銷售，但是我們的主要作物一直是玉米（或稱為**奇曼加**），我們一年四季都以玉米為主食。大部分的馬拉威人都是種植糧食的農夫，靠玉米田維生；如果你沒辦法從其他地方得到食物，至少倉庫裡的這些穀物可以讓家人溫飽，就連住在城市裡的人，也要仰賴住在村莊的兄弟或姪子為他們照料玉米田。在作物生長時期，市場的穀物價格會提高，因此每個人都需要有自己種的玉米。

在馬拉威，我們每餐都吃玉米，大部分的家庭都把玉米曬乾磨成粉，做成生麵團似的糕狀物，叫做**希瑪**。**希瑪**就是把玉米粉加到不滾燙的熱水裡，攪拌到濃稠得攪不動為止，然後一塊一塊的舀出來，大小跟美國漢堡的餡肉差不多。要吃的時候就撕下一片，放到掌心裡揉成球狀，再用它來挖起佐料配著吃，佐料通常是豆子或是葉類植物，比如說芥菜、油菜或南瓜葉，總之就是當季盛產的植物。如果你家很幸運，也許還有一些山羊肉或雞肉可以吃。我最喜歡的佐料是魚乾配番茄！

馬拉威的每個人、每隻家畜，上至一臉橫肉的政客，下至小狗小貓，全都依賴**希瑪**過活。

每晚我們吃過晚餐，康巴就會在牠的狗碗旁等待，好得到牠那一份美食。大部分時候牠連咬都沒咬，就一口氣囫圇吞進去。

「這樣哪能享受到美味呢？」我總是這麼問。

希瑪不只是我們的主食——我們的身體仰仗它，就像魚沒有水就活不了。如果外國人邀請馬拉威人享用晚餐，儘管端上桌來的是牛排和義大利麵，甜點是巧克力蛋糕，但要是沒有**希瑪**的話，這個馬拉威人回家後會跟兄弟姊妹說：「那裡什麼食物也沒有，就只有牛排和義大利麵，希望今晚不會餓得睡不著覺。」

種植玉米是一項家庭活動，需要全家大小的幫忙，男人、婦女以及大到可以工作的小孩，都要參與。小女孩通常在種植、除草和收成時會幫一點忙，不過她們主要是協助媽媽打點家務，比如提水、烹飪、清掃和照顧更小的弟弟妹妹。在馬拉威，婦女的貢獻常常遭忽略。我十二歲時，已經有了五個姊妹，但沒有其他兄弟，這表示在田裡幫爸爸耕種的，就只有我了。

上一批玉米在五月收成，七月時我們又要開始整地，首先蒐集乾掉的玉米莖稈，把它們堆積成堆，這個叫做**齊庫司**，然後把**齊庫司**排成一排一排的。所有的**齊庫司**都放好後，我會把它們點上火，然後耐心等待。蚱蜢喜歡窩在這些玉米莖稈堆裡頭，因此玉米莖稈一開始燃燒，就會有成百上千的蚱蜢大批飛出，這時不費吹灰之力就可捕捉到。我會把蚱蜢丟入糖袋裡帶回家，灑上鹽之後在火上烤來吃。跟你說，配上這些酥脆的蚱蜢，我可以吃下一大堆**希瑪**。當然在工作的時候，我其實不應該偷閒捉蚱蜢的，但是我們有一句諺語是這麼說的：「當你去湖邊欣賞風景的時候，也會看到河馬。」

八月到十一月，我們大多是在堆砌新的田壟。我用鋤頭剷平現有的兩條田壟，再從中央堆出一條新的，這就是我們輪耕的方式。由於這幾個月份是乾季，土壤相當堅硬，我要使盡吃奶的力氣才有辦法把土翻鬆，雙手因此長出了大水泡。不只如此，堅硬的土壤即便鋤鬆了，還是需要用鋤頭把柄把一些土塊敲碎，因此過程也更為耗時。土壤鬆軟，種子的嫩芽才能無障礙的鑽出土地。有些農夫偷工減料，沒有敲碎土塊，收成的玉米就會比較少。

堆砌田壟的工作，總是得在毒烈的太陽當頭高照的季節裡進行。但天氣實在太熱了，我改成一大清早先去田裡工作，然後才去上學，傍晚天黑之前，再回到田裡幹些活兒。如果月圓且明亮，我會在凌晨四點鐘起床，這時連公雞都還沒啼叫。在這依然昏暗的早晨，我會拿著手電筒跌跌撞撞走到屋外的廁所，盡量不去注意吊在天花板上的蜘蛛，牠們有黑白相間的腳，還有毛茸茸的巨大身軀；也盡量不去看那些一受手電筒的燈光照到、觸鬚就顫晃不已的蟑螂，牠們彷彿在警告我：**現在是我們玩耍的時候，你應該要躺在床上乖乖睡覺！**在清晨這種安靜的時刻，你甚至能聽到白蟻啃食牆壁的聲音，聽起來像是有人在外頭的草地上走動。回到屋裡時，我會從屋子後方的淺井打一桶水來洗臉（這口井的水是不能喝的），這時，母親也已經起來準備做玉米粥了，我唏哩呼嚕吃下去之後，就會拖著鋤頭，沿著小徑走到田裡。

「現在天還很黑，要小心鋤頭的落點啊，」父親會大聲叮嚀：「我可不希望你砍斷了腳！」

「那當然。」

在整地和播種的季節，砍到自己的腳是家常便飯。你常會看到孩童用裝糖的塑膠袋或是報紙包住自己的腳，再用麻繩纏住（算是臨時繃帶），免得遭蒼蠅感染或沾到泥土。不過這樣沒什麼用，因為隔天早上又得回到田裡工作。在這種時候，傷口不見得能夠完全癒合，這點可由在村莊長大的馬拉威人，每一個都有累累的傷痕來證明。

就算月光明亮，小徑依然是一片漆黑，而且鬼影幢幢。我快步前進，把專注力放在每一個步伐上，盡量不去想像從樹林間盯著我看的古勒－汪庫魯，或是坐著巫師飛機在上空盤旋的光頭男。不管我身處何處、年紀多大，每到凌晨四點，我總是一想到這些事情就直冒冷汗。一天凌晨，在去田裡的路上，有隻土狼從灌木叢中嗷嗚嗥叫一聲，把我嚇得差點從褲子裡跳出來，我這輩子從沒跑得這麼快。

雨季通常會在十二月的第一個星期之前來臨，持續下到隔年三月。一出現雨水，就表示我們要開始播種了，這就像跟上帝賽跑，雨水是起跑的槍聲，是祂說「預備，起！」的時候。第一場雨落下時，你一定要準備就緒。

先由一個人拿鋤頭，快速的在成排的田壟上挖出小凹槽，另一個人跟在後頭，在每個凹槽裡投入三顆種子，然後蓋上土壤，並給予許多祝福。十二月的玉米田滿是黏稠的泥濘，腳上會裹了一層又一層的厚泥巴。

雨下了幾天後，幼苗就會鑽出土壤，把玲瓏的嫩葉舒展開來。兩週後，如果雨水依然豐沛，我們就會小心翼翼的施予第一回合的肥料。幼苗要長得茁壯，每一株都需要愛和關照，就像飼養其他任何生物一樣。

用鋤頭挖掘播種的凹槽，是我最喜歡的工作，這麼一來我就不需要等待前方的人，而能夠提早收工回去烤玉米——這在十二月是難得的樂事。

從五月到九月，你依然在享受上一批的收成，玉米存量還很充足，每一餐都相當豐盛。這幾個月是我們南半球的冬季，在那些寒冷的夜晚，我們會圍聚在火邊，用平底鍋烤玉米，一邊說故事、哼唱好聽的歌曲，開心得笑聲連連。但是到了十二月的種植季節，大部分家庭的玉米開始減少，因此能跟堂兄弟和朋友坐在一起烤玉米，是難得的樂事。烤玉米的香氣太美好了，會讓人覺得幸福美滿。在這個玉米存量逐漸減少的期間，我們都帶著沉重的心情吃每一餐的**希瑪**。

十二月是農夫必須購買肥料和種子的時候，但是兩者的價格都很昂貴，耗盡了人民的積蓄。大部分的人會存一點錢，買一隻雞和一些米慶祝耶誕節和新年，但接下來就沒有多餘的閒錢可以享受了。緊跟著進入一月，大部分的人都不得不束緊腰帶，期待收成季節的來臨。屋外從早到晚都在下雨，就連鳥兒都沒東西可吃，因為萬物都忙著生長。這是一段炎熱難當、滿地泥濘和耐心等候的日子，我們稱為「飢餓季節」。在鄉下，這是一年當中人們最辛勤耕作、卻吃得最少的時候，想當然耳，會因此日漸消瘦、動作緩慢、身體虛弱，不少兒童在此時夭折。我們每年都會碰到飢餓季節，就跟早上公雞啼叫和太陽升起那樣，毫無例外。

如果一切順利，十二月和一月的穩定雨量會讓玉米幼苗成長，這時應該會長到我父親膝蓋的高度。接著，小玉米開始形成，再過幾週就會開花——一撮如絲綢般的玉米鬚和高挺的穗狀雄花。到了二月，玉米莖稈又粗又壯，高度到了我父親的胸膛了。要是有施肥的話，到了五月收成的季節，玉米莖稈可能高過父親的頭部。我們會先讓玉米在玉米莖稈上乾燥後，才採摘下來。玉米會存放在五十公斤裝的布袋裡，堆疊在我父母臥室旁的小儲藏室。豐收的時候，這一袋袋的玉米會堆到天花板高，甚至還得堆放到走廊上。

這是正常狀態下，我們每年種植及收成的情況。但是二〇〇〇年十二月，一切都走調了。這年雨水來得遲，十二月的最後一星期才開始落下。第一陣雨水給了幼苗信心，總算鑽出了土壤，於是農夫施肥，希望一切順利。但是接下來的雨量太大，一整個星期從早到晚都在下雨。洪水席捲整個國家，把房屋、家畜和剛開始生長的幼苗都沖走了。幸好我們鎮裡沒鬧水災，但是雨水依然沖走了肥料以及豐收的所有希望。

許多農夫就跟我們一樣買不起肥料。由於新總統的政策，現在一袋複合肥料NPK（由氮、磷和鉀組成）要價三千克瓦查，購買一次已經讓荷包嚴重縮水，如果肥料被雨水沖走而要再買，就更負擔不起了。洪水氾濫後，總統在一號電台上誓言援助每位農夫一組「基本組合包」，其中包括兩公斤的玉米種子和五公斤的肥料。馬拉威在一九九八年和一九九九年，曾經實施「基本組合包」的援助，有需求的農夫都得到了一組。那幾年雨水充足，又有這些贈予的額外種子和肥料，收成相當好。但由於國際捐助者施壓，這項計畫後來大幅削減，只能援助一百萬位農夫，因此當我們聽到總統承諾擴大援助，感到相當欣慰。

然而一個月過去了，卻什麼動靜也沒有。接著交易市集上貼出政府發布的名單，公告即將收到組合包的農夫名單，父親以及其他許多人的名字都沒有出現在上面。這其實無關緊要，因為當時雨已經完全停了。

水災之後，雨水無緣無故消失，土地遭到乾旱的蹂躪。每天，熾熱的太陽都對著倖存的幼苗當頭直照，毫不留情。到了二月，枯萎的玉米莖稈垂到地面，像是駝背掃地的老嫗。三月時下了一點雨，讓我們免於徹頭徹尾的大災難，玉米因而得以成熟，不過也僅是勉強成熟而已。到了五月，毒辣的太陽曬死一半的作物，殘存的玉米莖稈發育不良，只長到父親胸膛的高度。

一天下午，我跟父親走到田裡，我們望著這一片飽經蹂躪的土地：玉米葉看起來像易碎的棕色洋蔥皮，一碰就掉落。我們心裡有同樣的感想，但是我先說出口。

「爸爸，明年還會更糟嗎？」

他嘆了一口氣，說：「不知道，但至少我們不是孤軍奮戰，大夥都得面對。」

父親說的沒錯，全國有許多地方，玉米產量還要更少。乾旱對於較小的村莊打擊最大，因為一整年都要以小農地餵飽人口眾多的大家族，天氣、肥料或種子的生產力稍有問題，就可能讓這些活在邊緣的家庭，掉入飢餓的深淵。那一年，乾旱的影響持續了好幾季。

那一年我們家田地的玉米產量，只能裝滿五個布袋，放在儲藏室裡連一個角落都填不滿。

一天晚上睡覺前，我看到儲藏室裡有煤油燈在閃爍，發現父親獨自一人待在那裡望著布袋，彷彿剛才問了它們一個問題。不管它們回答了什麼，我很快就會知道了。

第五章

一切都不一樣了

在這一段艱苦的歲月裡，我發現了腳踏車發電器。我隨時隨地都會看到腳踏車上的發電器，它看起來像是安裝在輪子上的小金屬瓶，但我從來沒有特別留意。不過有一天晚上，父親的朋友騎著腳踏車來到我們家，他的車燈就是以發電器供電的，他一跳下腳踏車，車燈就熄了。

「是什麼讓車燈熄了呢？」我問，我沒有看到他按下任何開關。

「是發電器，」他說：「我不踩踏板，電就停了。」

一等他進屋裡去找父親，我就跳到他的腳踏車上親自試試，看看能不能讓車燈亮起來。當然，踩沒幾公尺遠，車燈就亮了起來。我跳下車，把腳踏車翻轉過來，然後沿著車燈的電線一路追蹤到後車輪，發電器就安裝在這裡。發電器有自己的金屬輪子，緊貼著橡膠輪胎，我用手轉動踏板，車輪開始轉動，發電器的金屬輪子也跟著轉動，然後車燈就亮了起來。

我左思右想，怎麼也想不透，一個旋轉的金屬輪子要怎麼使車燈發出亮光呢？不久之後，我把每個有發電器的人都攔下來，問他們那是怎麼運作的。

「為什麼你踩腳踏車的時候，車燈就會亮呢？」我會這麼問。

「因為發電器在旋轉啊！」

「我知道它在旋轉，但為什麼這樣就能讓車燈發亮，祕訣在哪裡？」

「我不知道欸。」

「我可以玩玩看嗎？」

「儘管玩吧！」

於是我轉動輪子，觀察車燈。有一天在玩弄父親朋友的腳踏車時，我注意到燈泡的電線鬆脫了，車輪轉動時，我不小心讓鬆掉的電線碰到金屬把手的末端，結果迸出了火花，這讓我靈光乍現。

一天下午，我和傑佛瑞把同一台腳踏車又借了出來，把它翻轉過來，然後拆下電線，改接在收音機電池槽的正、負極兩端，但我們轉動踏板時，收音機並沒有發出聲音，於是我把電線接回腳踏車的燈座，這時轉動踏板，燈泡亮了起來。我把從收音機拔下來的電池疊在一起，用另一條電線連接電池和燈泡，這時燈泡又發亮了。

「傑佛瑞先生，我的實驗證明發電器和燈泡都沒問題，」我說：「那收音機為什麼不響呢？」

「不知道，」他說：「試試看把電線接在這裡。」

他指著收音機上的一個插孔，上面標示著字母ＡＣ的字樣，當我把電線塞進去時，收音機發出聲音，活了過來，我們興奮得大呼小叫。我轉動腳踏車車輪的時候，就可以聽到二號電台播放偶像歌手比利・康達快樂的歌曲，傑佛瑞就會開始隨著音樂手舞足蹈。

「繼續轉車輪，」他說：「沒錯，就這樣，繼續轉。」

「嘿，我也想跳舞啊！」

「那得等我跳過癮了再換你。」

我居然發現了交流電與直流電的差別，當然，當時我並不知道什麼是交流電與直流電，要到很後來才瞭解其中的意義。

在用手轉動這台倒置的腳踏車車輪幾分鐘之後，我的手臂開始累了，收音機的聲音也因此慢慢消失；我開始思考：**有什麼東西可以幫我們轉動車輪，好讓我和傑佛瑞同時跳舞呢？**

腳踏車發電器讓我淺嚐了擁有電力的甜頭，我因此想要知道如何自己發電。只有百分之二的馬拉威人有電可用，這是一個大問題。沒有電力就代表沒有燈光，也就是說，我在晚上什麼事也不能做，不能讀書或完成收音機的維修工作，更看不到黑暗中在牆上和地板上爬行的蟑螂、老鼠和蜘蛛。太陽一落下，如果月亮沒露臉的話，大家都會停下手邊的工作，刷完牙，早早上床睡覺。不是晚上十點，也不是九點——而是晚上七點！誰在晚上七點睡覺呢？這個嘛，我可以跟你說，大部分的非洲人都是。

我們家跟大多數人一樣，晚上要點煤油燈才看得到路。這些燈只不過是在雀巢「尼多」（Nido）幼兒奶粉空罐中，放入布製燈芯、填入燃料，之後把頂部壓彎合起來罷了。燃料價格高昂，唯一能夠平價買到的地方，是七公里外姆敦塔瑪（Mtunthama）的加油站。這種煤油燈會產生濃重的黑煙，燻得眼睛刺痛、嗆得不住咳嗽。當然，也可以買玻璃罩的防風燈，上頭的裝置能防止濃煙冒出，但是大部分的人都買不起這種燈。

我們國家的電力是政府透過「馬拉威電力供應公司」提供的，他們在南方的夏爾河利用渦輪生產電力——這也是讓我覺得非常神奇的事情，在之後會提到。

如果你手頭寬裕又有耐心，就可以請馬拉威電力供應公司把電線接到你家。首先你得搭小貨車去卡桑古市，再轉小巴到一百公里遠的首都里朗威，馬拉威電力供應公司的辦公室就設在瑪葛茲大樓。你在那裡支付幾千克瓦查，填寫申請表，然後畫一張地圖，好讓他們找到你家。如果幸運的話，也許你的申請表會通過審核，工人會到你家安裝電線和電線杆——這些全都自費。好不容易有了電之後，你就可以開開心心熬夜到十點，隨著收音機翩翩起舞；但是政府每星期都會中斷供電，而且通常是在晚上天一黑之後。所以花了那麼多錢、費了那麼多工事，不如七點就去睡覺還省事些。

造成我們能源問題的另一個原因是森林砍伐。爺爺曾經跟我說，馬拉威以前是由大片森林覆蓋著的，樹木之濃密，一到中午，林間小徑就暗下來了。但是這幾年下來，大型菸草園使用了大量木柴，因為菸草葉在送去拍賣市場販賣前，要先烘烤。地方菸草小農則用了大量的木柴，來搭建風乾菸草葉的棚子，但是由於白蟻的關係，這些棚子從沒辦法維持超過一季，而因為我們沒有電，所以大家就拿其餘的木柴來燒水烹飪。溫貝鎮附近的森林濫砍問題嚴重，不時會有人騎腳踏車去十五公里遠的地方，只為了找到一把木柴。然而一把木柴能用多久呢？

砍伐樹木是馬拉威人不能脫離窮困的原因之一，但很少人明白這點。沒有樹林，雨水就會釀成水災，沖走土壤和礦物質。土壤（以及大批垃圾）都流到夏爾河，水壩遭泥沙和垃圾堵塞，渦輪機因此無法運轉。於是發電廠必須停止運作並疏浚河道，導致電力中斷。由於疏浚過程所費不貲，電力公司必須收取額外的費用，使得電費更難以負擔。由於旱災、水災不斷，沒有作物可以販售；由於河流阻塞、電費高昂，平民百姓沒電可用，許多人為了養家活口，只好繼續砍樹當柴燒，或是把木材燒成木炭後出售，形成了惡性循環。

附近的菸草園裝設了幾條電線，其中一條連接到了吉伯特的家。他爸爸是溫貝鎮長，他們負擔得起電線杆和電線的費用。我小時候第一次去吉伯特家玩時，看到他走進屋裡摸摸牆壁，燈泡就亮了起來，只是摸摸牆壁而已欸！當然，現在我知道他是打開電燈開關。但是從那一天起，每一次我去吉伯特家，看到他摸牆壁開燈，心裡就忿忿不平：**為什麼我不能摸摸牆壁就有燈光呢？為什麼我總是那個在黑暗中四處摸索，只為了找根火柴的人呢？**

但是要把電力帶到我家，可不是簡單的腳踏車發電器就能夠做到的，況且我們家連腳踏車發電器都買不起。過了一段時間，我就不再想這件事了，而把心思放在更重要的事情上，比如說其中一件事就是：從小學畢業。

九月中，我們溫貝小學的老師終於發下期末考考卷，並祝我們好運。過去幾個月來，我都非常用功讀書；我點著煤油燈熬夜苦讀，複習多年來的習作本，因為八級考試涵蓋所有的範圍。我仔細研讀農業課本，記住種植花生的正確整土技巧、各種樣式的農場紀錄，還有如何分辨你的雞是得了新城雞瘟或是雞痘。在社會與環境科學這一科，我複習公僕及政治人物所扮演的角色，以及地方行政架構的傳統職權。我們的母語奇切瓦語相當簡單，所以我把大部分準備文科的精力拿來複習英文，包括造句和複習讀本裡頭的故事。我最喜歡的一則故事是「馬奎特之旅」，故事中的男孩叫做央比•豆豆。有一天他早上出門獵鳥，結果遭外星人劫持，這些外星人比地球上最高的樹木還高，比大象的身軀還寬，而且有三隻眼睛。總而言之，外星人把他帶上太空船，然後吃掉他獵來的鳥兒。我實在無法想像。

考試共有三天，第一天考社會及英文，第二天考奇切瓦語和數學，第三天考自然科。這三天就在白紙黑字、斷掉的鉛筆和古怪的考題中飛晃過去。

我啃著指甲苦思百分比、等邊三角形、圓周長，搜索枯腸回想在雞窩裡發現流血的母雞時，是要幫牠擦碘酒或是安保寧。考試結束時，我簡直癱軟成一團，不過還是覺得自信滿滿。我們的成績會在十二月公布，那是三個月之後的事，離現在還久得很！

如果通過考試，就能夠進入政府指定分發的中學就讀。我們這一區有六間中學，只有三間是寄宿學校，大家都知道政府把最優渥的資金撥給寄宿學校，所以認真的學生自然都想去就讀。能獨立在學校生活讀書，是多麼不可思議的事啊！

但是不管我分發到哪裡，學期都會從一月開始。一開學，就像是跨越了重要的門檻，成了男人。中學不是免費的，所以只有極少數的馬拉威人有辦法去念。我大姊安妮在姆敦塔瑪的中學就讀，而且已經讀完一半，我嫉妒死了，但是現在終於換我出頭天了。對我而言，這還是另一個重要的里程碑：我終於能夠把小學的學童短褲丟掉，穿上體面的制服長褲，雄赳赳氣昂昂的昂首闊步。

考完試後，我在外頭等待吉伯特。

「老兄，我們再也不用穿短褲了，」我說。

「沒錯！而且從現在開始到開學之前，早上都閒閒沒事，要做什麼來打發日子呢？」

「我們去打獵，好久沒去了。」

「好主意！」

我雖然喜歡學校放假，但是年紀愈大，假期就愈不那麼輕鬆有趣，因為農事繁重，父親需要我的協助。九月份除了要為玉米種子整地和堆砌田壟之外，也要準備種菸草。菸草幼苗甚至比玉米還需要更多的愛及照顧，才能夠茁壯成長。

之前提過，菸草幼苗首先是在沼澤區的苗圃種植，那裡的土壤特別肥沃。現在我不用上學，照顧菸草的差事就落到我頭上，我每天回到沼澤區，從溪裡汲水灌溉幼苗，讓每一株都得到同樣分量的水，這樣幼苗才能夠抵擋住毒烈的陽光。澆水工作要進行到十二月，那時我們會把菸草挖起，移植到田裡。

九月底的某一天，苗圃的工作完成後，我和吉伯特去交易市集玩了幾回合的**巴沃**（寶石棋遊戲）。走回他家時，我注意到有些異樣：大約十幾個人聚集在他家院子裡的藍桉樹叢下，神情嚴肅的低聲交談著。群眾中有幾位男士，但大部分是女性，她們的頭都用色彩鮮豔的**姆盤裹**包住，每個人都提著空桶子。吉伯特看到他們時，似乎不以為意，我問他這些人是誰。

「住外圍野地裡的村民，」他說：「他們已經快沒食物可吃了，來問父親有沒有救濟品、有沒有『**干尤**』好做，有些人走了好幾天才到這裡。」

干尤是指按日計酬的工作。糧食短缺的飢餓季節，許多馬拉威人就是以這種方式維生，就連我父親都曾經在菸草園做過**干尤**，幫他們堆砌田壟，以換取幾公斤玉米粉。你通常可以在這一帶的菸草園找到按日計酬的工作，撐過飢餓季節，所以看到這麼多人站在這裡，才讓我覺得困惑。

我問吉伯特：「他們為什麼不在那邊找工作就好了呢？」

「他們試過了，」他說：「但是今年就連菸草園都沒有多的活可做。」

「那你父親要怎麼辦？」

「他會給他們東西吃，」他說：「沒辦法，他是鎮長啊！」

沒錯，在洪災及旱災時，外圍村莊的玉米作物，受災情況比我們還慘。僅僅四個月後，他們的存糧就已經所剩無幾。沒多久，在交易市集流傳的流言是，我們所有人都快沒食物吃了。

有一天我在板大先生的店裡幫母親買鹽，無意中聽到他在談缺糧問題。每年六月玉米收成後，板大先生就會在本村和卡桑古市之間的幾座村莊，收購大量的玉米，以便在飢餓季節販賣，而且通常會以更高的價錢出售，但是今年他的筒倉卻是空空如也。

「我去馬薩卡市，卻什麼也買不到，」他說：「就連在金比亞也買不到東西，而他們通常是大豐收哪！實在沒辦法相信我看到的景象。」

我跟父親報告在吉伯特家看到的狀況，以及板大先生所說的話，父親說他早就知道了，要我們不用擔心。通常在飢餓季節，大家會去附近的「普瑞斯農業」大莊園買些玉米，他們自耕自足，每年都會廉售多餘的玉米。我跟父親表示，我在交易市集聽到，就連普瑞斯都沒有穀物了。

「嗯，政府保存了剩餘的食糧，」父親說：「如果普瑞斯沒有多餘的穀物，政府就會把玉米載到『農發』，大家可以去那裡買。」

「農發」的全名是「農業發展運銷公司」，是在市場上平價販賣玉米的國營企業，通常賣的是國營農場收成的多餘穀物。卡桑古到處都有「農發」，可以在那裡用還算便宜的價格買到幾公斤的玉米。

「兒子，別讓那些人搞得心神不寧，」父親說：「不管碰到什麼情況，我們從沒挨餓過。」

不過，九月底的一個下午，父親回到家裡，我不小心聽到他跟媽媽說話。他剛才去交易市集參加大集會，那是由反對黨「馬拉威國會黨」召集的，國會黨是標榜「農人第一」的前總統班達所屬的政黨。集會有數百人參加，反對黨人士站在台上，用擴音器發表激烈的演說。莫魯士總統的一些黨羽（稱為「青年民主黨」）企圖阻撓集會，但是村莊的農民團團圍住講台防守，讓反對黨能盡情發言。

這些人宣布了一些可怕的消息：幾個月前，莫魯士總統的手下為了賺取利益，拍賣了我們所有的剩餘穀物，多數都以卡車越過邊界運到了肯亞。此外，有數百萬克瓦查不翼而飛，但官方沒有人願意負責。

「他們說，一點多餘的存糧也不剩了，」父親說：「今年大家都會很慘。」

「我們只能祈求上帝保佑了，」母親嘆道。

實情是這樣的：前一年的水災與旱災造成了糧食歉收，嚴重程度遠遠超乎大家的認知。此外，國際社會（也就是國際貨幣基金會和世界銀行）對我們政府施壓，要求出售部分的存糧來償還部分債務，因為保存這些穀物的費用也愈來愈高了。不過，政府裡的幾位人士把糧食全數賣出，沒有留下戰備存糧。穀物的去向無人知曉，有人說已經跨越國界運到肯亞與莫三比克，其他人則表示一大部分已經跟以往一樣送到「農發」，但是遭那裡的貪官汙吏藏私過久，導致穀物腐壞。大部分的好玉米都賣給跟政府有交情的顯赫商人——這些人預料會發生糧食短缺，想要趁火打劫。他們會等到人民完全沒有食物可吃時，再以雙倍的價格賣出。

父親說的沒錯，我們即將面臨一場大災難，不過就連他也無法料到情況會有多悽慘。

果不其然，玉米價格在十月的第一個星期開始上漲，從一桶一百五十克瓦查的正常當季價格，漲到三百克瓦查一桶。這時，老百姓開始尋找其他替代食物。

一天下午吃晚餐之前，我的肚子早已餓得咕嚕咕嚕叫，於是去鄰居姆瓦雷先生家，看看他們樹上有沒有任何成熟的芒果，抵達時，姆瓦雷和家人正準備坐下來吃東西。

「呃，恩地瑪利瑪，」我說：「找到食物囉！我來得正是時候吧？」

就在我說這句話的時候，我發現他們吃的是燉芒果配南瓜葉，芒果還沒成熟，是綠色的，很可能非常酸，照理說還不能吃。

「你說恩地瑪利瑪，」姆瓦雷笑著說：「但你也看到了，我們把芒果當成希瑪來吃，你在這裡沒找到食物啦。」

後來，我看到一整排男人在姆瓦雷的田裡堆砌田壟，他們的臉孔很陌生，看起來是從其他村莊來的，跟之前聚集在吉伯特家的人是同一批。幾小時後他們離開，每個人手上都捧了幾顆沒熟的青芒果當作工資。

幾天後我經過交易市集時，又看到一幅前所未見的景象：幾位在市場做買賣的婦女，把塑膠防水布鋪在路上，賣起了嘎嘎。嘎嘎是顏色透明的玉米糠，也就是從玉米粒上去除的糠皮。通常這些玉米糠是在磨坊磨碾時分離出來的，不是丟掉，就是當成牲畜飼料出售。對我而言，玉米糠是做獵鳥陷阱的絕佳誘餌。嘎嘎也用來做爺爺最愛喝的卡恰索烈酒，許多婦女甚至拿它來當柴燒。聽說非常貧窮的人會吃嘎嘎撐過苦日子，但是它幾乎沒有營養，不能算是真的食物。我們用嘎嘎來餵雞，要買嘎嘎的話，還得自己從磨坊的地板上舀到袋子裡。

但是現在，玉米價格高達一桶三百克瓦查，而這些大布袋裝的嘎嘎則是一袋一百克瓦查，這個價格是一個月前的十倍。大家高舉著鐵桶，爭先恐後來搶購。

「走開，我先來的！」

「大姊，大家都在餓肚子，這時候還管你誰先誰後！」

路上那幾個賣嘎嘎的地攤，情況也一樣。一個小時後我回到交易市集，看到嘎嘎都賣完了，就在這時，一陣驚恐傳遍全身，彷彿三更半夜裡有人把我猛力搖醒，我不禁狂奔回家。

幾個月來，母親皆照常準備三餐，好像情況很正常一般。我和姊妹每天早上幹活之前，一定會吃一碗玉米粥，中餐及晚餐是希瑪配芥菜或豆子。當然，十三歲的我胃大如牛，媲美腦滿腸肥的政客，總是在盤子上堆了滿滿的食物。我當然知道旱災及歉收的情況，也聽到反對黨宣布的消息，但是這些困境彷彿是降臨在別人頭上似的。

「再多一點，」晚餐時我總是這麼說：「沒錯，繼續幫我加。」

但是看到人們爭相搶奪嘎嘎之後，我的眼睛好像突然睜開了，強大的恐懼感鑽進了心裡。我沿小徑奔回家時，這股恐懼感愈來愈強，就像有一隻拳頭狠狠抵住了我的胃；我在儲藏室門口停下來時，這拳頭握得更緊了：我們裝滿穀物的那五個大袋子，現在只剩兩袋，而在我心裡，這兩袋其實等於吃完了。

我瞪著這兩袋玉米，試著想像在所有玉米吃光前，能得到多少玉米粉：兩袋玉米等於六桶玉米粉，而一桶玉米粉等於我們家的十二餐，這就表示六桶等於七十二餐，能夠支撐二十四天。接著我計算距離下一次收成還有多久：超過兩百一十天，而至少也要等一百二十天，綠色的玉米穗軸才夠成熟，吃了才不會生病。

還要等兩百一十天才會有食物——而我們連一粒種子都還沒種下呢！就算播種了，也不保證能有充分的雨水或肥料。而現在，我們再過不到一個月就沒食物可吃了，接下來要怎麼生存，我實在毫無頭緒。下一次母親從磨坊回來時，我們的玉米粉不僅粗糙，還摻雜著許多嘎嘎。為了讓分量多一些，大家都開始這麼磨碾自己的穀物。

幾天後，我看見父親把家裡的山羊趕在一起，準備帶到市場拍賣。就像馬拉威的許多人一樣，牲畜是我們在地球上唯一的財富，也代表我們的聲望與地位，而現在卻為了買幾桶玉米，得賣掉牠們。現在堪炎亞燒烤攤位的老闆可得意了，他們能把肉類的價格殺到最低。我非常喜歡我們家一隻叫做曼卡拉拉的公山羊，牠的體型嬌小，兩角又尖又長。牠會讓我抓著羊角玩摔跤，有時候甚至讓康巴追得不亦樂乎，只為了逗康巴開心。

「爸爸，為什麼要把山羊賣掉？我很喜歡牠們耶！」

「一個星期前，一頭可以賣五百，現在變成四百。很抱歉，我們不能繼續拖下去，讓價錢跌個不停。」

父親用繩子把曼卡拉拉和其他山羊的前腳繫在一起，他開始走下小徑時，山羊跌跌撞撞的跟在後頭，開始咩咩哀叫。牠們知道死期不遠了。曼卡拉拉回頭望著我，彷彿求我幫忙，連康巴也嗚嗚哀叫，吠了幾聲幫忙求情，但是我只能讓牠們失望。我能怎麼辦？家人要填飽肚子啊！

十一月初，我照常在凌晨四點起來，到田裡堆砌田壟。一天早上，我在院子裡等母親幫我準備玉米粥時，父親走了出來，這時外頭依然一片漆黑。

「今天沒有玉米粥，」他說。

「啥？」

「該開始縮衣節食了。現有的食物要省著吃。」

儲藏室裡的穀物剩不到兩袋，我知道明天或後天都吃不到玉米粥。早餐是第一個省下來的，不知道接下來還會過什麼樣的苦日子。我沒有抱怨，也沒有問沒意義的問題，而是扛起鋤頭去田裡跟傑佛瑞碰頭。我到達時，跟他說家裡現在省略早餐了。

「你能相信嗎？」我說。

「你們現在才開始不吃早餐啊？我們家已經實行兩個星期了，我也習慣了。」

凌晨四點的天氣還相當涼爽，我可以活力十足的挖掘溝渠、堆砌田壟。我的胃一定也是讓昨晚的**希瑪**騙了，還沒有醒來咕嚕叫。但是到了早上七點，胃已經在使勁吶喊，想要有食物來填滿，而熾熱的太陽吸盡了我全部的力氣。我把上衣脫掉包在頭上，但是這樣的額外重量使我更加疲累。我沒有不支倒地，是因為父親踏著重重的步伐經過。

「這些田壟要堆得漂亮一點！」

「我好餓，沒力氣了。」

「兒子，想想明年，盡力幹活吧！」

我低頭往下看，看到我的田壟細細小小又參差不齊，彷彿是蛇蜿蜒滑過所留下的痕跡。在田地的另一頭，堂哥正滿身大汗、呼吸沉重的揮舞鋤頭。

「傑佛瑞先生，」我說：「今天你幫我堆田壟，明天換我幫你，這筆交易聽起來如何？」

他連抬頭看我一眼都沒有。「我考慮看看，」他喘著氣說：「但聽起來跟你昨天的提議差不多啊！」

其實我是試著跟他開玩笑，提振他的精神，因為最近我很替他難過。自從傑佛瑞的父親去世後，他彷彿變了個人似的，有時候會忘東忘西，或是在我跟他說話時（當然是說非常重要的事情），陷入恍神。其他時候，他關在房間裡，兩、三天都沒跟人說話。他的身體也不太舒服，最近去了一趟診所，診斷出罹患貧血症。我後來發現他們家省略的，不只是早餐的玉米粥而已。全國各地都面臨食物短缺的狀況。

「開玩笑的啦，」我叫道：「不過說真的，老兄，你看起來臉色不太好，應該要休息一下。別那麼努力，休息一下吧！」

「我哪有資格休息，」他揮舞著鋤頭說：「你也知道我的情況。」

更糟的是，最近天災連連，我很確定傑佛瑞接下來不會回學校上課，而新學期即將在一個月後開始。他的母親需要他和他哥哥耶利米努力工作，養家活口，但是我不想讓傑佛瑞知道我瞭解他的情況，所以繼續跟他說笑鬥嘴。

「不久之後呢，你老子坎寬巴就會進入他考上的中學，」我故作神氣的說：「穿著制服長褲昂首闊步！」

「我們這些學長會在那裡等著他，」傑佛瑞笑道：「偉大的計畫都想好了，等著『迎接』坎寬巴呢！」

「要是他去很遠的地方，去卡桑古或嘉揚巴這類一流的寄宿學校呢？」

「我們會找到他的，我們無孔不入。」

「你們根本動不了他一根汗毛！」

「哼，你等著瞧吧！」

傑佛瑞並不是唯一改變的。自從農作物歉收後，康巴的行動也變得更加遲緩。牠跟著蘇格拉底叔叔來到這邊時，就已經是條老狗了，只不過當時我沒意識到。而牠之前在菸草園可是過著優渥的日子，如今住在農村裡，日子當然過得比較苦，儘管每天晚餐後我都會餵牠，但我相信那是不夠的。

康巴的行動日漸遲緩，田間的老鼠開始能把牠耍得團團轉，年紀較輕、速度較快的狗，也能從垃圾堆裡搶到較好的剩飯殘羹。康巴削瘦的身軀變得更加瘦弱，我也發現牠睡覺的時間愈來愈多。牠不再追逐雞隻，寧可在我房間後方的陰涼處打盹。

一天晚上，我把**希瑪**揉成球狀丟給牠，好讓牠用嘴巴接住，但是牠把距離估算錯誤，結果食物掉在牠的頭上。

「老傢伙，到底哪裡出問題啦？」我嘲笑牠。牠低下頭來，不到一秒就把食物吸進去，看來有些習慣是怎樣也不會改變的。

每天早上當我和傑佛瑞從田裡返家時，會碰到更多的陌生人在路上遊走，尋找**干尤**來做。他們來自恩奇斯縣、姆敦塔瑪，以及丘陵深處的村莊。許多人把鋤頭扛在肩上，鋤頭上掛著用**姆盤裹**包成的包袱，裡頭放著烹煮用的鍋子和一些衣服。

在正常的時候，母親會把穀物帶去玉米磨坊，然後自己磨成粉。她在家裡放著一籃又一籃的玉米粉，我們要多少就有多少。但是現在家家戶戶的玉米都逐漸吃光了，大家開始購買一公斤或半公斤裝的玉米粉。半公斤的是裝在藍色小塑膠袋裡，叫做「隨身包」，名稱源自「隨身聽」，因為裡頭裝的食物只夠一個人吃。隨身包是給都市人吃的，不是給農人和農家吃的。

現在芒果季節已經過了，因此許多人做完每日計酬的零工後，換得的是幾把樹薯葉。樹薯是根莖類植物，葉子可以像波菜或油菜那樣燉來吃，塊莖可以在曬乾後搗成粉。樹薯在非洲其他地方相當搶手，尤其是剛果。但是在馬拉威，樹薯就像**嘎嘎**，在有許多**希瑪**可吃的好日子裡，是大家不屑食用的。

「千尤換隨身包？千尤換樹薯？」旅人這麼叫喊。

許多人前來我們鄉村的菸草園找工作，但是他們不曉得菸草園的大多數員工，現在都在市場裡閒晃，他們沒有工作做，也在等待奇蹟。

「不好意思，」這些外來者會這麼問：「請問二十四號菸草園怎麼走？」

「朋友，別麻煩了，」菸草園員工這麼回答：「那裡沒工作。我很清楚——我就是那裡的員工。」

飢腸轆轆的打零工者穿越市場時，會經過富商的家，他們的窗戶飄出午餐時燉雞與希瑪的香味，彷彿沒聽到世界的巨胃正在咕嚕吶喊，祈求填滿食物。由於太多農夫賤賣家畜，有錢的人用不了多少錢就能買到雞，幾乎等同於免費贈送。

男人尋找工作時，他們的妻小則是聚集在吉伯特家，希望得到一些救濟品。每天早上約有四十人去到他家；自從八月開始災禍連連後，已有上千人去過。這些人大都賴著不走，直到從吉伯特母親的手中接到一個隨身包。有些人到達時，已經虛弱得無法繼續前進。他們把毯子鋪在樹下，馬上做希瑪來吃，恢復些許力氣後才離去。還有些人則癱倒在路上，必須接受照顧。藍桉樹叢下置放了許多吉伯特家的寢具，供人休憩療養。

大約此時，莫魯士總統正忙著以慣常的作風巡視各地，到處拋撒小錢收買人心，顯示自己是國家英雄。凡是忠心耿耿的官員，都會得到經費舉辦大型集會來吹捧總統，集會上還有舞蹈表演和閱兵典禮以娛樂觀眾，並提供許多食物。總統每到一處，就會把玉米粉或克瓦查丟給窮人，分量則是拿捏得恰恰好，務必讓他們在選舉那天還惦記著他的好處。

一九九九年他在全國各地短暫停留，進行競選旅行時，來到我們溫貝小學。地方安排了婦女合唱團及古勒—汪庫魯的表演，來迎接總統，每一位表演者都拿到一張五十克瓦查的紙鈔，地方政客排隊領取贈品。這是我第一次親眼見到總統，他禿頭又臃腫，站起身走向演講台時，那雙短腿跟他圓滾滾的身軀極不協調。

他的演講內容大概是：「看到學校如此殘破，個人內心相當愧疚。我們應當把整個地方拆掉，重新搭建一所體面、堅固的校舍。教師宿舍也要整修，學生需要新的書桌和書本！」

群眾當然為此歡呼鼓掌，但他不是買新桌子給我們，而是派人去藍桉樹林，把我們的樹木砍下來製造桌子；即便如此，桌子還是不夠。老師根本沒有得到新宿舍，總統為校舍所做的唯一一件事，是為它上了一層新漆，並幫屋頂換上新鐵皮。

這就是那位曾經保證要是當選、馬拉威的每一位人民都會得到一雙新鞋的總統。這個嘛，你也能想像，莫魯士宣布當選後，大家就開始詢問：「我們的新鞋呢？」總統上廣播電台時這麼表示：「各位先生女士，我看起來像瘋子嗎？我怎麼可能知道馬拉威每個人的鞋號？**我從來就沒答應要給大家鞋子！**」我們的總統真是幽默啊！

儘管大家對剩餘的玉米不翼而飛這件事情愈來愈氣憤，政府卻還是沒有在廣播電台上表示什麼。儘管饑荒即將爆發，政府也沒提出解決之道。於是當總統莫魯士宣布他會在卡桑古停留，好任命地方首長時，所有村長都懇求吉伯特的父親挺身而出，代表他們發言。吉伯特父親跟總統都是信仰伊斯蘭教的穆斯林，可能比較好說上話。

「你口才好，又跟他一樣都是穆斯林，」他們跟吉伯特的父親說：「你一定要說服他救救我們。」

大集會的那天，數千位民眾站在大太陽底下，希望聽到總統對危機表態，但是他們沒有得到答案，而是看了持續好幾個小時的舞蹈表演，聽了一個接一個的致詞演說，內容不外乎是總統如何偉大、有魄力，又如何仁慈，批准本鎮的新發展，比如在一些村莊搭建新廁所、挖掘了數口水井。

當時，莫魯士總統也是「南部非洲發展共同體」（Southern African Development Community）的主席，那是非洲南部十五個國家的社會經濟聯盟。他在任期間，非洲大陸的其他國家如安哥拉、蒲隆地和蘇丹，發生了可怕的戰爭；盧安達發動種族大屠殺，超過八十萬的圖西人身亡，當時屠殺活動蔓延到剛果民主共和國，因此爆發了戰爭。莫魯士甚至在布蘭泰爾招待剛果與盧安達的領袖，以中間人的身分努力促成兩國的和平。他對非洲做出貢獻，卻沒有看到自家人民的問題，實在令人困惑。

總而言之，在長達一小時的歌舞表演後，吉伯特的父親終於要上台說話了。他就坐在總統前方，他離開座位，站在講台上面對群眾。

「總統閣下，」他轉身面對總統說：「首先我想恭喜您為馬拉威所做的貢獻，更了不起的是，您為整個非洲大陸所做的努力。我們都聽說了您在剛果所做的各種善行，以及您如何成功達到那些目標。我們以總統為榮。但是請您瞭解，馬拉威也正在抗戰，而這場戰役就是對抗饑荒。」

接著他請總統停止撥款挖掘水井及興蓋廁所，改用那筆經費來購買穀物。（因為說實在的，如果你都沒東西吃了，哪還用得到廁所？）

群眾爆出熱烈掌聲，久久不歇，下一位講者只好站在講台上等掌聲停止。群眾平靜下來之後，接下來的講者只對總統歌功頌德，群眾開始發出噓聲並喝倒采。

「回位子上去吧，你根本就沒什麼好說的！」他們大吼。

「溫貝鎮長已經幫我們說了！」

「笨政客！**希瑪**裡頭還搞什麼政治！」

稍後總統起身致詞時，幾名穿著體面的官員走到吉伯特父親身邊，表示要借一步說話。鎮長知道總統喜歡打賞，變得相當興奮，心想：**他們要給我們錢，我的演講肯定奏效了！**

大約六個男子帶鎮長到舞台附近一棟建築的後方，一到那邊，他們就質問他。

「你算哪根蔥，敢這麼胡言亂語！」其中一位相當憤怒的問。

溫貝鎮長還來不及回答，就給一拳揍倒在地，接著棒棍齊飛。幾分鐘後，這些總統的爪牙偷偷溜回人群中，留下鎮長一人獨自躺在塵土中流血。一會兒後，溫貝鎮長的一個朋友發現了他，但鎮長不願意去醫院，怕在病床上會遭總統的爪牙殺人滅口。那天下午吉伯特回家時，發現他父親躺在沙發上無法動彈。到了當晚，他的胸膛、肚子和手臂遍布了大片紫黑色的瘀青。

接下來幾個星期，鎮長依然躺在沙發上和床上療傷止痛，接著開始偷偷溜到卡桑古各處的診所，做了許多檢查及治療，不讓別人發現他的行蹤，也沒有告訴任何人結果。他恐懼莫魯士的手下會發現他的行動，只能忍氣吞聲的受苦。

對我而言，這個事件相當可怕。鎮長就像我們的父親，是保護我們這個小地區及代表我們來跟國家其餘地方打交道的男子漢。我們聽說他被打時，覺得好像大家都遭侵犯了，我們的安全不再受到保障。如果連我們敬愛的鎮長，政府都如此對待，隨著饑荒逐漸迫近，人民還可能有好日子過嗎？

第六章

只有晚餐可吃

十二月的雲層濃密，烏黑得有如石油。烏雲在村莊上空凝聚了數天，最後終於釋出雨水。卡桑古各個地方的農夫都為了下一次的收成而辛勤耕耘，但是仍有許多農夫還忙著找食物吃，沒空到田地裡播種。我們家還算幸運，能夠種下一小批玉米，也勉強種植了兩甲的菸草，它們在幾個月後就會成為我們的救命作物。

我每天在田地裡除草時，都會看到零工求職者慢慢沿著道路移動，尋找按日計酬的工作。他們的衣服遭雨水淋得濕透，身上滿是泥巴。用勞力換取食物變得更加困難，因為市場上的玉米價格每一天都在上漲，同樣一袋玉米粉，昨天工作三小時就可以得到，今天則變成六小時。

零工求職者和其他村民日夜聚集在溫貝鎮長的家，他們知道鎮長有多的存糧，因為鎮長有施了充分肥料的大片玉米田。迎接這些飢民成了吉伯特的工作，他幫母親在後門分配玉米粥。他給了一個飢民之後，又會冒出另一個飢民。

「**歐迪，歐迪，**」他們這麼說：「有人在嗎？」

「又來了，」吉伯特說：「這個情況比之前還糟。」

每天飢民離開吉伯特的家後，會沿著小路往我們家的方向走，我看到他們時都會想像，自己和父親也走在飢民身旁，低頭搜尋地上食物的樣子。我擔心這樣的情況不用多久就會成真，因為我們家的食物幾乎要吃光了。

就在前一天，母親磨了最後一桶玉米，我知道這表示只剩十二餐可以吃了。她提著玉米去磨坊後，我打開儲藏室的門往裡頭窺視，空布袋擱置在角落，有如一堆待洗的髒衣物。我試著想像以前儲藏室裡穀物堆積如山的景象，當時我們無憂無慮過著愜意的日子。但是現在，我連集中精神回憶那個盛況的力氣都沒有。

那天晚上，父親要全家在客廳集合。

「依目前這種情形來看，」他說：「我決定我們每天吃一餐就好，要不然我們會撐不過去。」

我和姊妹們瞭解這種情況是逼不得已的，但還是針對一些細節爭論不休。

「如果一天只吃一餐，那要吃哪一餐呢？」安妮問。

「早餐，」艾莎說。

「我喜歡吃午餐！」多瑞絲叫道。

「不對，」父親說：「是吃晚餐。白天要忘記飢餓比較容易，但是空著肚子絕對沒辦法睡覺，所以我們晚上再吃東西。」

於是從隔天晚上開始，我們每天只吃一餐。同樣的，父親又把全家召集到客廳，這是我們全家第一次一起吃飯。

在我們契瓦文化裡（至少在村莊裡），女兒從來不跟父親一起吃飯，兒子也絕不會跟母親同桌，否則是不禮貌的（要是你在母親面前放屁怎麼辦？）。從我有記憶以來，就一直是跟父親及叔叔、伯伯一起吃飯，母親則是在另一個房間餵我的姊妹。

在我們文化裡，家庭生活要遵守許多規矩，這些規矩都是祖先傳下來的。我們的家庭關係也跟美國不同。在美國，女兒會擁抱父親，兒子會擁抱母親；要是我們村莊的人看到這樣的情況，會在心裡納悶：「他們的道德規範到哪裡去了？」而小孩不管如何都要尊敬異性的長輩，比如我把妹妹叫過來，給她一張一百克瓦查的紙鈔，吩咐：「趕快去店裡買些麵包。」她會彎腰鞠躬、單膝跪下，才把紙鈔接過去。這就是我們的文化。

因此那天晚餐時分，我和父親及眾姊妹首次一起坐在客廳的地板上。一個裝著煤油的「尼多」奶粉罐在木桌的一端發出閃爍的火光，帶出來的黑色煤煙在這濕氣極重的空間裡，盤旋繚繞。母親帶進來一盆洗手用的溫水和一個大水罐，我們在餐前餐後都要洗手。我妹妹多瑞絲會走到每個人面前，一手端著水盆放在對方的雙手下方，另一手拿著大水罐倒水。洗完手，母親端進來一個大碗公，掀起蓋子。

「慢慢吃喔。」她說，然後加入我們，一起坐在地板上。

碗公裡放的不是平常那樣堆積如山的希瑪，而是一團不成形的灰色物體，甚至看起來不像食物，旁邊另一個碗公裡裝著芥菜。很快的，香味飄進我們的鼻子裡，我們把這團食物傳下去，一人抓一點，像一院子的母雞用尖嘴搶啄一團食物，我們甚至懶得用盤子裝，就直接塞入嘴裡。

依我估計，每個人大概吃七口就沒了。不消幾分鐘，我們就解決了希瑪，而且過程中幾乎是默不作聲，覺得有食物可以咀嚼就要心滿意足了。

但是父母臉上毫無快樂滿足的跡象，事實上，我一輩子從沒看過他們那麼恐懼過。為什麼呢？因為十一月二十二日，就在我們食物吃光的前一個星期，母親又生了一個女兒。

我們的文化要求小孩尊敬長輩，也禁止我們問問題，尤其是跟身體有關的問題。好幾個月來，我注意到母親愈來愈胖，但完全不敢說什麼。在村莊裡，婦女懷孕是忌諱，是絕不能討論的公開祕密。唯有孕婦的丈夫及母親可以過問她日漸圓滾的肚子。大人光是聽到小孩提到這件事，就會一巴掌打過去。婦女懷孕不干你的事，毋須談論！此外，大家相信，談論孕婦會讓她遭到某種巫術的控制，因此許多孕婦足不出戶，生完小孩後才出來見人。小朋友詢問他們的新弟弟或新妹妹從哪裡來時，父母會回答：「診所，所有的小孩都是從那裡買來的。」

於是我父母帶著新生女嬰回來時，妹妹們都興奮的蹦蹦跳跳，知道自己當初也是從診所買來的。但是父母親愁容滿面，沒有心情回答妹妹們的問題。過了好幾天，新妹妹還是沒有取名字。

村莊的健康照護條件較差，許多小孩因為營養不良、瘧疾或腹瀉而夭折。在缺糧食期間，情況更是悽慘。因此，嬰兒的名字往往反映當時的情況或父母最大的憂懼。這實在很悲哀，不過在馬拉威，到處會碰到叫做辛卡力札（反正我就要死了）、瑪拉札尼（把我斃了）、馬力羅（喪禮）、曼達（墓碑）或菲藍荼尼（快點殺了我）的男男女女——他們都僥倖逃過了自己名字的詛咒。許多人年歲稍長後會改名，我的一位伯父就是如此。我的祖父母把他命名為「姆吉曼格」，意思是「自殺」，後來他改名為「穆塞瓦勒」，意思是「別忘記」。

儘管我父母親面臨極大的壓力，妹妹生下來倒是健健康康的，重達兩千八百公克。不管是因為她身體健康，或是我們抱持著盲目的信念進入饑荒期，父母幫她取名為提雅米格，意思是「感謝上帝」。

現在只剩半桶玉米粉了，我知道不久之後，我們就會加入零工求職者的行列，在田野裡到處遊走。我們需要某種奇蹟，或至少一個好點子。隔天早上，父親宣布一個絕妙的計畫，算是孤注一擲的冒險，是甚至比巫術更具風險的賭博。

「我們要把所有的食物都賣掉，」他說。

當天早上，母親把我們最後一點玉米粉混入大豆和一點點糖，開始烘烤吉穀姆甜餅到市場販售。父母親的計畫是經營小生意，利用食物短缺的情況賺取利潤過活——如果有任何利潤的話。

一整天，甜餅的香氣瀰漫整個宅院，侵入每一間房間，還飄到外頭的田野中。好幾個路人停下腳步，也許期望能拿到一些食物，發現事與願違後，只好大口吸入食物的香氣。就連鳥兒都鼓足勇氣，聚集在院子裡唱著悲哀的曲調。香味像幽靈般侵入我的身體，鑽入我空空如也的胃裡，伸展它的雙腳、舒展它的手肘。這簡直是個折磨！通常母親會讓我用指頭把碗公裡剩下的麵糊刮乾淨。殘餘的麵糊是如此珍貴，我們小孩暱稱它為「鍋底」。在母親準備清洗鍋子，或把殘餘食物餵雞吃時，我們會出現在庭院裡，問：「媽媽，鍋底？」但是這次不同了；母親把麵糊刮得乾乾淨淨，半點不剩，彷彿用海綿刷洗過般。沒有鍋底，只有一個空鍋子。

那天晚上，父親用壞掉的桌子和鐵板製成粗陋的攤子，然後與母親合力搬到艾彭加理髮廳前方擺好。隔天早上母親開始營業，每塊甜餅賣三克瓦查。甜餅很有分量，填得飽肚子，也比圓麵包和隨身包便宜。如果一個人身上只有一些零錢，不夠買一袋玉米粉，甜餅就是唯一的選擇了。有時候，母親的甜餅不到二十分鐘就銷售一空。

自從我們國家的玉米出現短缺，交易市集的商人就跨越國界到坦尚尼亞，以公噸為單位來購買玉米，然後高價賣出。其中一個商人曼果奇先生是父親的老友，父親以母親販賣甜餅賺來的錢，與曼果奇先生達成交易，買了一桶玉米。母親帶玉米去磨坊，磨好的玉米粉一半留下來自己吃，其餘的用來做更多的甜餅。我們每天都這麼做，留下足夠的分量來食用，然後把剩餘的賣出。這種方式，至少能讓我們每晚有一團不成形的**希瑪**可以配著南瓜葉吃。其實這樣的分量幾乎等於沒有，但是知道晚餐有著落，似乎讓飢餓感不那麼折磨難耐。

「只要還能做生意，」父親說：「我們就能靠微薄的利潤撐過這段苦日子。」

不久之後一個星期天的早上，母親在家裡烘烤販賣用的甜餅時，注意到有件事情不太對勁：兩個騎腳踏車的年輕男子，站在院子裡跟姊姊安妮說話。母親從來沒看過他們，而我的姊妹在未經同意下，是不准跟男生說話的，所以母親走過去查問。

「媽媽，這兩位是姆敦塔瑪私立學校的老師，」安妮說：「他們來附近看一位朋友。」

安妮問母親，自己是否可以陪他們一塊兒去。安妮就讀的中學就在這所私立學校的對面，母親以為他們可能全都互相認識，於是欣然同意，沒有多做他想，便逕自前往交易市集販賣甜餅。這時父親在附近的菸草園拜訪朋友，由於是星期天，我們其他人都已經到市場，只有八歲的妹妹多瑞絲留下來幫忙安妮打點家務。

下午母親回到家時，發現晚餐的準備工作都還沒做。

「怎麼沒生火呢？」她問多瑞絲：「妳姊姊到哪去了？」

「跟那兩個老師走了。」

「還沒回來嗎？」

多瑞絲聳聳肩膀。

當晚父親回到家時，問安妮到哪裡去了，母親說不知道，她不想跟他提到早上的那兩位年輕人，希望安妮趁事情還沒鬧大之前趕快回家。但是晚餐後，安妮還是沒回來。父親又再詢問一次，這次他似乎動怒了。

「我女兒到哪裡去了？」

「不知道。」

「妳當然知道，妳是她媽媽，告訴我——」

「別生氣，我真的不知道。」

母親憂心如焚，帶著火把在路上到處搜尋、逢人必問，但是不管是鄰居，或是從市場回來的人，都沒有看到安妮。幾小時過後，她流著眼淚回到家，又質問多瑞絲一次。

「妳看到了什麼？他們去哪裡了？」

多瑞絲嚇壞了，只好從實招來，表示安妮在跟這兩名年輕男子離開之前，打包了一個袋子，然後叫多瑞絲不准說出去。

母親衝去安妮的房間，發現她的衣物和學校書包都不見了，唯一留下來的是制服和課本。母親轉過身來，發現平常放在安妮房間裡，我們小妹妹提雅米格的尿布袋子有東西露出一角，原來是一張字條，上面用奇切瓦語寫道：「我跟老師結婚了，我很安全，別擔心。」

父親進來房間，母親把字條大聲唸出來，父親一聽勃然大怒。

「這個男的是誰？」

「不知道。」

「告訴我他是誰，我去找他！」

「我不知道他是誰啊！」

父親在院子裡來回踱步，我聽得到他重重的腳步聲，他的鼻孔像憤怒的公牛那樣一張一合。我不敢踏出房門一步，免得一出現就遭到池魚之殃。

「妳騙人！妳把她藏起來不讓我知道！我女兒在哪裡？去把我女兒找回來！妳知道她在哪裡！」

「我跟你說我不知道！」母親說。

安妮才剛通過二年級考試，準備升上中學三年級，父母親非常得意，到處跟親戚和市場裡的商人誇耀自己的女兒。父親常會請姊妹們坐下來，跟她們說類似這樣的話：「我看到有個女孩在鎮上的銀行工作，她就長得像妳們這個樣子。」我的父母從沒讀完小學，不會說英文，甚至認得的字也不多。他們只知道數字、買賣的語言，但他們希望孩子更有成就。這就是為什麼儘管發生饑荒並遭遇其他困境，父親還是省吃儉用，積攢了一筆錢，供安妮就學。現在她連一聲道別都沒有，就消失了。

「我失去了女兒和全部的錢！」父親叫道：「我女兒是個傻丫頭，我要把她找回來好好教訓！」

但是他知道來不及了；他知道安妮當晚應該是跟情人在一起。就算兩人私奔的計畫行不通，最後沒結成婚，姊姊也已玷汙了自己，讓家人蒙羞。她再也不能住家裡，父親想到這點就心碎。

安妮結婚的對象是一位老師，叫做麥可，他們幾個月前在姆敦塔瑪認識，接著墜入愛河。其實麥可在前一天就來找她了，只不過沒有讓人看到，他跟我姊姊說：「我會來這裡接妳，我不要妳繼續住在這個村子。」同行的那位朋友是掩人耳目的招數，他先把行李帶走，這麼一來，即便有人看到麥可與我姊姊在一起，也不會起疑。當晚他們在三十四號菸草園的朋友家躲了一晚，隔天一早再出發前往恩奇斯縣，麥可的家就在那裡。

一般的求婚過程是這樣的：如果女孩對這個男子還算中意，她就會請他跟家人見面；男方在接下來幾個週末，會連續拜訪女方的家，如果一切進行順利，男方覺得女方的家人能夠接受他，他就會向女孩求婚，女孩會說：「好，我去跟舅舅商量。」接著，女孩會跟母親商量，母親會找父親談，父親再去跟妻子的兄弟談。接著舅舅會聯絡新郎的舅舅，兩人會面討論。新娘的舅舅會確認嫁妝的多寡——通常是錢，從十萬克瓦查起跳，有時候是牲畜，比如母牛。新娘的舅舅因為代表家人說話，會得到一筆媒妁費。這些都要在婚禮籌備之前就安排妥當。

除了嫁妝，新郎的家人也負責支付婚禮和婚宴的費用，包括所有食物、飲料和交通費用——如果男方是有點地位的人士，就會花上大把金錢，讓場面氣派盛大。對於男方來說，結婚是很昂貴的，這就是為什麼馬拉威有那麼多年輕的單身漢。

姊姊安妮的未婚夫並沒有按照任何一條慣例。姊姊私奔三星期後，父親收到一封信，麥可的父母在信中表示小倆口即將結婚，而且打算住在恩奇斯縣，接著指示父親要到哪裡去收嫁妝，但是嫁妝只有幾千克瓦查，而且真正到手的只有一半。過了一年多之後，我們才又再聽到姊姊的消息。

姊姊私奔後的那幾天，父親有如洩了氣的皮球，不再是原本樂觀正面的模樣，宅院裡不再有他爽朗的笑聲，彷彿有一陣狂風襲來，偷偷奪取了我們一間屋子。他似乎愈來愈沉默陰鬱，這樣實在無法幫助我們提起信心，面對迫近的饑荒。安妮的私奔讓我們都很難過，但是大家都不願意承認，少了她一個人、食物就多了一點的事實，現在每個人在晚餐時都能多分到一口食物。

大約一星期之後，母親從交易市集賣完甜餅回來的路上，一輛三十噸的大卡車從她身旁經過。車上的貨品用防水布蓋著，附近幾個商人表示裡頭全是玉米，正要送去恰瑪瑪鎮的「農發」。母親回到家時，告訴我們這則消息，把我叫過去。

「你明天就去恰瑪瑪鎮，愈早出發愈好。」

恰瑪瑪鎮距離我們家有十五公里遠，我當然會嘀咕抱怨。

「你確定那真的是玉米，不是肥料？因為要是——」

「小子，你到底有沒有聽我說話？你明天就去。」

如果母親說的沒錯，這的確是一則大好消息。現在交易市集一桶玉米賣八百克瓦查，接下來幾個月一定會繼續上漲。要是能夠在「農發」買到較便宜的玉米，光是一、兩袋就能帶來很大的幫助。

隔天早上我五點起床，騎著腳踏車前往恰瑪瑪鎮。為了盡快到達那裡，我在田野間抄近路，但其實沒快多少，因為每一條小路都擠滿人，全都往同一個方向前進，而且手中都拿著空玉米粉袋。

「去恰瑪瑪？」我大聲問。

「是啊，」他們回答。

「農發」位於恰瑪瑪鎮交易市集的中央，就在一條石子路上，路邊林立著白色的平房店鋪。「農發」的建築物也是白色的，窗框漆成藍色，前方有鐵絲柵欄擋住，周圍有幾座平時儲藏穀物的鐵皮棚屋。

我抵達時，完全無法相信眼前的景象。長長的隊伍從「農發」的門口延伸到街上，至少跟足球場一樣長。男人排一排，女人排一排，而且隨著時間一分一秒的流逝，隊伍愈來愈長。我把腳踏車靠在柵欄邊，趕緊去排隊。

早上六點十五分，天色還有點昏暗，氣候涼爽宜人，眾人的心情似乎不錯。但是等熾熱的太陽一升到空中，我才突然發覺大家受到饑荒的折磨有多嚴重。我四周圍的人看起來虛弱無力，彷彿沒睡覺一般。他們的臉頰凹陷、皮膚皺巴巴的，陽光讓他們睜不開雙眼。他們可能好幾個星期都沒吃到多少東西，我懷疑「農發」可能是他們唯一的救贖。要是這裡還買不到食物，他們的情況大概只會每況愈下。空氣愈來愈混濁悶熱，他們也愈來愈顯得憔悴萎縮，像盆栽在大太陽底下奄奄一息那般。

我前方的一個老頭子幾乎沒辦法保持清醒，他的雙手彷彿冷得發顫，呼吸也沉重不順，當隊伍往前走了一步，他卻沒法往前移動，而是癱倒在地。令我大為驚恐的是，群眾就這樣從他身上踏過去。婦女那一排的隊伍裡，嬰兒餓得哇哇哭嚎，兒童扯著母親的衣裳，懇求吃早餐。那天在恰瑪瑪鎮，我印象最深的就是嬰兒的哭聲。

早上的時光緩慢流逝，有人開始販賣自己在隊伍中的位置。這些人身無分文，但是凌晨三點就來搶占好位子。他們在愈來愈靠近建築物時，會轉頭對身後的人說：「幫我看一下位子好嗎？」然後走到隊伍後方，搜尋那些餓得發抖的人，他會對著發抖情況最嚴重、眼神黯淡無光、眼珠在眼窩裡不停晃動的那個人說：「我再十分鐘就到門口了，你可以占我的位子，可是出來的時候要給我一點玉米。」聽到的一定立刻同意；這種情況屢見不鮮。

當天早上，母親從甜餅盆裡拿出一塊甜餅，讓我吃飽好上路，甜餅在我的空胃裡有如石頭一般穩固，但是排了幾小時的隊伍之後，我自己也變得飢腸轆轆、虛弱無力。從別人身上散發出的熱氣，讓我覺得有如置身火堆之中。大家的身體開始發出臭味，我感覺我的頭，像是隨風飄向太陽的大塑膠袋，我甚至連手指都在冒汗。

隊伍緩慢的往門口移動，愈靠近大門，大家也變得更急躁難耐，開始互相推擠，就是無法再多等一會。有人從我後面猛力一推，害我不得不緊緊抓住前面的男人，免得跌倒。不久之後，大家開始從後方蜂擁向前，又扭又鑽的想擠進前方的隊伍，像是老鼠拚命想鑽過門縫一般。

「喂，別插隊！」有人大叫，但是飢餓讓他們叫得有氣無力。

「雞一啼我們就起床了！已經排一整天了！」

但是群眾不斷往前推擠，大家都明白只有一卡車的穀物，終究會販賣一空。愈多人插隊，大家就愈心慌。

男女兩條隊伍都湧向前門，後方的群眾有如一股波濤大浪，推得我緊緊貼住前方的人，壓得我無法呼吸，只能把腳踩穩，以免跌倒，但在我稍微往旁一挪不到十公分的距離、好呼吸時，後方的男子一個踉蹌往前跌，引發了連鎖反應，導致四個男子跌壓在他身上，引起一陣膝蓋手肘的激烈碰撞推擠，人體屏障一旦破裂，眾人就群起前擁，見縫就鑽。

當群眾再度把我吞沒時，一件怪事發生了：一切都安靜了下來。小孩的哭叫吵鬧與嗚咽呻吟減弱消失，我的恐懼也煙消雲散。我從臉龐、手指和牙齒的混亂之中往外一望，看到了我的大獎。「農發」的屋子就在前方短短幾公尺處，一條雨水淺溝像護城河一樣圍住它，不幸的是，那條溝道變得像深廣的約旦河，我彷彿站在山頂望著「應許之地」，現在要做的只是渡過河流。

二十分鐘之後，又經過人群幾次大批向前的推擠，我感覺自己的雙腳越過了這段路程，結果一眨眼的工夫，我就進到裡頭了。「農發」辦公室裡安靜祥和，空氣也突然變得涼爽清新，我看到前方有一座玉米丘，高達我的腰際，超過幾個月來我所看到的食物的好幾十倍，實在令人振奮陶醉。

不過就在我踏進去的那個當兒，門邊傳來更大的喧鬧聲。兩個工作人員站到群眾前，其中一位宣布說：「各位先生女士，很抱歉，現在只剩十袋——」

沒等他說完，我剛剛僥倖逃脫的動亂就爆發成一場大戰鬥。男人用拳頭死命往前抓，我看見一個婦女跌倒在地，消失在眾人的腳下；另一個男子被拉倒，遭到眾人踐踏。就在門口旁邊，幾個抱著嬰兒的婦女跳出隊伍，免得被人潮推擠壓撞。這些婦女打從日出就來排隊，但是現在為了躲開這陣暴亂，失去了排隊的位置。我看著她們空手離去，不曉得這個月她們撐不撐得過去。

我轉過頭，不去看外頭的亂象，這才發現輪到我了。我口袋裡有四百克瓦查，足夠買二十五公斤的玉米，這是規定的上限。但是現在到了銷售員的桌子前，他告訴我只能買二十公斤，而且價格一樣。

「那你要多少？」銷售員問。

「二十公斤。」

他給我一張票券，指向排隊的地方。在隊伍的另一端，工作人員用鐵桶舀起玉米，那些男人看起來健碩如牛，跟外頭瘦骨如柴的群眾有天壤之別。幫我秤玉米的人偷工減料，他俐落的幫我裝一桶玉米丟到秤子上，指針激烈的來回擺動，但是指針還沒停住，他就匆匆把桶子拿下來，倒入我的布袋。

「**下一位！**」

「等等！你沒有——」

「不爽就別拿！後頭還有很多人。**下一位！**」

我別無選擇，只好把錢給他，緊緊抓住那一袋玉米往門口狂奔，彷彿剛搶劫了這個地方。

儘管被占了便宜，我還是覺得自己站在世界頂端，贏得了頭號大獎。但是我一踏到外頭的人群中，歡喜即迅速轉為恐懼。

一個男人向我衝來，吼道：「我用五百跟你買！」另一個人把他推到一旁，叫道：「小子，我用六百跟你買！」我假裝沒聽到，一心只想把布袋捆綁在腳踏車上，趕緊閃人。下一個人有可能輕易就把我打倒，搶走我的食物。我一抵達馬路，就一口氣騎回家，完全沒停下來休息。後來聽說馬拉威的其他「農發」發生暴動，好幾個孩童從母親背上跌落下來，慘遭眾人踐踏。

到家之後，眾姊妹與父母把我當成抗戰英雄般，歡迎我凱旋而歸。我看起來一定是累壞了，身上的衣服被扯得鬆垮垮的，而且骯髒不堪。我把那一袋玉米丟到父親的秤子上，發現果然有詐。我只拿到十五公斤重的半袋玉米，但是這至少能讓我們全家捱過另一個禮拜。

我從恰瑪瑪鎮回來後不久，大家開始變賣家當。

一天早上，下著滂沱大雨，我站在門廊看著一排民眾，像一大群螞蟻般慢慢走過。他們是我們的鄰居，以及其他村莊的農人。婦女把大盆子頂在頭上，裡頭裝著廚房用品：所有的鍋子、水桶，甚至還有成捆的衣物。一個男子的腋窩下各夾著一隻雞。山羊的腳用藤蔓綁住，給拉著走過泥濘，一邊還咩咩哭叫。男人把沙發、椅子和桌子扛在背上與肩頭，頭往下垂，臉部因受重壓而扭曲。他們因為飢餓而疲累無力，每走幾公尺就停下來休息，然後再把重物扛起，繼續拖著腳步往前挪動。

康巴四肢張開，趴在我的腳邊，懶洋洋的甩動尾巴，揮趕在門廊下躲雨的蒼蠅。牠日漸消瘦；我們每日一餐的策略並沒有把狗囊括在內。有些日子，我不得不把原本會給牠吃的東西，吃下肚裡。我覺得非常愧疚，所以大部分的時候都遠遠避開牠，但是這天牠找到了我，我們一起觀望路上的那一列行人。

他們似乎急於趕到某個地方，把這些俗物卸下，換取食物放進胃裡。他們似乎對大雨不以為意，身子在滂沱大雨中顯得模糊，彷彿是濕淋淋的幽魂。

我等到大雨減弱時，跟在他們後頭走到交易市集，一路上都是泥濘。雨季通常不會讓那些在市場做買賣的婦女卻步，她們總是整天站在戶外攤位的大雨傘下，從不曾淋濕。但是今天，她們的木製攤位空無一人，大街上的許多店家也關門休息，但這可不是一座鬼城。大雨變成毛毛細雨時，市場的婦女及其他人大多湧到大街上尋找食物。原本最為稀鬆平常的交易，現在被生存活命之事取代。

通常想要販賣家當的人，會在地上鋪一塊防水布展示物品，但是現在他們走在路上，見人就問：「**恩地利恩第瑪龍達**。我有東西要賣，這個收音機怎麼樣？便宜得簡直跟送你一樣！」

那些扛著家具的人，沒辦法擠到遮篷下躲雨，雨水淋濕他們背上的桌子和沙發，但是他們鍥而不捨。

「碰到水不要緊的，」一個男子緊張的咧嘴而笑，「這是硬木做的，不會壞掉，保證你可以用到老。你有多少錢？多少我都收，我的孩子需要食物。」

一些像曼果奇先生這樣的好商人，會把東西買下，後來又還回去，但是大部分的人身無分文，只能愛莫能助的聳肩搖頭。

群眾現在圍聚著販賣進口玉米的少數幾名商人。價格變得如此高昂，這些商人形同罪犯。

「你們這些人簡直是竊賊！」民眾吼道。

「價錢是誰定的？」

「你們簡直是在殺死我們的孩子！」

不久之後，人們開始販賣家裡的鐵皮屋頂，只為了換取一杯玉米粉，而他們的茅草屋頂賣價更低。

「我都快餓死了，還要屋頂做什麼？」一名男子問。

交易市集有個男人想賣掉他的兩個小女兒，結果買主通知警察來抓人。人民走投無路，只好採取非常手段。

在這之前，十二月的雨水已經使得路邊的雜草長得又高又密，由於大家的身體愈來愈虛弱，或忙著到外頭尋找食物，因此任由雜草生長。高密的草叢成了竊賊絕佳的藏身處所，盜賊隱身其中，伺機攻擊、洗劫離開玉米磨坊的婦女。一天早上我沿著磨坊的路走回家時，看到一名年輕的媽媽獨自站著啜泣；她的玉米粉剛遭盜匪搶走。

「我孩子嗷嗷待哺，」她哭道：「怎麼辦？」

其他幾位婦女陸續出現，到她身旁好言安慰。

「我們知道妳孩子在家裡嗷嗷待哺，」她們說：「下一次叫妳先生來就對了。」

「下一次？」年輕的母親回答：「可能沒有下一次了。」

大家的生活愈來愈艱苦了。

在玉米磨坊裡，磨坊主人不再需要使用掃把，飢民把地板清理得比用濕拖把拖過還乾淨。十二月初，磨坊裡擠滿等待玉米碎屑掉下來的人。這些人會讓出一條路，讓提著玉米桶的婦女通過。當研磨機轟隆作響，把白色玉米粉吐進桶子裡時，這群老弱婦孺就會聚精會神的盯著瞧，眼珠像振翅飛舞的蝴蝶，不住閃動。婦女把桶子提走之後，這些人就會一骨碌撲在地上，跪著用手把殘渣舀乾淨。接著，老嫗們會把拐杖伸進研磨機裡，像敲鐘一般來回敲打，讓研磨機裡殘餘的玉米粉飄到地板上，便於蒐集。

這樣的情況，到了十二月中就停止了，因為大家幾乎都沒有玉米可以磨了。磨坊冷冷清清，只剩磨坊主人和一些覓食的小孩，他們的父母不是死了，就是放小孩子自生自滅。

耶誕節是一年當中我最喜歡的日子——但是今年當然不同於往年。在生活比較富足的時候，我們在耶誕夜，會去附近的天主教堂觀賞耶誕劇，看著約瑟、瑪利亞和聖嬰耶穌努力逃離希律王士兵的追殺，躲避他們的木劍和 AK-47 突擊步槍（這個版本不是最精確的，但是非常好笑）。

接著，我們會盡情享用美味飛蟻，這些飛蟻在雨季就會飛來。飛蟻會在晚上群聚於交易市集的燈光下，然後乖乖的掉到地上，脫落白色的翅膀。但是我們家小孩天黑後不准出去，於是姊妹們就會在房屋後方以乾草生火，用水盆接住掉下來的飛蟻；接著把淹死的飛蟻放入平底鍋中，撒上鹽巴烘烤。烤飛蟻嚐起來就像很有嚼勁的乾洋蔥，用一球**希瑪**沾著吃恰恰好。如果搭配豆子和南瓜葉，那真的是人間極品。

耶誕節當天早上，早餐就不是玉米粥了，而是柔軟濕潤的棕色麵包切片。如果我們有餘錢買其他奢侈品，比如「藍帶」奶油、糖和奶粉，我就會把好幾片麵包塗上厚厚的奶油，疊在一起做成三明治，配上一杯「強比」(Chombe）熱茶，狼吞虎嚥的吃下去。新鮮麵包塗上「藍帶」奶油，同時混入甜滋滋的奶茶，是你能放入嘴裡的最佳組合。

馬拉威人對於肉食的渴望，在耶誕節特別強烈。如果你一整年沒吃到肉，但願你在耶誕節那天可以設法吃到一點。因此每到耶誕節的下午兩、三點，父親就會宰一隻我們養的雞。耶誕雞可不是配**希瑪**吃（在這一天不是），而是配米飯。你問任何一位馬拉威人耶誕節怎麼過，他一定會提到米飯。

但是二〇〇一年的耶誕節簡直像是遭到天譴。首先，在假期的前一週，我們的雞隻大多得了新城雞瘟，癱瘓無力、無法進食，最後一隻隻死去，只剩一隻大難不死存活下來，牠非常孤單，我不騙你。天主教堂取消了耶誕劇，而長老教會甚至連取消都懶得宣布，反正沒有人會出席。

大家是如此飢餓虛弱，我的姊妹們甚至使不出力氣捕捉飛蟻。

耶誕節那天早上，餐桌上沒有新鮮麵包或「藍帶」奶油，沒有甜奶茶，晚餐沒有雞肉，當然更沒有米飯；其實是連早餐都沒有。我醒來後漱漱口，聽到姊妹房間裡的收音機傳來「平安夜」的樂聲，歌曲結束時，年輕的節目主持人開始說話，聲音聽起來熱情有勁。

「**啊哈**，在這裡祝福大家有個**非常愉快**的耶誕節！」他說。

「你在布蘭泰爾替政府工作，當然可以說得這麼簡單，」我自言自語，然後扛起鋤頭走向田裡，做什麼都好，只要不再聽到耶誕節的事情就好。

中午時，母親設法準備耶誕大餐，但只不過是平常吃的不成形**希瑪**，以及一湯匙的南瓜葉。她應該是好不容易才累積這麼多的玉米粉，讓我們可以多吃一餐，儘管如此，還是很難有節慶的感覺。我吃下最後一口，依然覺得飢腸轆轆。

接著我去找傑佛瑞，結果那兒的景象更令人沮喪。我走進他的房間，發現他正坐在床沿，看起來相當疲累。傑佛瑞的媽媽在十一月磨了他們家最後一桶玉米，此後他就到處遊走，尋找按日計酬的工作。有一位商人在沼澤區附近有塊田地，傑佛瑞很幸運能得到工作，在這塊田裡拔除野草和堆砌田壟。看得出來依然受貧血症困擾，而且日漸消瘦。

「啊，老兄，」我說：「好幾天不見，你的田裡雜草叢生，簡直要把你家的田淹沒了。」

「按日計酬的差事讓我忙得沒時間，」他說：「一開始我還在找能夠讓我們吃一個月的食物，後來退而求其次，想說能夠撐過一個星期就不錯了，現在，明天的食物有著落就已經要偷笑了。」

要是連明天都沒東西吃，我哪有力氣照顧田地？」

我很想幫忙，但是我又能做什麼呢？我也好幾天沒看到吉伯特了，所以走到他家，路上的景象令人不寒而慄。通常在耶誕節，你會聽到音樂聲或歌聲，看到許多家庭都穿上最好的衣服，有說有笑的走去交易市集，但是今天路上的行人都步履蹣跚、垂頭喪氣，連招呼都不打了。

我抵達吉伯特家時，大約有五十人散布在他家外頭的藍桉樹叢下，他們烹煮食物的火堆冒出團團濃煙，使得吉伯特的家籠罩在灰色的薄霧之中。吉伯特正站在門口。

「耶誕節過得快樂吧？」我問。

「這裡可不快樂，」他搖頭回答。

溫貝鎮長當然會吃到美味的雞肉和米飯，我心想。但是吉伯特說情況並不是這樣，窮困潦倒的人源源不絕來到他家，取用了他們大部分的糧食。

「老兄，這裡吃的也只有**希瑪**和豆子，」他一臉失望的說。

「你父親還好嗎？」我問。

「他身體舒服時就會接見訪客，但大多時候他不是在睡覺就是聽收音機，身旁有他那隻貓作陪。」

微風吹過來，我聞到一股惡臭，不禁噘起嘴唇。

「那什麼味道？」我問。

「噢，他們甚至懶得去戶外廁所了，直接在樹下就地排泄，所以你走路的時候要小心。」

「哦，那當然。」

吉伯特忙著照顧飢民，傑佛瑞不舒服，而且每天都忙著打零工，於是我只好走去俱樂部會所，看看我堂哥恰瑞提在做什麼。我敲敲門，恰瑞提讓我進去，他在鍋子底下生了一小堆火，而他的室友米札克並不在。

「今天是耶誕節，」他說：「而我一口東西都還沒吃。」

「對呀，」我說：「我也很餓。」

我們倆開始動腦筋，看看有什麼辦法可以獲得食物。芒果季節已經過了，我們想偷也偷不成；市場裡的商人絕不敢施捨玉米粉，而我們又還沒餓到在他們店外趴在地上，挖起不小心掉到泥地上的玉米粒——還沒到那種地步。

「我們需要肉，」恰瑞提說：「今晚沒吃到耶誕肉，我就沒辦法睡覺。」

有個叫做詹姆士的傢伙經營**曼伊那**攤位，就在炸肉的**堪炎亞**攤位附近。**曼伊那**是母牛或山羊的頭和蹄子的肉，基本上類似豬頭肉。屠夫會把頭部劈成三到四份，與腿和蹄子一起丟進滾燙的熱水裡。你可以到這種攤位吃腿部的嫩肉，或是吃一點煮熟的腦和舌。母牛的臉頰肉也很美味可口。

我與恰瑞提兩個人開始說出腦中的夢想。

「也許詹姆士會在耶誕節大發慈悲，讓我們吃點肉。」

「別傻了，」恰瑞提說：「他打死也不會給我們白吃白喝。」

他停了一會兒，然後說：「不過他會把皮丟掉。」

「那能吃嗎？」我問，做出怪表情。

「我在想有何不可呢？又有什麼差別？反正都是肉，對吧？」

「嗯，你說的應該沒錯。」我說。

飢餓已經讓我們思緒不清了。

我們走去詹姆士的攤位時，看到堪炎亞攤位依然生意興隆。儘管鬧饑荒，有錢的商人卻能夠擠在堪炎亞攤上大快朵頤，滿嘴的肉根本還沒吞下去，就再拿一把炸薯片塞進嘴裡。一群村民擠在四周圍觀，目不轉睛的瞧著商人吃東西，研究他們手部的動作，看著他們把油膩膩的肉塊沾一沾鹽巴，一口丟入嘴裡。我看著他們津津有味的大嚼特嚼，感覺自己的舌頭似乎也嚐到了那鹹味十足的燒灼感。

詹姆士的攤位就在這條路上，只再往前一點。一如往常，他站在一個巨大鍋子旁，裡頭的水由鍋底下的柴火燒得沸騰。我們一步步靠近，看到一顆美味的山羊頭和一些腿肉正在鍋裡游動，我真想掉頭就走。

「嘿，詹姆士，」恰瑞提說：「我和威廉要幫村裡的小孩做耶誕鼓，你可以給我們一些皮嗎？」

詹姆士的視線從煮鍋抬起來，看向我們。「這點子不錯，」他說，然後朝旁邊地上一堆不知名的東西挪挪下巴。那堆東西底下墊著大型黑色塑膠袋，上頭爬滿了蒼蠅。

「是山羊皮，」他說：「本來想丟掉，不過你們可以拿去用。」

恰瑞提趕緊把山羊皮塞進塑膠袋裡交給我，羊皮依然溫熱。

「**吉果末瓜姆比瑞**，」恰瑞提說：「小朋友會很感激你的。」

「好說，好說。」

我們拿著微溫的山羊皮，迫不及待的走下山坡，回到俱樂部會所**姆法拉**（未婚男孩之家）。

「要怎麼吃？」我問。

「簡單，」他說：「就跟處理豬皮一樣。」

回到**姆法拉**之後，我點燃一塊藍桉樹的樹皮，再次生起火焰。因為早就沒有玉米芯可以當燃料，於是放進了幾根小柴枝。火燃燒得熾盛時，我和恰瑞提握住山羊皮的四角，在火焰上方拉平，很快的，焰火燎去皮上的毛。毛給燒得焦黑捲曲，那種氣味平常會讓人覺得惡臭難聞，但是現在飢腸轆轆的我們，聞到的只是熟肉的香味。接著我們用刀子反覆把焦黑的毛刮掉，直到確定完全刮除乾淨為止。

我們把皮切成方塊，丟進熱水裡煮。恰瑞提甚至要我溜進母親的廚房，偷一把蘇打粉過來。

「媽媽們就是用這種方式讓豆子更快煮熟，」他說：「用在皮上應該也行得通。」

我們讓皮滾了兩小時以上，不停的加更多的水、鹽巴和蘇打粉。三小時後，水面上聚集了厚厚一層白色泡沫。恰瑞提拿刀子伸進泡沫底下搜索了一會兒，刺起一塊熱騰騰、黏答答的灰白羊皮。他呼吹幾下後塞入嘴裡、費勁咀嚼，下顎努力的上下咬合，好不容易才吞下去。

「怎麼樣？」我問，看得直流口水。

「有點硬，」他說：「但木柴不夠了，開動吧！」

我們把皮塊從鍋裡撈出來，用手指抓著。羊皮黏膩滑溜，彷彿覆蓋一層滾燙的黏膠。我把第一塊放進嘴裡，深吸一口氣，感受熟食的熱氣灌進胃裡和肺部。我不停的咀嚼，羊皮的汁液從嘴巴滲出，把嘴唇黏在一起。我每嚼一次，嘴唇就黏起來。

「耶誕快樂！」我努力擠出這幾個字。

就在這時，我聽到爪子搔抓木門的聲音，然後是輕柔的哀叫聲。我連忙把門打開，看到康巴站在那裡，牠肯定是大老遠在我房間裡就聞到耶誕肉的味道，然後一跛一跛的走過來。牠瘦骨嶙峋的身軀彎駝疲累，但是尾巴依然快速的搖擺，我很高興看到牠。

「給牠吃一點吧，」恰瑞提叫道：「反正這本來就是狗吃的。」

「那當然，」我回答，然後轉身對康巴說：「老弟，我來給你一點東西吃，你一定餓壞了。」

我把一塊黏滑的羊皮往空中一拋，而讓我意外的是，康巴居然用後腳站起，在空中接住皮塊，就跟以前一樣。

「好小子！」我喊道。

不用一秒，牠就整塊吞下去，然後舔舔嘴巴，期待更多皮塊。我回到屋裡，抓了兩大把羊皮出來。牠唏哩呼嚕的把每一塊都吞下去之後，身體似乎恢復了元氣。牠興奮的猛眨眼睛、狂搖尾巴。恰瑞提在耶誕節特別開恩，准許康巴進來俱樂部會所。

我已經數不清吃下了多少塊羊皮，但是咀嚼了半小時之後，我和恰瑞提都宣告放棄；我們的下顎疲累痠痛得沒辦法繼續。鍋裡還有好幾大塊羊皮，我想到家裡的姊妹和父母，他們在耶誕節這一天，很可能正餓著肚子夢想肉食，但是我不敢請恰瑞提讓我拿回去跟家人分享。在**姆法拉**，「今朝有酒今朝醉」的規定是眾所皆知的。我們明天再自己來解決這些皮塊。

那天下午太陽下山時，我們坐在火焰熄滅但餘燼仍在的火堆旁，胃裡的皮塊讓我們心頭暖洋洋的，畢竟這種幸福的滿足感才是耶誕節的重點啊！

第七章
繳不起學費

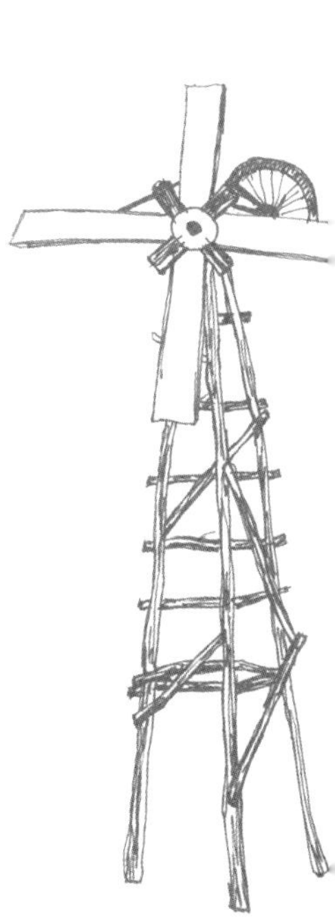

隔週我坐在家裡聽收音機時，聽到一則消息，這消息比收到任何耶誕禮物都還讓我開心。「國家考試委員會已經公布今年八級考試的結果，」廣播員宣布：「請到考場查詢考試成績。」

「我的分數，」我跟母親說：「我的分數出來了！」

我沿著小徑衝到溫貝小學，一路上躍過水窪和坑洞，覺得信心十足，各種偉大的可能性開始在腦中蠢蠢欲動。我會去哪間寄宿學校？嘉揚巴或是卡桑古？既然我下定決心要成為科學家，不是普普通通的科學家，而是偉大的科學家，我知道那兩間學校擁有最好的師資、圖書館、實驗室，以及所有能幫助我達成夢想的資源。我不在乎政府把我分發到哪一間，只要那些人需要我，我就樂意過去。

放榜名單張貼在行政大樓牆壁的外側，已經有一些學生聚集在那裡。我像一個目標清楚的大忙人，把他們一一推開。每一間學校名稱的下方都有錄取學生的姓名，我迅速找到卡桑古中學，掃視下面的名單，沒有我的名字。再移到嘉揚巴的放榜名單，手指滑過坎藍波、坎林卜……

接著就是馬卡拉尼。

等等，我心想，**一定是哪裡出錯了……**

我又把兩份名單掃過一次，但還是沒看到自己的名字。

「坎寬巴，你來啦！」我身後的男生說，他是麥可，總是名列前茅，「你考上卡秋柯洛。」果不其然，我的名字出現在卡秋柯洛中學的榜單下方，這所學校很可能是本地區最爛的學校。卡秋柯洛是社區中學，也就是村莊中學，不是政府撥款時會優先考慮的學校。**這怎麼可能呢？**我心想。

考試成績公布在另一個布告欄上，我找到自己的名字，馬上答案揭曉：

數學：丙

自然科：丙

英文：丙

奇切瓦語：乙

社會：丁

我心一沉，想像自己跋山涉水走到五公里外的卡秋柯洛。該校位於一座大菸草園附近，那條路通常滿是泥濘和昆蟲，附近還有一座水堤，我、吉伯特和傑佛瑞有時候會去那裡釣魚。

「恭喜啊！」麥可大笑說：「你考上水堤學校，就算沒學到什麼，也會成為偉大的漁夫！」

「兩年後我就能考初中認證考試，」我回答，大聲說出腦中的盤算，「然後就能轉到比較好的學校。你很快就會看到我在卡桑古了，現在不准笑我。」

「祝你好運！」他繼續大笑。

我決定就這麼辦。我會用功念書，成為這所村莊中學裡最優秀的學生，然後考初中認證，讓他們刮目相看。卡桑古和嘉揚巴這兩間學校會跪著求我去就讀。不過去卡秋柯洛倒有一件好事：吉伯特也考上那間學校（他的成績也很爛）。想到我們哥倆好要一起走路上學，我的心情就振奮了些。還有兩個星期就要開學了。

新年來臨時，天天都在下雨，為我們的玉米幼苗施予水分，促使它們生長。現在，玉米莖稈呈深綠色，高達父親的小腿。雨水也讓我們能夠把菸草幼苗從沼澤移植到田裡，現在它們正在田地裡茁壯生長。

雨水也讓森林活了起來，讓花朵盛開，樹叢茂密。不管到哪裡，大地皆豐潤蓊鬱，空氣聞起來香甜芬芳。這當然是一大笑話，因為沒有東西成熟到可以吃進肚裡。

雨季是昆蟲產卵繁殖的時候，戶外廁所盤踞著大批的綠頭蒼蠅，滿是細菌的茅坑裡，會有成群肥嘟嘟的墨綠色蒼蠅飛起。到了戶外，蒼蠅更是密布，無從躲避；你站立不動時，牠們聚集在你的腿部與腳上，你要說話時，它們就在你臉上爬。人們不管到哪裡都在打蒼蠅。

此外還有一群群數量驚人的蚊子，牠們的翅膀之間攜帶著瘧疾與死亡。這個季節的蟑螂也是身軀肥碩、數目眾多。大雨之後的晚上，山谷傳來幾百萬隻青蛙的鳴叫，熱鬧非凡：有些蛙類嗚嗚高喊或咯咯低叫，其他的叫聲則是像大水滴從天而降的撞擊聲：波囉……波囉……波囉。雨季是泥地和昆蟲的季節，這個時候只有壁虎和蜘蛛會吃得肥嘟嘟。

對人們而言，大雨只是讓原本就生活艱苦的人更為苦惱。現在沒有人請得起每日計酬的零工，但是求職者繼續扛著鋤頭和包袱在路上遊走，一步一步的在泥濘中跋涉，遭雨水淋得像落湯雞。

現在，玉米的價格高達一桶一千克瓦查，打零工者和其他大部分的人都要嚴格節食，省著食用**嘎嘎**。一旦**嘎嘎**也開始不足時，商人暗地裡在其中攙入鋸木屑，那黃色的木屑隱藏在棕色的**嘎嘎**中，到人們煮成粥、吃壞了肚子後才發現，於是圍聚在依然販賣黑心貨的商人旁抗議。

「我把全部的錢都拿來跟你買，卻得到一肚子的鋸木屑！」他們吼道。

「我的孩子都生病了！」

「這太不人道了！」

他們抱怨歸抱怨，但是口袋裡已經毫無分文，起不了什麼作用。

在家裡，母親每天花好幾個小時烘烤甜餅，首先把玉米粉和水攪成糊狀，然後一團一團放入金屬鍋裡，再把鍋子埋入木炭堆。她不斷的重複這個過程，直到做出一百個甜餅為止，再把甜餅放進大盆子裡用布蓋好。接著她把水壺裝滿水，再拿幾個杯子，好讓飢民在吃下甜餅後，能夠以液體來膨脹食物，填飽肚子。每天傍晚母親回家時，我們都會從她手中把大盆子搶來，美其名是幫她提，其實是想偷看布塊底下，她賺來的玉米粉有多少。

她的客人大多是農夫，他們不是變賣了家當，就是跟生意人和商人借錢，而那些人收取的是三倍的利息。規矩就是如此，如果你不能接受，也許可以向他們推銷你的碗盤或屋頂。大多數人選擇借款，因為本來就沒有物品可賣，或是因為已經家徒四壁了。

人們受到如此的剝削，抗議之聲在交易市集愈演愈烈。大家聚集在曼果奇先生這種還算有良心的生意人旁邊，不住的哀嘆抱怨，但是很少出言威嚇；大家已經沒有力氣訴諸暴力了。

「這是我們的主食欸！」他們叫道：「你們為什麼把價錢抬得那麼高，讓我們吃不起而餓肚子？」

「坦尚尼亞的農夫用原本價錢的兩倍賣我們，」曼果奇先生照實回答：「我要是降低價格，生意就做不下去，你們明天就更沒東西吃了。」

一天下午，母親照常到市場擺攤，才沒幾秒，一群人突然圍住她的攤位，嘴裡大呼小叫，爭搶她的甜餅。

「我要兩個！」一個婦女叫道。

「給我三個！」一個男子說。

在這突如其來的搶購與混亂中，母親沒注意到一些人趁機從大盆子裡偷走甜餅。其他人雖然出言購買，但是餅到手後卻馬上落跑。一個男子甚至大搖大擺的在母親身旁坐下來，說：「我要三個。」然後就自行從盆子裡強取了三個，一口吞下肚。

「一共九克瓦查，」母親說。

「我沒錢，」他回答。

那天傍晚母親回家時，頭髮凌亂、滿面愁容、疲憊不堪。

「媽，妳一定累壞了，」我說，同時忙著把盆子接過來好偷瞄一下，結果發現裡面幾乎是空的。

「大部分都被搶光了，」她說：「今晚沒多少玉米粉可以做來吃了。」

她說的沒錯，那天晚上我們吃得極少。

玉米價格持續上漲，父母只好繼續縮減購買的分量，這表示母親可以賣的甜餅更少，也就表示我們家食物的量也跟著縮減。那一團不成形的**希瑪**開始縮小，原本是每人五口，後來又減為四口。

「每吃一口**希瑪**，就配一點水，」母親吩咐：「這樣就能騙過你的胃。」

雖然我們小孩在拿食物時，都盡量有點分寸，但是七歲的妹妹蘿絲會抓一大把**希瑪**塞進嘴裡，讓人根本來不及阻止。

「嘿，慢點，」十一歲的多瑞絲叫道：「媽媽，她拿好大一塊！」

「妳自己要吃快一點才對！」蘿絲回嘴。

我們大家都變得愈來愈瘦，尤其是嬰兒提雅米格上頭的蘿絲和梅莉絲，她們很不幸的遺傳到媽媽嬌小輕盈的身材，因此飢餓對她們的打擊更大，她們的臉頰消瘦，一看就知道是餓過頭了。我、艾莎和多瑞絲遺傳了爸爸高大的身材，比較有本錢跟饑荒奮戰，雖然當時我已經把一塊長布做成腰帶，好繫住長褲。隨著日子一週一週的過去，我得更努力發揮創意來取得食物。

父母從來沒有責罵蘿絲拿取較多的食物，但是不久之後，多瑞絲瀕臨崩潰。過去幾星期，她變得心神不寧，擔憂晚餐吃不到食物，還擔心父母不站在她這邊。這麼一來，晚餐就變成充滿壓力和焦慮的時刻。

一天晚上我們圍著一碗公**希瑪**坐下時，蘿絲照樣伸手扯下一大塊，但是她還來不及塞入嘴裡，多瑞絲就躍過碗公，開始用拳頭揍蘿絲的臉。

「媽媽！」蘿絲尖叫求救。

「住手！」母親叫道，使勁把兩人拉開，但是這似乎耗盡了她剩餘的精力，「吃就對了，和平相處，我可沒力氣管妳們兩個。」

那天晚上我們又是餓著肚子睡覺，手指間的食物香味依然濃郁，就連用水洗也洗不掉。

馬拉威的食物短缺，但是政府依然不聲不響。我們每天聆聽收音機，看看有沒有關於饑荒的消息，但是沒有聽到任何訊息。「普瑞斯農業」的筒倉空空如也，他們自己的員工也在乞討食物，「農發」更是連一粒玉米都沒有，救援似乎遙不可及。饑荒引發強烈的恐懼與疑慮，謠言隨之而生。

「他們把玉米全賣掉了！」大家傳言，「誰知道他們還賣掉了什麼！」

「在馬拉威，什麼都不安全！」

「他們到底做了什麼偷雞摸狗的事，瞞著不敢讓我們知道？」

卡桑古的農人都深信政府正在瓦解，蜂擁至卡桑古市的銀行提領剩餘的丁點積蓄。一天早上下著大雨，父親跟其他幾個人搭小貨車前往市內。他抵達時，發現隊伍已經從門口排到街上，約有百人在雨中等了一整天，肚子裡除了憤怒與恐懼之外，別無他物。好不容易進入銀行，已經忙不過來的銀行員又請他們繼續等待，逼得農夫揚言發動暴亂。

「現在就把錢還我們！」他們吼道。

「你們到底做了什麼想瞞著我們？」

父親好不容易把全部的積蓄提領出來（約一千克瓦查），用來買另一桶玉米，隔天立即研磨出售。我們還能夠再撐過一星期。

儘管日子艱辛，我卻有一件事可期待：卡秋柯洛中學將在一月中旬開學。幾個星期以來，我都滿心期待這一天的來臨，想像自己終於能夠穿上西裝長褲，像個男子漢似的，與吉伯特一起邁向未來。全心想著開學，就不會把心思放在目前的困境上；總覺得在學校忍耐飢餓，似乎比在家裡容易。

唯一的問題出在制服。我有一條黑色長褲，但是父母沒有錢跟學校買像樣的白色襯衫，於是母親叫我去交易市集的二手衣物攤位搜尋。

「只要是白色的，」她說：「從哪裡來有什麼關係呢？」

老實說，我總共只有兩件襯衫，現在學期都還沒開始，我就不得不把制服襯衫拿來穿，弄得髒兮兮的。月初時，我們好不容易買到的一小塊廉價的鹼皂，也早就用得半點不剩。我們可以用溫水和本果威灌木洗淨身體，但是要把白襯衫洗乾淨，可沒那麼容易。

一天早上，我把充當洗衣台的半個牽引機輪胎拉出來，裝滿熱水，把襯衫放在裡頭泡著，直到熱水冷卻。接著我用本果威灌木搓洗，但是沒用，腋下還是有黃漬，領子依然汙灰，我能怎麼辦呢？

開學第一天，我跟吉伯特在路上碰頭，一起走去學校。

「吉伯特，笨豬？」

「笨豬！」

「讚？」

「讚！」

「老兄，我們期待已久的這一天終於來臨了！」

「就是啊！」

「準備好捉弄人了嗎？」

「嗯哼，你想我們要先抓誰來揍？」

「這個嘛，我是有個計畫。要是有三年級的男生走過來，長得又不是肌肉發達的模樣，咱們就立刻把他抓來處理處理。」

「唔，這計畫不錯！大家就會知道我們是神勇無敵的打架高手。」

「沒錯！」

「那誰先出手？」

「你先好了。」

從我家到卡秋柯洛中學，要花四十分鐘的腳程，一路上翻山越嶺，還要穿越許多玉米田，並經過以前獵鳥的沼澤地。學校坐落在山谷裡，四周是菸草園，園裡有柴油牽引機在翻土，還有少數幾名有幸得到工作的男人在大太陽底下幹活。

抵達學校後，我們就在藍桉樹圍繞的院子裡集合，參加第一次的朝會。校長菲瑞先生（跟我們馬拉威那位力大如神的足球明星菲瑞，沒有血緣關係）站起身來，表示有多麼高興看到我們這些朝氣蓬勃、前景光明的新學子。

「在我們卡秋柯洛，」他說：「你會獲得造福國家、使其榮耀的知識。」

我們的確是一群優良的學生，迫不及待的想要吸取知識，興奮得身子不住扭動。這時，我確信這是這輩子最了不起的一天，臉上禁不住得意的微笑。

「但是就跟你在任何學校一樣，」他繼續說：「大家務必要遵守本校的校規。每位學生都要穿著像樣的制服，而且要準時到校，否則懲罰是來得很快的喔！」

朝會結束時，我跟吉伯特一起走向教室，這時菲瑞校長拍拍我的肩膀。

「你叫什麼名字？」他問。

「威廉・崔威爾・坎寬巴，」我回答，掩不住緊張。

「好，威廉，」他說：「這不是像樣的制服。」

他一定注意到我腋下的黃漬了。我真想挖個地洞鑽進去，但是菲瑞校長往下指著我的腳。

「不准穿拖鞋，」他說：「我們規定學生隨時隨地都要穿著像樣的鞋子，請回家換過再來。」

我低頭看著自己的夾腳拖，它當然曾有過一段風光歲月，但是現在，其中一腳連接鞋底的夾腳橡膠斷掉，我不得不隨身攜帶鉤針和短繩做為緊急修復之用。家裡沒有鞋子，我得急中生智。

「校長先生，大人，」我說：「我會穿上像樣的鞋子，不過我家住在溫貝鎮，要渡過兩條河才到得了這邊，而且現在是雨季，你也知道要是我穿著好皮鞋過來，鞋子肯定會讓泥巴給毀了，我母親會非常生氣的。」

他皺緊眉頭，思忖了一會兒，我暗暗祈禱能夠逃過一劫。

「好吧，」他說：「現在就放你一馬，不過雨季一結束，我就要看你穿上像樣的鞋子。」

父母也沒有錢讓我買教科書，教科書一本可是要幾百克瓦查。就算在日子較好過的時候，大部分的學生也買不起，只好一起合看。至少在小學的時候，大家共用教科書時，得在同一張椅子上擠一擠，希望對方不會看得比你快。還好我很幸運，吉伯特買了教科書，還說我可以一起看。這樣很好，因為我們兩個的閱讀程度差不多。

溫貝小學的環境很糟，學生必須在外頭的樹下閱讀與學習，因為教室裡已經爆滿了，但是就連在教室裡頭，下雨的時候屋頂也會漏水。三年級的教室有一面牆整個不見，而戶外廁所不只噁心，還相當危險，因為白蟻早已經把地板上的木條蛀光了。一天下午，我同學安琪拉踩破木板，掉到糞池裡，她在那又黏又臭的糞坑裡呼叫了好幾個小時，才有人聽到。後來她再也不來上學了。

我一直希望中學的環境會好一點，結果卻不如所願。我和吉伯特一進入卡秋柯洛的教室，我們的新老師坦波先生就請大家坐在地板上，政府似乎沒有提供購買書桌的經費，看來連維修的經費也沒給，因為地板正中央有個大洞，好像曾經有炸彈在那裡引爆過一樣。

我們的第一堂課是歷史，涵蓋了包括中國、埃及和美索不達米亞等早期的文明；我們得知歷史有成文史和口述史兩種，也認識了一些早期的文字形式。我們在數學課學習代數，我覺得它實在難如登天，此外也學了一點幾何學，這我就非常喜歡。幾何學探討角和角度，記得交易市集的營建商有用這樣的術語。

一天下午在地理課上，坦波先生拉出世界地圖，我們找出了非洲大陸的位置。

「有人找得到馬拉威嗎？」他問。

「哦，就在這裡！」

我們用手指劃過我們的國家，看到這個地方跟其餘的世界比起來是多麼微小，我相當驚嘆。你想想看，我一輩子，還有生命裡的點點滴滴，都發生在這長條形的小國家裡頭。看著地圖上的它（土地呈綠色，縱橫的道路呈棕色，而馬拉威湖有如閃亮的寶石），你怎麼樣也想不到這裡的人口有一千一百萬，而且就在這一刻，他們大多數正慢慢步入飢餓的困境中。

之前我以為上學後，會比較容易忍受飢餓，但是現在發現坐在教室裡，飢餓的痛苦程度不亞於種田的時候，而且還更糟。我坐在教室裡，肚子大聲的咕嚕抗議，糾結成緊緊的一團，搞得我的腦子不得安歇。不久之後，我發覺自己的精神難以集中。開學第一週，同學的課堂表現相當踴躍，但是僅僅兩星期之後，飢餓已削弱大家的學習力。很快的，整個學校逐漸遭沉默籠罩。學期剛開始時，坦波先生問：「好，有問題嗎？」會有十幾隻手衝到空中，但現在卻沒有人自願發言，大多數的學生只想回家尋找食物。我注意到大家的臉龐日漸消瘦，接著有些臉孔完全消失。由於家裡沒有沐浴乳或肥皂，大家的皮膚變得汙灰乾燥，彷彿遭灰燼覆蓋。下課時，大家原本喜歡談論足球，現在則由飢餓的故事取代。

「我昨天看到有人在吃玉米莖稈，」一個男同學說：「根本還沒熟到發出甜味呢！我跟你打包票，他們一定會吃壞肚子的。」

「各位紳士，改天見了，」另一個男同學說：「我明天不來學校，我看我沒力氣走過來了。」

餓得無法來上學，其實無關緊要，因為二月份的第一天，菲瑞校長就在朝會上跟我們宣布：「大家都很清楚整個國家遭遇的困難，我們也面臨了同樣的困境。不過你們很多人還沒有繳這學期的學費，到明天寬限期就結束了。」

我的胃又緊緊縮成一團，我知道父親還沒幫我繳學費。過去這幾個星期，我不願意問他，想也知道他會說什麼。學費是一千兩百克瓦查，而且一年要繳三次。在走回家的路上，我咒罵自己太過樂觀，放任自己開心成這副德行，實在搞不懂父母當初怎麼會讓我來上學。

「怎麼辦？」我問吉伯特：「大概要回家面對現實了。」

「別想太多，好嗎？」他說：「靜觀其變吧！」

回到家時，我在田裡找到父親。

「學校說明天要繳學費，一千兩百克瓦查，」我說：「所以明天要帶錢過去，菲瑞校長可不是說著玩的。」

父親低頭看著泥土，就像他當初看著儲藏室裡的穀物布袋一樣——彷彿在等待泥土告訴他答案，接著他無奈的看我一眼，那是我愈來愈害怕看到的表情。

「兒子，你知道我們的情況，我們什麼也沒有。」

我看著他的嘴唇一張一合，但是腦袋裡卻是聽到菲瑞校長的聲音，重複著在我們走出學校時所說的話：「沒繳學費，不得上學。」

「很抱歉，」父親說：「明年會好一點，別擔心。」

看得出來父親非常難過，但是跟我的失落感比起來，根本不算什麼。隔天早上，也許只是為了虐待自己，我還是同時間起床，站在路上的會合點等待吉伯特。我甚至還穿了黑色長褲和白襯衫，雖然自己也不知道為什麼要這樣；畢竟我又不去學校。

不久之後吉伯特出現，他經過我身邊時說：「威廉，走呀，不一起上學嗎？」

我真想放聲大哭，但還是忍住了。「我要輟學了，我們家繳不起學費。」

「噢，威廉，我真替你難過，」他說。吉伯特看起來非常失望，這竟然讓我好過些。「也許你父母可以再想辦法籌錢。」

「也許吧，」我說：「吉伯特，待會兒見。」

我悶悶不樂，走到傑佛瑞家，打算跟他吐苦水。幾個星期前，傑佛瑞交到好運，一天晚上暴雨肆虐，一道閃電擊中他家後方的一棵大藍桉樹，大樹應聲而倒。隔天早上，傑佛瑞在外頭用大砍刀把這棵樹劈成柴，沿路兜售，一塊賣三十克瓦查，他的家人因此兩、三個星期都有食物可吃。我忙著上學，他忙著劈柴販賣，這幾個星期見到他的機會不多，我等不及要跟他聊聊近況。

我走進傑佛瑞的房間時，他正在穿衣服，那景象讓我煞住腳步。他的衣服好像是跟別人借來的一般，極不合身，他的眼窩凹陷，加上深深的黑眼圈，把眼白襯托得更為慘白，彷彿成了鬼魂或幽靈。我堂哥以前身材魁梧，是名副其實的巨人，現在卻瘦得只剩皮包骨，而這一切發生得那麼快。

「你怎麼沒去學校？」他問：「你不是考上卡秋柯洛嗎？」

「沒錢，」我說：「今天輟學了。」

「噢……聽了真難過。我們同病相憐。」

「沒錯。」

他往下瞪著地板，搖頭嘆氣。

「希望上帝有什麼安排。」

就算看到了傑佛瑞的慘況，我在離開他家之後還是哀怨憤懣，心想：唉，為什麼是我？好像全世界只有我一個人這麼倒楣似的。但是那天下午放學時，吉伯特又順道來找我，跟我報告消息。

「今天只剩小貓兩三隻，」他說：「大部分的人都輟學了。全部七十位學生，只剩二十位。

看來我個人的問題無足輕重，全國人民都深受饑荒之苦。我決定相信父親的話：撐過饑荒，就會否極泰來——但前提是要撐得過饑荒。不過就像傑佛瑞說的，光是擔憂明天是否撐得過去，就已經很辛苦了。

到了一月底，終於連嘎嘎也半點都不剩，原本以嘎嘎為食的人開始依賴南瓜葉。現在真正的飢餓才開始，饑荒降臨到了馬拉威。

饑荒就像我在《聖經》上讀到的埃及瘟疫，降臨得那般快速又毫不留情，彷彿一夕之間，大家的軀體變成了可怕的形狀，人們成千上萬散布於土地上，像動物一般，在泥土上匍匐搜索任何可以放進嘴裡的東西。他們遠離住家和家人，開始慢慢的死去。

之前扛著家當去交易市集販賣的那些人，現在步履蹣跚的經過我們家，他們餓得兩眼昏花，臉部表情茫然。饑荒以兩種不同的方式蹂躪身體，一些人日漸消瘦，看起來像是一具具的活骷髏，脖子變得又細又長，有如在河邊飲水的多果威鳥，而且還虛弱得抬不起頭；其他則是罹患了惡性營養不良，這是血液缺乏蛋白質導致的可怕病症，罹病的人儘管飢餓，但腹部、腳和臉卻會水腫，有如吸滿血液的壁蝨。

飢民經過時很少說話，彷彿早已死去，但他們依然在尋找能填進肚子裡的東西。他們小心翼翼的走在路上、穿越田野，把香蕉皮和丟棄的玉米芯撿起來，塞進嘴裡。在我家附近，一群群的男人挖掘其卡沃根，像處理樹薯一樣煮來吃。有些人挖掘其他的根莖類植物，甚至把路旁的野草拿來磨成粉。其他人迫不得已，打開政府發放的「基本組合包」，刮掉種子外層粉紅色和綠色的象鼻蟲殺蟲劑之後，拿起種子來吃。但是這樣不可能把毒藥清乾淨，因此許多人嘔吐、腹瀉，只是使身體更虛弱而已。此外，他們把種子吃了，就沒東西播種了。

每天飢民都會在我們家停下來，懇求父親幫助。我看著他們遠遠走來，心想：「哦，這傢伙看起來還滿有肌肉的，終於有人過得還不錯。」但是走近之後，我才發現他們是水腫。

這些挨餓的人看到我們有一棟建築的屋頂用鐵皮搭蓋，就認定我們是有錢人，即使我們的鐵皮只是用石頭壓住而已。有些人走了三、四十公里的路才到這裡。

「求求你，只要一片餅乾，我就可以替你工作，」他們說，底下的赤腳已經腫到連拖鞋都穿不上去，「我們已經六天沒吃東西了，一小盤**希瑪**也可以！」

「我什麼也沒有，」父親只能這麼說：「我們家連一袋隨身包都沒得吃了。」

「那玉米粥就好，」他們央求。

「不行。」

有幾個男人依然選擇整晚留在我們的院子裡。地面和木柴都潮濕得無法生火，夜間下雨時，他們蜷縮在我們的門廊下發抖，到了早上又不知去向。

幾個晚上過後，我們坐在外頭用餐，一名男子從路上走過來，全身沾滿泥巴，很瘦很瘦，令人無法想像怎麼這麼瘦還能活著。他的牙齒暴露在嘴巴外，頭髮只剩下稀疏幾根。他沒有打招呼，就逕自在我們旁邊坐了下來，接著讓我嚇一跳的是，他如餓虎般突然伸出髒兮兮的手，往我們那團不成形的**希瑪**捏了一大塊塞進嘴裡。我們全都坐在那裡，目瞪口呆，眼睜睜的望著他閉起眼睛大嚼特嚼。他心滿意足，慢慢的吞嚥。

食物安全進入胃裡之後，他轉頭對父親說：「還有嗎？」

「抱歉，」父親回答。

「好吧，」男人說道，然後站起身來自個兒離開。

大批群眾繼續從鄉村裡冒出來。愈來愈多人聚集在交易市集，有如日漸消瘦卻瘋狂失控的成群野獸，被燃火驅趕在一起。面如死灰、臉龐凹陷的婦女獨自坐著，欲哭無淚的向上帝默禱。全國各地民不聊生、哀鴻遍野，但卻靜如死城，因為沒有人有力氣高聲抗議。在交易市集的其他角落裡，孩子們群集在店面下方，他們的肚子腫脹、頭髮呈怪異的紅銅色。一些商人依然在泥地上鋪著防水布來販賣穀物，但是單位愈來愈小，價格有如黃金，像是要跟他們買的是半公斤的宇宙和星星似的。民眾圍在旁邊，大部分只是默默觀望，彷彿看著一場天堂美夢。有力氣的人繼續呼號哀求。

「老闆，一小盤玉米粉就好，」他們說：「只要一點點，給我的孩子吃。」

「唉，要是給你一個人，接下來……」商人回答，然後沉默不語。

位於溫貝小學附近的交易市集，這裡的房子都是平房，黃沙漫漫。饑荒時節，交易市集中儘管擠滿了飢民，但卻像個鬼城。　布萊恩・米勒（Bryan Mealer）攝

尚有力氣的人不會走遠，一發現有玉米粒掉落，就如餓虎撲羊般往地上一把抓，連碎石子都一起塞入嘴裡。一個男子在群眾中迂迴穿梭，口中喃喃唸誦：「拜託救救我，我是孤兒，父親剛死。」這個人已經四十歲了。

關於人們如何死去，大家各有不同的故事。

「聽說有個男人日日夜夜都在尋找食物，」一位農夫說：「一天早上他打算在樹下小睡，結果一眠不起。」

「有一天我在煮隨身包的時候，」另一位農夫說：「一個男的就自己坐下來，跟我說：『我要吃這個。』但是希瑪還沒做好，他就一命嗚呼了。」

另外有人是太多天沒吃到東西，一有東西吃就狼吞虎嚥，但滿肚子的食物卻讓他撐死。一個婦女走在路上，踩到兩個已經死去的男人，而他們依然握著鋤頭。罹患惡性營養不良而水腫的人，想用刀子劃破這種全身性的大水泡，好排出液體減輕痛苦，卻在幾天過後因細菌感染而死。

班尼•班尼是我們溫貝鎮的瘋子，在光景較好的日子，他的怪異行徑總是惹得大家捧腹大笑，但是現在聽說他曾經衝向交易市集的商人，目露瘋狂的凶光，奪取攤位上的蛋糕和芬達汽水。他的手總是髒兮兮的，沒有人敢把他搶過去的東西再奪回來。瘋子一直得依賴他人的照顧，但是現在大家自身難保。班尼•班尼最後死在教堂裡。

民不聊生，情況混亂，政府的廣播電台表示，總統因國務前往倫敦。他回國時，馬拉威廣播電台的一位記者詢問總統對饑荒的看法。我們全都待在家裡圍著收音機聆聽。

記者問：「總統閣下，現在食物短缺，全國許多人死於飢餓，您有什麼對策？」

總統對於這個荒唐的問題嗤之以鼻，表示他自己也在村莊長大，人們經常死於其他原因，比如肺結核、霍亂、瘧疾或腹瀉，但是從來沒有因為食物短缺而死。

「從來沒有人餓死過，」他說。

報導結束後，父親搖頭轉身。

「爸爸，他怎麼能說這種話？」我問。

「有些人是眼盲，」父親回答：「但這個人只是選擇視而不見。」

那天下午，世界的運作方式突然變得更清楚了。雖然我還是搞不懂政府怎麼會不採取行動搶救饑荒，但是現在至少很清楚：大家自求多福，一切得靠自己。

第八章
再見了，康巴

聽了那則廣播報導之後的幾天，母親又帶著少得可憐的玉米粉回家做晚餐，那天晚上我們僅能淺嚐即止。我坐在地板上吃東西時往走廊一望，看到康巴站在門口。牠低垂著頭，兩眼下墜，肋骨明顯得彷彿是刀刃抵著皮膚，看起來非常落魄。從院子的另一頭走過來，就已經耗盡牠的體力。

牠簡直快餓死了。

牠上一次吃到的大餐就是我們的耶誕山羊皮，那些食物為牠帶來了些許力氣，甚至讓牠長了一點肉，但是後來牠就沒吃什麼了。我回想這兩週以來餵了康巴多少次（就只是幾小團**希瑪**，沒有別的了），算到五的時候停了下來；其實不用刻意計算，因為我時時都在想這個數字。看到牠站在那裡，我的胃彷彿被鐵鎚敲了一記；今晚我沒有食物給牠吃。

「抱歉，老兄，」我說：「真的沒辦法分給你。」

我沒兩下就吃完了。食物下肚後，我站起身來，跨過康巴，沿著走廊回到房間，關起門來睡覺。

隔天早上我餓醒了。飢腸轆轆的胃已經不知不覺的主控了全身，它擴張到四肢和每個空隙，直衝頭部，彷彿是顆大氣球。到了清晨，這顆氣球終於爆破，顯現它空空如也的內部。它之前裝的只是空氣，而在這空無之中，只有疼痛在作祟。我深呼吸，試著再度把空間填滿，但是沒有用，我整個身軀癟得像擠乾的牙膏。這種飢餓的疼痛煎熬難耐。我躺在床上，聆聽雨水穿透茅草屋頂，穩定敲打著塑膠天花板的聲音。在黑暗中的某處，雨水滴答直落。

我得吃東西，我心想。

我躺在那裡，直到一道灰濛濛的陽光透進窗戶的遮板。屋頂不再有雨水的滴答聲時，我集中力氣坐起身來，下床後穿上衣服，拿了一些東西，然後走出去。我到廚房門口時停了下來，往內一看，康巴蜷曲著身體，窩在早已冷卻的火坑旁邊，看不出來是否還在呼吸，不曉得我們昨晚是否做了同樣的夢。

「康巴！」我叫道：「咱們去打獵！」

打獵這詞像電流一樣流遍康巴全身。牠倏地抬起頭來，尾巴拍了地面一下，我已經一年沒說那幾個字了。康巴儘管身體虛弱，還是掙扎著站起來。牠的四條腿因關節炎而顫抖不已，但是尾巴揮動得相當激烈，牠已經準備就緒。

「我們去獵點野味！」

我沒有玉米或**嘎嘎**來當陷阱的誘餌，於是從母親的火坑中抓了一把灰燼，丟入裝糖的塑膠袋裡。接著我和康巴走到外頭，往多瓦高地前進，高地似乎永遠被滾滾烏雲覆蓋。雨水滴答下個不停，康巴一瘸一拐的慢慢跟在後面，同樣的路程比以往多花了一倍的時間。我維持在牠前頭幾步的距離，口中吹著旋律，試著讓自己快活些。田裡的玉米長得又高又綠，我知道不久後，飢餓的折磨就會結束。也許一個月，也許再久一點。我掃視天空，但是沒看到任何飛鳥。

到了設置陷阱的地點時，我把腳踏車內胎做成的橡皮條固定在長杆上，把它往後拉扯，安裝好觸發器。我把灰燼撒在殺鳥地帶之中，看起來非常寒酸。

「希望起得了作用，」我說。

要是能獵到三隻鳥，也許今晚就能入睡，也許康巴就能恢復元氣，再撐一個月就好。我拿起樹皮繩子，把它拉到桑波吉樹後方二十碼的地方。康巴砰一聲癱倒下來，然後幾乎是沉入了夢鄉。我趴在地上靜靜等待。

大約十五分鐘之後，一群小鳥飛下來，降落在陷阱之外，差不多有五隻。康巴的頭倏地抬起，彷彿已在夢中看到這幅景象。鳥兒愈來愈接近殺鳥地帶時，我開始幻想美好的前景：

我看見鳥兒被橡皮條摔彈到磚牆，立刻斃命。我看見自己拔掉羽毛，摘掉鳥頭，從腰間拿起刀子，在胸口正下方劃一道切口，挖出內臟。我把血淋淋的內臟拋入空中，然後康巴用嘴巴接住。我哈哈大笑，誇牠幾聲，但是口齒含混不清。之後，我用沼澤的水洗掉手上的血跡，再洗淨鳥身，接著把鹽撒在溫熱的鳥肉上再加以磨搓，務必讓鹽分滲進皮裡。我在樹的後方生一團小火，火焰很快的減弱為火紅的餘燼。我把鳥兒的胸口翻開，直接放在木炭上，聽到肉開始發出嘶嘶的燒烤聲。很快的，烤肉的香味蔓延開來，籠罩整個宇宙。香氣觸動我的腦袋深處。

我把鳥肉翻面，嘴巴裡唾液滋生。這整個過程，像影片的慢動作一般歷歷在目。

突然加快的心跳，使我回過神來，及時看見鳥兒蹦蹦跳跳進入陷阱。康巴動也不動的坐著，目不轉睛的盯向前方，迷失在自己的美味白日夢裡。我抓緊繩子，肌肉不住的抽搐，但是鳥兒一踏進殺鳥地帶，就發現誘餌只是灰燼，馬上拍著翅膀飛走了。我挫敗的長嘆一聲，放掉手中的繩子，累得無法動彈，可能還灑了幾滴眼淚。

那天晚上，康巴在我房門外縮成一團睡覺，我真擔心牠從此長眠不起。這趟打獵之旅幾乎耗盡牠的精力。晚餐時，我留下半團**希瑪**，再加上一點南瓜葉，走到牠趴著的地方。

「康巴！」我叫道：「晚餐喔！」

晚餐是牠聽得懂的另一個詞。牠睜開眼睛，拍動尾巴。我把食物丟給牠，但是牠沒力氣搭理。**希瑪**和南瓜葉啪一聲掉在地上，康巴幾乎是考慮了一番，才起身吃掉。

兩天後，我又餵了牠一次；只不過是一丁點南瓜葉罷了，我走到外頭放入牠的狗碗裡。牠看到我，一瘸一跛的走過來，但是南瓜葉一進入牠的胃裡，立刻全吐了出來。我知道牠的時日不多了。

「再等一個月就好，」我懇求：「我們再過一個月就有大餐吃了！」

隔天晚上，牠又把食物吐出來，真的是無力回天了。

第二天早上，恰瑞提和米札克在去交易市集時順道過來。自從我們上次在俱樂部會所大啖我捕來的野鳥後，我就沒見過米札克了。以前他體型肥碩，現在幾乎是一點肉也沒有，臉頰凹陷得臉骨都凸出來了。他看到康巴時，聲音有點激動。

「看這傢伙，」他站在康巴旁邊叫道：「怎麼變成這樣！」

康巴正在半睡半醒之間，乾瘦的身體上爬滿了蒼蠅，但是牠現在根本不管了。

「簡直慘不忍睹！」米札克說。

那就別看啊！我心想，但是沒說出口。他哪裡在乎我的狗？我試著轉移話題。

「你們倆今天要做什麼？」我問。

「一樣去交易市集，」恰瑞提說：「看有沒有零工，但我看希望渺茫。」

我和恰瑞提聊天時，米札克一語不發，盯著康巴瞧，連眼睛也沒眨一下。

「你為什麼不幫牠解除痛苦呢？」他說：「拿一塊大石頭把牠帶到屋後。」

「威廉，他說的沒錯，」恰瑞提說：「你得處理處理。帶牠到沼澤區，那裡水很深，這條狗虛弱得沒辦法游泳。」

「等等，兩位，」我說：「你們在說什麼？」

「我們在說你要當男子漢大丈夫，」米札克說：「殺掉這隻可憐的動物。」

我真想揍扁他的臉。「兩位，康巴好得很，」我說，但是聲音愈來愈小。

「聽好，」米札克說：「要是你狠不下心自己動手，我們就幫你處理。這東西讓我看得想吐。」

「這麼做是正確的，」恰瑞提壓低著嗓音說：「你甚至不用操心。我們明天會過來把牠帶走，牠不會有一丁點的痛苦。」

我想要出聲抗議，但是欲言又止。米札克怒瞪著我，眼神狂亂。

「這可由不得你，」他說。

米札克和恰瑞提離開時，我覺得頭暈目眩、兩腿發軟，雙腿彷彿是草做的。我站在那裡看著熟睡的康巴，然後在牠身旁坐下來。蒼蠅布滿牠的皮膚，飛旋一會兒又降落下來，飛旋又降落。半小時後，牠終於睜開眼睛，發現我兩眼直瞪著牠，於是尾巴慢慢拍了一下，跟我示意。即便牠的現況慘不忍睹，牠看著我的模樣，依然讓我想起一同打獵的日子，那些我們不用講話就能溝通的日子。

要是米札克和恰瑞提明天真的過來，我要怎麼保護我的狗呢？我不能讓他們把牠帶走。我想了許多保護康巴的方法，直到宅院逐漸暗了下來，最後才恍然大悟。他們說得沒錯，康巴正在受苦，情況悲慘。但是他們說我是懦夫，這點就錯了。

隔天早上，我又回到康巴身旁看牠睡覺，這時恰瑞提出現在院子裡。我的心開始砰砰作響，他看向我的狗，揶揶下巴，但是他還來不及說什麼，我就站了起來。

「我來帶牠，」我說。

「啥？」

「我來帶牠去森林。」

他聳聳肩，說：「用石頭很快。」

「我就是要帶牠去森林。」

恰瑞提點頭讚許：「你這麼決定是對的，我們今天就一起動手。」

「今天，」我喃喃重複。

那天下午恰瑞提又來一趟，我們走到我房間外的蔭涼處，康巴依然趴在那裡，動也不動。我假裝自己是別人，這麼一來事情就好辦了。

「康巴！」我喚道：「咱們去打獵。」

牠的頭倏地抬起。

「我說咱們一起去！」

牠搖搖晃晃的站起身來，抖一下身體來趕走蒼蠅，然後步履蹣跚的向我走來。光是走出宅院，就花了好長一段時間。我在康巴前面倒退著走，不想把視線離開牠。

「來吧，小子，你做得到的。」

我們往高地走去。太陽西垂，陽光把丘陵染成橘色。空氣溫暖乾燥，是打獵的絕佳天氣。我們進入藍桉樹叢，樹木的高度快到我們的頭部，這是康巴再熟悉不過的地方。後來恰瑞提轉過身來。

「這邊走，」他說。

我的一顆心沉入胃裡。康巴跟在後頭，費力的走過高密的草叢和樹枝。

「來啊，康巴，」我說。

我可以感覺滾燙的淚水哽在喉嚨，但我硬是把熱淚吞了下去。恰瑞提轉頭看我。

「別那麼難過，」他說：「只是一隻狗罷了。」

「是啊，」我說：「只不過是一隻狗。」

幾分鐘之後，我們停在茂密的樹叢中，周圍是高達胸口的長草，遠方的丘陵隱約可見。

「這地方不錯，」恰瑞提說：「沒人會經過。」

我左右看看，依然看得到家裡。「太近了啦！」我說。

「反正這條狗也走不動了。」

康巴已經在一棵桑波吉樹下癱倒下來，氣喘吁吁。

恰瑞提開始從幾棵山加樹上剝下樹皮，連成一條長繩，然後打對折讓它更強韌。我沒有出聲抗議，只是背對著他，望向樹林。

後來，恰瑞提的手停下工作，但是我沒有轉頭看。

「把牠綁在樹上，」我說。

恰瑞提用樹皮繩圈住桑波吉樹的樹幹，再把繩子的另一端綁住康巴的前腳。

我鼓足勇氣轉過身，看到牠趴在壓得彎彎的高密草叢裡，肋骨從身側突出，牠喘著氣，虛弱無力。恰瑞提二話不說，轉身就走，我跟著轉身時，康巴抬起頭開始嚎叫。牠的身子弱得無法發出真正的吠叫，只從心中深處發出哀泣，牠知道我拋棄了牠。我沿著小徑走了幾步，回頭望了一下。我不該回頭的。牠依然望著我，然後垂下頭來。

「我好殘忍，」我低語，加快腳步，覺得想吐。

「牠很老了，」恰瑞提說：「遲早會死的。」

「我好殘忍。」

我們抵達宅院時，恰瑞提回到俱樂部會所，在走回房間的路上，我看到康巴的狗碗放在雞舍旁邊，於是奔過去撿起來，用力摔向地面，把它摔個粉碎。

只是一條狗罷了，我心想。

那天晚上，我輾轉難眠，知道康巴就在山丘下，要是我往黑暗中呼喚牠的名字，叫得夠大聲的話，牠可能聽得到。

隔天，我避開眾人盡量待在田裡。但是一回家，叔叔蘇格拉底就從我家走出來，他剛來找我父親。

「康巴在哪裡？」他說：「我到處都找不著。」

「我沒看到，」我說：「也在想牠跑到哪裡去了。」

「嗯，」他說：「希望那些野狗不要把牠作掉才好，要是真的被野狗作掉，我們一定很快就會聞到味道。」

一整天我都覺得想吐。那天晚上，我試著把康巴揮出腦海，什麼都可以想，就是不要想牠。這倒不難，反正我餓得沒辦法專注在一件事情上太久。

隔天早上，恰瑞提路過，來我房間找我。

「我們去看康巴怎麼了，」他說。他興致高昂。

「你要幹嘛？」

「去看牠死了沒。」

我沒說什麼。

「我們帶鋤頭去，大家就會以為我們是去田裡，」他說：「順便把牠埋起來。」

於是我們扛著鋤頭走入小徑。我百感交集，沒心思跟恰瑞提說話。我們從路邊轉入樹叢，草地依然露水點點，沾濕了我的長褲。幾分鐘過後，我看見前方地上有一團白色的東西。我們繼續往前走。

「死了嗎？」恰瑞提問。

再走近一點時，我看清楚了。康巴趴著的姿勢，就跟我離開時一模一樣。牠的頭擱在前腳上，眼睛睜得大大的，我嚇得倒抽一口氣，希望牠能動一下。但是我再靠近一點，看到牠的舌頭掛在嘴邊，乾得像紙一樣，螞蟻在牠張開的口中進進出出。

「康巴死了，」我說。

繩子沒有移動，表示牠沒有掙扎。我突然感到驚慌：康巴看到我離去，就放棄了求生意志，等於是我殺了牠。

恰瑞提把繩子從樹上解開，我用鋤頭挖掘坑洞，心裡一片漆黑茫然，而從那寒冷黑暗的地方，突然湧現一股強大的力氣，這是幾個月來我工作得最努力的一次。

康巴的腳上還綁著繩子，於是我從前方用繩子拉，恰瑞提則是從後方用鋤頭推，稍微用了一點力，就把康巴弄進淺坑。

「再見了，康巴，」我說：「你是個好朋友。」

我們用泥土填滿坑洞，不留下一點痕跡，還用草和樹枝覆蓋掩飾。我和恰瑞提回家後，沒跟任何人透露我們的行蹤。甚至這麼多年來我們都守口如瓶，直到現在才說出來。

康巴下葬的兩週之後，全縣爆發霍亂。

這場傳染病始於十一月，在木宛札（Mwanza）附近的南部地區發生。有一個農夫從該地區來到距離溫貝鎮二十公里的卡西亞（Kasiya）參加喪禮，也把霍亂帶了過來。不到幾天工夫，卡西亞就死了十幾個人，卡桑古全區則有數百位遭感染。

染上霍亂會以很悽慘的方式死亡。首先會有嚴重的胃痛、噁心感，身體立刻虛弱下來；接著是劇烈的瀉痢，排出來的是無色無味的乳狀液體。霍亂會搾乾你的生命力和精力，讓人虛弱得連話都說不出來，沒有立即治療的話，六個鐘頭後就會斃命。在馬拉威和非洲的其他地方，霍亂是伴隨雨季而來的災害。許多村莊的戶外廁所蓋得很簡陋，這些廁所有時候會有糞水溢出，汙染溪流及人們飲用的井水；綠頭蒼蠅從茅坑飛出來停在食物上時，也攜帶了病菌。饑荒時期到處尋找食物的人，也成為帶原者；他們在路上得了霍亂，不得不倒在樹叢中，雨水、蒼蠅和蟑螂接著散播疾病，汙染了人們從地上撿來吃的香蕉皮、塊莖植物和玉米麩殼。

交易市集的診所為了大家的安全，開始分發免費的氯讓我們消毒飲用水。一天下午，母親帶回來一整個可口可樂瓶的氯，接下來的那個月，我們家的水都有金屬味。我們也遵照建議，用掃帚柄和一片錫皮蓋住茅坑。但是一踏進廁所掀開蓋子，成群的蒼蠅就會飛湧出來，衝撞你的臉、嘴巴，繞著你的頭亂飛，可怕的程度足可比擬《聖經》裡描述的大災難。上廁所解放時還要一邊拍打蒼蠅，實在非常辛苦，而茅坑裡若有腹瀉的痕跡，一定會讓大家心驚膽顫。

每天都有感染霍亂要去接受治療的人經過我們家附近，他們的眼睛呈乳白色，皮膚因脫水而皺巴巴的。我會躲在樹林裡看著他們，直到他們靠近了，才沿著小徑奔回家。但是他們一離開，就換飢民上場。

死於霍亂的人，屍體會泡在氯裡，到了晚上才帶到天主教堂旁的墓園埋葬，通常是由治療他們的醫生及職員來處理。為了加快速度，兩具屍體會放入同一個淺坑，然後迅速蓋上泥土。沒有人知道溫貝鎮到底死了多少人；又是饑荒又是霍亂，每天都有人下葬。

在家裡，傑佛瑞的貧血症愈來愈嚴重。他的雙腿水腫得恐怖，要是你碰一碰他的腳，你的手指就會在他泡沫般的皮膚上留下印記，彷彿他的腳是用黏土做的。

「有感覺嗎？」我戳著他水腫的部位問。

「沒感覺，」他說。

他經常暈眩，沒辦法走成直線。一天下午我把他帶到外頭的陽光下，但他停下腳步說：「等等，我看不到。」我們得站著等他適應亮光才能行動。幾個月來，他母親只煮南瓜葉給他們當晚餐。我堂哥正慢慢死去。

母親幫不上什麼忙，只能把當天一半的玉米粉用盆子裝著拿到傑佛瑞家。

「我帶了玉米粉來跟你們分享，」母親說：「分量不多，但煮玉米粥是夠了。」

「真是太感謝了，」傑佛瑞的母親說：「妳救了我們的命。」

「我們有東西就分享，」母親說：「可不能讓家人受苦。」

幾天過後，我姑姑琪瑞喜經過，說爺爺在院子裡昏倒了。

「他只吃南瓜葉，」姑姑說：「哥，你要為爸爸祈禱啊！」那天下午，母親又把我們家一半的食物送去給爺爺。

大家日漸消瘦。我的胸膛開始看得到骨頭，我用繩子充當的腰帶再也綁不住褲子了，現在要開始把褲頭上的兩條腰帶捏在一起，拴在一根小樹枝上，方法類似止血帶，要是又瘦了，只要把樹枝再扭幾圈就可以了。我的嘴巴隨時都覺得乾渴，雙臂像藍桉樹枝一般細，而且一直都在痠痛。不久之後，我發現要把手握成拳頭都很困難。

一天下午我在田裡拔草時，心臟開始急速跳動，快得我喘不過氣，差點昏倒。**到底怎麼了？**我心想。我非常恐懼，慢慢蹲下來，直到膝蓋碰到泥土，然後維持這個姿勢好長一段時間，等到心跳恢復正常，能夠呼吸為止。

晚上我坐在房間裡點著煤油燈，瞪著牆壁發呆，然後神志恍惚了起來，彷彿進入了另一個世界。我看著一隻蜈蚣爬上牆壁，大概盯了牠幾小時那麼久。一隻蜉蝣飛得太靠近火焰，我抓住牠的翅膀，問牠：「你是怎麼生存的？**你**到底吃什麼過活？」然後放牠離開，看著牠像壞掉的紙飛機，盤旋掉到地面。

現在沒有巫術救得了我們。飢餓是一種殘忍的科學。

大約這時，父親開始著魔似的量體重。父親碩大的身軀已經縮得像大太陽底下的一片水果；以前有大塊肌肉占據的地方，現在只有尖利的骨頭凸出來。他的牙齒似乎更大了；我注意到他的傷疤。有一天，他跟我說他看不太清楚宅院對面的地方。飢餓影響了他的視力，就跟傑佛瑞一樣。

父親似乎愈是消瘦，就愈想秤體重。他用繩子把玉米秤掛在菸草棚上，一天早上我看著他進行這項例行公事。他抓住鉤子掛在那裡，活像個裝滿玉米的麻布袋或一捆菸草，然後往上看著指針，接著咕噥一聲：「嗯，五公斤。媽媽——」

母親總是會應聲過來看看，但是自己卻不願意秤量體重，孩子也不准量。她就像許多饑荒時期的婦女，開始把**姆盤裹**長型頭巾當作腰帶，緊緊的纏住腰部，她說這會讓她的胃搞不清楚狀況，並騙過她的心臟，不再跳得那麼快，好讓她能夠呼吸。她早上和下午餵哺我最小的妹妹時，雙手都不住的發顫。

到了晚上，她會利用心理遊戲。

「妳們愈來愈瘦是因為妳們一直想著食物，」她這麼跟我的姊妹說：「妳們難道不知道這會造成身體的壓力，燃燒更多能量嗎？要是妳們滿腦子都是飢餓的念頭，只會覺得更難熬。」

「媽媽，我可不想水腫，」姊妹們叫道。

「那就想想正面的事。拜託妳們為我這麼做吧！」

接著她端出**希瑪**，我們彷彿在夢中傳遞這團食物，每個人的三口食物並沒有在身體裡留下痕跡。

食物端上來時，父親找藉口離開。

「爸爸，你不吃東西嗎？」

「不用，我不會很餓，你們小孩吃。」

有一天父親坐在院子裡，點出一個最為奇怪的現象：「飢餓倒有一點很奇妙，只有男人會餓死。」

他這番話聽起來很扯，但確實是如此。男人負責出去搜索食物，因此會消耗無法復元的寶貴能量。霍亂是男女老少都攻擊，但是饑荒似乎只帶走男人的性命。許多男人拋家棄子，讓家人自生自滅，他們會在早上跟妻子說要到外面尋找食物，然後再也沒有回家。提供妻子和孩子食物的壓力，大到令人無法承受。有好幾十個寡婦和遭丈夫拋棄的太太都聚集在鎮長家。我好多天沒看到吉伯特，因為他忙著照顧這些人。

父親一定也在想這回事，因為他轉身對母親說：「我的家人我要照顧，要是我們注定要死，也要一起死。這是我的原則，願上帝保佑我。」

一週之後，妹妹梅莉絲得了瘧疾，好幾天都躺在草蓆上昏睡，她冷汗直流、全身發顫，醒來時又嘔吐不止，吃不下任何食物，而且就跟我們其他人一樣，她已經瘦到一種危險的程度了。到了晚上，她因手臂和雙腿的疼痛而呻吟哭叫。她發高燒，父母想送她去診所，但是醫生不願意幫她看診，因為診所已經成了霍亂隔離區。

在家裡，母親好幾個小時不眠不休的守在草蓆邊，輕聲唱著傳統歌謠，用濕布幫她擦拭以舒緩痛苦。房間裡的一盞煤油燈搖曳閃爍。

整個晚上，我們聽到暗下來的門口一再傳來相同的話語。

「別擔心，別擔心。」

但是大家都提心吊膽。

「幫梅莉絲祈禱，」母親說：「她病得很嚴重。」

梅莉絲終於復元時，已經瘦得像在我們之中遊走的一絲魂魄。

二月中左右，菸草終於可以採收了，父親需要我和傑佛瑞幫忙。我們採集橙黃油亮的葉子，捆成一把一把，坐在蔭涼處用鉤針和姆露露藤蔓，把菸草葉的葉柄穿成一串。這一捆捆的菸草葉會掛在由藍桉樹和竹竿搭成的棚子下陰乾，過程最長八週，要視濕度而定。穿成捆狀和吊掛陰乾非常耗時，我們的背脊因此瘦疼到極點，尤其又餓到沒有力氣站立或打直身子。我們在精神錯亂中工作，準備陰乾的成排菸草彷彿幻化成美食。

「真希望能把它吃下去，」我跟傑佛瑞說。

「是啊，要是能吃的話，我們現在一定很飽。」

「菸草很快就會乾燥，商人就會排隊搶購，這種苦日子終於可以結束了。」

「沒錯。」

但是不如所願。我們才僅僅把菸草吊掛一個星期，父親就去交易市集開始跟商人談價錢，準備菸草一陰乾立即交貨。沒辦法等到拍賣會了，他得想辦法讓我們的晚餐有著落。

「兄弟，全家都把希望放在我身上，」父親說：「我求你給個像樣的價格，也許一公斤二十克瓦查。」一包滿滿的「隨身包」要三十克瓦查。

商人只是搖頭拒絕。「你也知道現在不是好時機，我實在無法想像用一公斤十克瓦查以上的價錢跟你買，現在沒辦法。」

「拜託，夠買一包隨身包就好了，」父親說：「別讓我跪下來求你，這可是上等菸草，乾燥得很漂亮。」

討價還價一陣子之後，他們協議一公斤十五克瓦查。隨著饑荒愈漸嚴重，這些交易變得更加醜陋與不公平。

「等菸草熟成，我用一桶玉米跟你買九十公斤，」商人說。

就連父親的朋友、好心的商人曼果奇先生，都無法抵擋這種行情的誘惑，也是以很低的價格在收購菸草。父親別無選擇，只能同意。他每星期都達成更多的菸草交易，盡量清楚記得這些數字。光是有這樣的議價機會，就有許多人願意爭得你死我活。

同時，我們田裡的玉米莖稈，長得跟父親的胸口一樣高了。第一批玉米開始成形，從玉米穗的頂部展露出如絲綢般的少許紅色玉米鬚，深綠色的葉子和玉米莖稈開始褪成黃色。各處的人都正在萎縮死亡，而我們的作物正在茁壯肥碩。

「再過二十天，」我看著父親說。

「沒錯。」

我們臉上漾起微笑，把玉米葉當成襁褓中的嬰兒一樣疼惜輕撫，享受它們在微風中沙沙輕聲奏起的柔美樂章。

如果估算正確，二十天之後，綠色的玉米就會成熟到能夠食用，我們親暱的稱其為**朵薇**，等同於美國人的「玉米棒」，這些玉米粒柔軟甜嫩、嚐起來有天堂的味道。我站在二月的玉米田裡，覺得跟故事中的古代探險家非常類似——迷失在汪洋中，雖然四處都是水，卻沒有一滴可飲用，最後乾渴至死。我早晚都在夢想吃到朵薇的日子。

二月快結束時，一號電台宣布姆欽吉村（Mchinji，大約在西南方一百二十公里處）已經有朵薇可以吃了。大批人潮陸續前往該地，每次數百人，我舅舅阿里也在其中。在路上，他看到年紀較大的男人停在路邊休息，卻揮手趕著家人繼續前進，說：「繼續走，去姆欽吉。」後來他聽說那些男人就死在路上了。當地人組成團隊，拿著長矛大刀守衛田地，不讓其他村莊的人侵門踏戶。偷盜行為猖獗，當我舅舅在姆欽吉村外頭等著購買一、兩公斤的朵薇時，聽到村子外圍爆發大動亂，他衝過去一探究竟。一群暴民剛剛襲擊並殺死一名竊賊；舅舅看到那男子的屍身倒在草叢中，頸子被砍到見骨。

饑荒問題持續了將近五個月，廣播電台終於在二月二十七號放送總統發布的訊息。他讓人民知道，全國正在經歷飢餓危機，他跟屬下官員商議後，終於判定這是一場「緊急事件」。我之前說過，我們有一位非常幽默的總統。

三月初，玉米莖稈高達父親的肩膀。在這個階段，玉米花透露了一切。如絲綢般的紅黃色玉米鬚一旦開始乾枯、轉為褐色，就可以檢查朵薇是否成熟到可以吃了。我用力捏著玉米穗軸，試探裡頭的玉米粒，如果容易捏碎，代表時間還太早，而玉米粒要是堅實，就可以吃了。

那一個星期的每一天，我和傑佛瑞都會從菸草田溜到玉米田檢查朵薇，而且一定用暗語溝通，上帝千萬要禁止姊妹們跟在後頭，免得她們發現朵薇成熟了。

「傑佛瑞，」我說：「我們去燒大黃蜂。」

「好，走吧！」

我們在成排的玉米莖稈間來回巡視，指出看起來快要成熟的玉米。

「看看這個，」我說：「再過三天，它就會到我嘴裡啦！」

「我們來蒐集木柴。」

「好主意。」

終於有一天，我看到一根玉米似乎成熟了，用手指捏一捏，裡頭的玉米粒是堅實的。

「可以吃了！」我說。

「沒錯，」傑佛瑞捏捏另一根，「這根也熟了。」

「我們期待已久的日子終於來臨啦！」

「沒錯！動手吧！」

我用跑的把成熟的朵薇摘下來，像寶貝似的抓在手裡。不一會兒，我的懷裡就有十五根朵薇，我把第一層玉米苞葉往後撥開綁在一起，披在肩頭上。經過菸草棚時，我抱起一堆之前留下來生火的樹枝。我和傑佛瑞在脖子上掛著朵薇奔進宅院的景象，幾乎引發暴亂。

「熟了嗎？」妹妹艾莎興奮的問，眼睛睜得又大又圓。

「熟了。」

「朵薇可以吃了！」

我奔進廚房，迅速生起一團火。很快的，白煙瀰漫整個廚房，把眼睛燻得流淚，但是我不在乎，只覺得興奮得快飛上天了。眾姊妹擠進狹小的廚房，搶占位子。

「讓我看！」

「不要，我先到的，妳要等！」

「妳們全都出去，」我大吼：「每個人都吃得到朵薇！」

我沒有等到火焰減弱成餘燼，就直接把幾根玉米放在火上不住的翻轉，直到玉米苞葉烤成恰到好處的焦褐色。我甚至沒等到另一邊烤熟，就把一根玉米拉出火堆，燙得烙傷手指。接著我剝開熱氣騰騰的玉米苞葉，張口咬下飽滿、溫熱、充滿上帝精華的玉米粒。我細嚼慢嚥，心滿意足。這一刻已經等待太久了。每一次吞嚥，就像把生命遺失的某部分物歸原主。吃掉一邊後，我把剩下沒烤熟的那邊丟回火堆裡，往下一根動手。

父母在我烤玉米時也來到廚房。

「朵薇應該還沒熟吧，」父親說，迅速拿起一根，「我來嚐嚐看。」他把玉米鬚扯掉，咬下朵薇，跟我剛才一樣細細品味。不到幾秒鐘，父親臉上立即恢復血色，他曉得我們會活下去了。

「可以吃了！」他說。

那天下午，我和傑佛瑞大概吃了三十根玉米。

真的是雙喜臨門，我們田裡的第一批南瓜也成熟了。過去這幾星期，我密切注意南瓜，等待它們長成適當的形狀和顏色，過了這麼久，它們終於成熟了，長得跟人頭一樣大，跟朝陽一樣橘。我們把南瓜剖開，在鍋子裡用水煮，種子和皮也毫不浪費。母親把蒸氣繚繞的熱騰騰南瓜，用籃子盛裝，讓我們大快朵頤。老天，胃裡裝滿熱食，真是人生一大樂事。連傑佛瑞也來吃我們的南瓜和朵薇。不久之後，他雙腿的水腫消除，臉上露出了往昔的笑容。

對我和傑佛瑞而言，三月是喜氣洋洋的吉慶時節。我們每天去田裡工作之前，會先摘下一把朵薇，然後在菸草棚下方生火，享受一頓豐盛的早餐。

「傑佛瑞先生，這份給我，那份給你。」

「好好，這份給我。」

記得耶穌跟信徒說過一則關於播種的寓言故事。種子若是種在路邊，就會遭搶奪損毀；種在石塊眾多的土壤中，就無法生根，終至死亡；要是種在荊棘當中，就會受芒刺扼殺；但是種在肥沃的土壤中，就會發芽茁壯。

「傑佛瑞先生，我們就像種在肥沃土壤中的種子，而不是種在路邊，被走過去的人踐踏。」

「沒錯，我們活下來了。」

「對，我們非常幸運。」

一籃籃的**朵薇**和熱騰騰的南瓜有如前來救援的千軍萬馬，讓我們沒有一敗塗地。在交易市集裡，大家開始面露微笑，談論未來。要等到收成之後，日子才會真正的回歸正常。在家裡，我們每天晚上吃的還是那團不成形的**希瑪**，但至少這是好日子的開始。

我開始走較遠的路，去看馬拉威的情況，看有誰活了下來，他們的日子過得如何。現在田裡的**朵薇**成熟了，各處的人都在院子裡把**朵薇**曬乾，製作**奇蒂布**，那是一種比較甜的**希瑪**。大家逐漸恢復元氣，在路上碰到時會微笑問候。之前那些拖著虛弱身子在路上遊走的人，現在背著孩子、頂著大包袱朝家園的方向前進。但是對我而言，饑荒的慘況依然記憶猶新，在路上碰到他們時，以為會聽到這幾個月來，陌生人逢人便問的：**有按日計酬的工作嗎？我想找這種工作……**

但是聽到的卻是往昔愉快的招呼問候。

「**沐力伯旺吉！**」你好嗎？

「**恩地利伯威諾，卡雅伊努？**」很好，你呢？

「**恩地利伯威諾！**」很好。

「**吉果末！**」謝謝問候。

「**吉果末！**」我才托你的福呢！

在交易市集，大家現在會到處走動跟鄰居握手寒暄，彷彿剛從艱辛的長途旅行回到家鄉。

「朋友，真高興見到你，」他們說：「你還在哪！」

「我還在。那你怎麼撐過來的？」

「上帝保佑。」

朵薇的祝福讓我們起死回生，但是也招來竊賊。許多之前從其他鄉村來到溫貝鎮找工作的農夫，沒有自己的田地，因而無福享受**朵薇**和南瓜，於是到田裡盜採。吉伯特家藍桉樹叢底下的遊民，在夜晚下雨時伺機出動，到田裡偷採成熟的**朵薇**。兩星期後，附近田裡的**朵薇**幾乎所剩無幾，我們也難逃賊手。每天早上走在田邊的路上，就會發現地上都是綠色的玉米苞葉和啃得只剩玉米芯的**朵薇**，彷彿百萬大軍整晚在這裡饗宴。

很快的，駭人聽聞的報復故事開始在交易市集散播開來。有一天，我聽到一群男人七嘴八舌的談論這種血腥罪行。

「聽說肯吉（Kenji）的一些農夫在田裡抓到玉米賊，」一位男子說：「你們猜他們怎麼處理？拿大刀把玉米賊的手臂砍下，問說：『要長袖還是短袖？』」

「**太可怕了！**」

「我堂哥抓到一個偷**朵薇**的小男生，」吉伯特說：「就把一根金屬杆在火裡燒到火紅，然後要偷兒用手握住，他竟然乖乖照辦！」

這些言之鑿鑿的報復故事讓我思考我們田裡遭遇的狀況。那天晚上，我問父親要怎麼處罰偷**朵薇**的竊賊。

「要殺掉他們嗎？」我問：「還是報警？」

父親搖搖頭。

「我們不殺人，」他說：「就算報警，他們也只會在監獄裡餓死。兒子，大家的飢餓是一樣的，我們要學習寬恕。」

第九章
到圖書館自修

饑荒時期，卡秋柯洛中學和溫貝小學的學生大多中斷上學。我輟學後，吉伯特繼續上課，他告訴我上學的同學一天比一天少。老師們大約到了早上九點就宣布下課，然後自個兒消失，到田裡和交易市集找食物吃。到了二月，學校就停課了。

隨著朵薇和南瓜成熟，卡桑古地區慢慢恢復元氣，學生開始回到學校，課程也恢復正常。但是我們家還是付不起學費，我不得不在家閒晃。玉米收成之前，除了除草之外，可以說沒有什麼農事好做，而距離收成還有兩個月。

我開始在交易市集玩巴沃打發時間。有人教我怎麼玩精采有趣的西洋棋，我開始天天下棋。但是西洋棋和巴沃不足以讓我廢寢忘食，我需要更好的嗜好來騙騙腦袋，提振心情。我非常想念上學的日子。

記得前一年，一個叫做「馬拉威教師訓練活動」的團體，在溫貝小學設立了小型圖書館，裡頭收藏有美國政府捐贈的書籍。輟學的時候，也許閱讀能讓腦袋保持靈光。

圖書館在小學辦公室附近的小房間裡，我走進去時，一位女士坐在辦公桌後面，微笑問道：

「要借書嗎？」她是艾蒂絲•席科洛老師，在溫貝小學教授英文和社會，也負責圖書館的運作。

我點點頭，問：「這裡有什麼規定嗎？」我從來沒用過這種設施。

席科洛老師帶我到幕簾後方一個更小的房間，裡頭有三座高達天花板的書架，擺著滿滿的書籍，散發出香甜又帶點霉味的氣味，是我從沒聞過的，我深吸了一大口氣。接著席科洛老師解說借書規則，帶我參觀藏書。我以為只會看到初級讀本和教科書，卻驚訝的發現還有關於英文、歷史與科學的美國教科書，也有尚比亞和辛巴威的中學課本，以及休閒娛樂小說。

我花了一整天瀏覽藏書，席科洛老師就在辦公桌上改作業。儘管圖書館藏書內容五花八門，那天下午離開時，我借的卻是地理、社會和基本拼字的書，也就是我朋友在學校念的教科書。現在是學期末，我希望能在下學期開始前趕上進度。

我在家裡前院的芒果樹附近，把一根粗的藍桉樹長杆深深打入土裡，然後把玉米布袋打結，製成吊床。接下來的三個星期，我展開嚴格的自修課程，早上去圖書館，下午在樹蔭下閱讀。

吉伯特表示願意幫忙我自修。每天放學後我跟他碰頭，他告訴我當天在學校學了些什麼。

「你們今天地理教了哪些？」

「天氣型態。」

「明天能跟你借筆記嗎？」

「當然。」

「謝了，我很快就會把其他的還給你，快看完了。」

「沒問題。」

自修並不容易。第一，我的英文很爛，要費很大的勁、花很多時間，才能把字唸出來。第二，有些教材複雜難懂，要是有老師解釋的話，會很有幫助。

「農業裡說的風化作用是什麼意思啊？」我問吉伯特。

「就是岩石和土壤受到雨淋而崩解。」

「對噢，謝啦！」

一個週六，吉伯特跟我在圖書館碰頭，瀏覽我們覺得有趣的書籍，總不能一直用功讀教科書嘛！有一本書吸引了我的注意，叫做《馬拉威中學整合科學》（*Malawi Junior Integrated Science*），這是中學四年級生讀的。我思忖了一下，然後翻開來看，裡頭有許多照片和圖示，看起來內容簡單易懂。我看到癌細胞、疥瘡和罹患惡性營養不良的孩子的照片，樣子就跟之前在我們國家裡遊走的許多人一樣。有張照片是一個男子穿著亮銀色的成套服裝，在月亮上行走。

「這是在做什麼？」我問吉伯特：「他為什麼穿這個？」

「看起來月亮上很冷，」他說。

我翻過幾頁，看到一張照片，是馬拉威南部夏爾河的恩庫拉瀑布（Nkula Falls）。我常聽到水力發電廠，但是一直不知道它怎麼運作。我在交易市集問了夠多的人，也在家裡問過父親，得知河水往下流到「馬拉威電力供應公司」發電廠進行發電，但是到底如何運作、原理為何，我仍一竅不通。

書上描述河水如何轉動發電廠那個叫做渦輪的巨輪，進而產生電力。嗯，這似乎跟腳踏車發電器的道理相同。我們家後方有一塊沼澤，有時候雨下得大，就會出現一條小瀑布。我要是能找到發電器，就可以把它放在瀑布下轉動，這麼一來我就有電可用了。唯一的問題是，沼澤除了雨季之外，幾乎一整年都只是潮濕的泥塘，而就連在雨季，也得把很長的電線拉到我家，才能聽音樂，光是購買這些電線，就會用盡一個農夫一整年的收入。

我和吉伯特找到另一本書，叫做《物理學釋疑》（*Explaining Physics*）。它也是用照片和圖示（圖照主要來自英國），來解答我長久以來的一些疑問，譬如引擎如何燃燒汽油來使汽車轉動等等，令我非常高興。另一張圖示解說汽車的煞車器如何運作。我一直納悶汽車是否跟腳踏車一樣，都是用橡皮條來停止輪胎轉動，結果書上說不是。

「真空煞車器？」我說：「我得借這本書。」

「好啊！」

但是《物理學釋疑》比《馬拉威中學整合科學》更艱深難懂，裡面充滿複雜難解的英文長句，我讀得很辛苦，但還是勉強瞭解一些文字，因此能理解大意。比方說，我對標示「圖十」的圖示有興趣，就會掃讀文字，找到解說「圖十」的地方，研究附近的句子。有些英文字在奇切瓦語裡沒有對等的翻譯，我就會寫下來，去請教席科洛老師。

「可以幫我在字典上查『驗電器』的意思嗎？」

「好，」她說：「還有嗎？」

「『動能』和『二極體』。」

「你學的比同年級的還深哪！他們可沒讀這些。」

「我知道，但是我想搞清楚。」

「很好，繼續加油，需要什麼幫忙，再來找我。」

我繼續閱讀《物理學釋疑》，兩星期之後看到最迷人的一章──關於磁鐵的討論。我知道磁鐵，收音機的喇叭裡就有磁鐵。我曾經把幾塊磁鐵拆下來，帶到學校當玩具玩，在一張紙上放小金屬薄片，然後用磁鐵隔著紙張移動金屬薄片。但是往下讀之後，我得知某種叫做「電磁鐵」的磁鐵是用來產生電力的；特別是一些簡易馬達，像收錄音機裡裝設的那種，就是利用電磁鐵來轉動。

我也知道磁鐵的兩端性質相反。要是兩個磁鐵擺在一起，相同性質的那兩端會相斥，絕不相吸，但把其中一個磁鐵翻轉過來，它馬上就會吸住另一個磁鐵。這本書解釋，所有磁鐵都有南極和北極，北極永遠會跟南極相吸，而同極就會相斥。因為地心是液態鐵構成的，所以地球本身是大型的條形磁鐵，具有地磁北極和地磁南極。磁鐵就像地球，有天然的磁場，磁力線連接兩極，往外散發。這些磁力線當然是看不到的，但要是能看得到的話，形狀會像蝴蝶的兩片翅膀。條形磁鐵的一端永遠會受地球的地磁北極吸引，這就是羅盤運作的原理——羅盤裡有一個小的條形磁鐵，它會指著北方，讓你不迷失方向。

書上也教我們如何把日常物品（如鐵釘、電線和乾電池）製成磁鐵。當電源（比如電池）的電力流經電線時，就會在電線周圍創造自己的天然磁場，如果電線纏繞在鐵釘之類的良好導體上，磁場就會變得更強。

磁場會隨電線纏繞鐵釘的圈數增加而增強，因此電磁鐵有許多作用，大型的可以用來吸吊車體和重金屬塊，小型的則可發動許多日常電器（如收錄音機、家用電器、汽車交流發電機）裡的簡易馬達。

在簡易的電動馬達裡頭，有個放在磁場（由磁鐵產生）內的線圈，它是可以轉動的。線圈跟電池連接而磁化時，就會跟磁鐵相斥，於是「線圈的磁場」與「磁鐵的磁場」這兩個磁場相吸與相斥的作用，造成線圈轉動。比如天氣炎熱時用的電風扇，葉片之所以會不停的轉，就是因為裡頭的兩個磁場在反覆對抗。

書上說，電力能夠造成像風扇這樣的旋轉動作；反過來，旋轉動作也能產生電力。就如同電力能使線圈磁化，一個與磁場相交的旋轉線圈，也會產生電力。線圈在磁場裡旋轉時，就會產生電流脈衝。如果把電線接上線圈，就能夠捕捉電流脈衝，產生電力。

這叫做電磁感應，能夠產生交流電（AC），因為電流方向會不斷改變。另一種電力叫做直流電

（DC），主要是電池產生的。直流電是由電池的正極經過導線、燈泡（或是任何電力負載），最後回到電池的負極，來完成電路的。

不過你家的電力大多是交流電，是由發電廠的巨型旋轉線圈產生的。關於交流電發電機，書上舉出的最佳例子就是腳踏車發電器。

「動能是由騎腳踏車的人帶來的，」《馬拉威中學整合科學》上頭寫道。**原來如此**，我心想。這就是旋轉動作能產生電力的原理，不管是腳踏車發電器還是水力發電廠，都是如此！

你大概無法想像這項知識讓我興奮的程度。就算有時候會看不懂字詞的意思，但是圖示所闡明的概念在我心裡卻是清楚真實的；各種符號（正極、負極、乾電池、電路的開關、表示電流方向的箭頭等）都清楚明白，不需要解釋。透過這些圖示，我能夠理解磁力和電磁感應的道理，以及交流電與直流電的差別，彷彿我的腦袋裡早就留下一塊空間給這些符號，一旦我在書中發現這些符號與道理，它們就立刻對應歸位。

這本書我借了一個月，天天研讀，常常把自修課程冷落在一旁。這就像一道美食，我似乎想跟所有遇到的人分享我的知識。

有一天，交易市集的「電影院」裡，唯一能放映的電視是黑白的，一些常客對此相當不滿。

「轉成彩色的，」一個客人要求：「我要看彩色的！」

「可是這台是黑白電視，」老闆回答。

「這台跟那台看起來還不是一樣，調成彩色的，不過都是電視罷了！」

「抱歉，」我打岔：「其實是不一樣的。彩色電視裡有三根電子管，不是一根。你看我的書上就是這麼寫的。」

大約一個月之後，學期終於結束，吉伯特有時間陪我了。一天早上，我們去圖書館殺時間，我們常常一待就是好幾小時，坐在椅子上閱讀。但是今天席科洛老師趕著離開。

「你們倆在這裡好久了，占了我不少時間，」她說：「今天我有事，你們快快找到書就離開吧。」

「是，老師。」

找書相當耗時，是因為書籍沒有按照字母順序、主題或作者排列，這表示我們得瀏覽每一本書的書名，才能找到想讀的書。那天和吉伯特在選書時，我想起一本書中碰到的一個英文單字。

「吉伯特，**grapes** 是什麼意思？」（譯注：grapes 為「葡萄」）

「嗯，」他說：「從沒聽過，查字典吧！」

英文字典放在底層書架，但我很少查字典，都是直接問席科洛老師。今天我乖乖聽從吉伯特的建議，蹲下來抽出一本字典，這時看到從沒看過的一本書，它給推到書架深處，有點被其他書籍蓋住。**這是什麼？**我心想。我把它抽出來，發現是美國教科書，叫做《利用能源》（*Using*

Energy）。這本書從此以後改變了我的一生。

書籍封面是一長排的風車，不過當時我完全不曉得「風車」是什麼，看到的只是白色的高塔，上頭的三個葉片如同巨型風扇般旋轉，看起來很像小時候我和傑佛瑞無聊時做的風車玩具。當時我們在交易市集的垃圾堆裡找出舊水瓶，把塑膠切割成風扇狀的葉片，然後用釘子穿過中央，釘在棒子上，風一吹，風扇就會轉動。就這樣，只是個幼稚的風車玩具罷了。

但是這本書上的風扇可不是玩具，而是高聳入雲的美麗巨型機械，看起來威力十足，照片也彷彿動了起來。我翻開書本，開始閱讀。

「能量無所不在，」書上寫道，「有時候能量必須先轉換成另一種形式，我們才能夠使用。如何轉變能量的形式？繼續閱讀你就會明白。」

我繼續閱讀。

「想像敵方軍隊大舉入侵你們的城鎮，你們節節失利。如果你們需要一位英雄挺身而出解救大家，不太可能會去附近的大學把科學家拉到前線。不過根據傳說，西元前二一四年羅馬艦隊攻擊希臘城邦敘拉古時，拯救該城的並不是某位將軍。」

書上解釋阿基米德如何利用「死光」（其實就是一堆鏡子）把陽光反射到敵艦上，使得敵艦一一著火沉沒。這就是利用太陽來產生能源的例子。

風車就像太陽，也能用來產生動力。

「整個歐洲和中東的人都利用風車來抽水和研磨穀物，」書上寫道，「在風力發電場上集中設置許多風力發電機，所產生的電力跟其他的發電廠相當。」

突然間，我把這一切零零碎碎的知識串連起來了。

這些風車上的葉片是由風驅動的，跟我們小時候做的風車玩具很像。我想到腳踏車發電器，想到好久以前我跪在鄰居的腳踏車旁，不住轉動踏板，好聆聽收音機，當時心想：**有什麼東西可以幫我轉動踏板，讓我能起來跳舞呢？**

「動能是由騎腳踏車的人帶來的，」《馬拉威中學整合科學》在解釋發電器時這麼寫道。**啊，對噢，我心想，騎腳踏車的人就是風！**

風會轉動風車上的葉片，以此轉動發電器裡頭的磁鐵來產生電力。把電線連接在發電器上，就可以把電通到任何電器，尤其是燈泡上。我只需要一座風車，就能有電燈可用，不再需要那個把我們燻得眼淚直流、讓我們難以呼吸的煤油燈了。有了風車，我就可以在晚上讀書，不用跟其他馬拉威人一樣，七點早早就寢。

但是最重要的，風車也可以轉動幫浦，汲水灌溉。我們剛脫離饑荒的陰影（而饑荒仍侵襲著馬拉威的許多地方），抽水機似乎非常必要。如果在家裡的淺井安裝抽水機，作物就可以一年收成兩次。當其他的馬拉威人在十二月和一月挨餓時，我們家卻能收成第二批玉米。有了抽水機，也表示不用在沼澤區汲水來灌溉菸草苗圃；提著水桶往返灌溉，不僅會腰痠背痛，也相當耗時。有了風車和抽水幫浦，我們家的菜園就能一年四季都生產蔬菜；母親可以種番茄、馬鈴薯、甘藍菜、芥菜、黃豆，不僅可以自己吃，還可以拿去市場賣。

我們再也不用略過早餐，也不用輟學。有了風車，我們將終於能脫離黑暗和飢餓的困境。在馬拉威，風早晚都吹動著樹梢，是上帝賜予我們少數幾種恆常不變的天然能量。風車不只代表電力能源，也代表自由。

站在那裡看著《利用能源》這本書，我打算自己建造一座風車。我從來沒製造過像風車這樣龐大的機械，但我知道，封面上既然有風車的實際照片，就表示有人建造了風車。從這個角度來看，我有信心自己也可以打造一座。

我想建造的那座風車，雖然已在腦海裡具體呈現，但是在進行那麼龐大的工程之前，我想先用小模型來做實驗。從書上的解說圖來看，我知道在材料方面需要葉片、轉軸和轉子，再加上一些電線，以及像發電器這樣的東西，好透過葉片的轉動來產生電力。

我和傑佛瑞小時候做風車玩具，用的是一般的塑膠水瓶，但是現在我需要更堅固的材料。我看過妹妹梅莉絲和蘿絲用「美身牌」芳香軟膏的塑膠空罐當板球來打，於是我把它拿來。空罐的形狀跟裝奶油的圓罐很像，上面有可旋緊的蓋子，這是最佳的材料。我讓蓋子留著，用弓鋸把罐底鋸掉，再把罐身切割成四片大長條，然後把這四片往外扳開，成為葉片。

我在蓋子的中央戳一個洞，釘在竹竿上，竹竿是父親搭建菸草棚剩下的。我把竹竿插在廚房後方的地面上，但是葉片太短，風幾乎吹不動；我得把葉片加長。

我們公共澡堂的地板常會積水，因此安裝了聚氯乙烯塑膠管來排水。幾年前，琪瑞喜姑姑家後方的澡堂倒塌，他們直接在旁邊另蓋了一間。我知道那些破磚下還埋著一段水管，挖了二十分鐘，終於把它拉出來。我鋸下一長段，然後從中央由上而下剖開。

我將母親廚房裡的爐火添柴燒旺，然後把水管拿到木炭上方烘烤，不一會兒，水管開始變形、變黑，且變得柔軟易彎，像是有水分的香蕉葉。趁著塑膠冷卻之前，我把它放在地上，用鐵片壓平，接著用鋸子切割出四個葉片，每一片大約二十公分長。

我沒有鑽頭，只好自己製作。首先用火加熱一根長鐵釘，然後把鐵釘的一半釘進玉米芯裡，用玉米芯當柄。我把鐵釘放回木炭上，把它燒得火紅，然後用這火燙的釘子在兩組塑膠葉片上鑽洞，最後再用鐵絲把葉片綁在一起。我沒有鉗子，就用兩根腳踏車輪輻來弄彎、拴緊連接兩組葉片的鐵絲。這時母親來到我身後。

「你在廚房搞什麼鬼？」她說：「把這些玩具拿出去。」

我試著解釋風車，以及我的發電計畫，但是她眼中看到的只是幾塊塑膠片釘在一根竹竿上。

「就連小孩子也會做點更有用的事，」她說：「去田裡幫你爸爸。」

「我在做很重要的東西耶！」

「什麼東西？」

「未來的東西。」

「未來？我來告訴你未來有什麼！」

真的是百口莫辯。現在我需要的是腳踏車發電器或某種發電機，但是要去哪裡找，我毫無頭緒。

整整兩天的時間，我都在思考如何取得發電器。我知道可以買一個，但是我哪來的錢？交易市集五金行的老闆達德，有賣發電器，饑荒發生前的幾個月我就看到了——它掛在架子上，是個閃閃發亮的銀色物體，用塑膠套包著，非常美麗。這次我回去察看，果然還在架上。達德戴著伊斯蘭教的圓頂帽子，穿著長袍，站在我和發電器之間。我施展魅力。

「達德先生，天氣真好啊！」

「是啊，天氣真不錯。」

「你家人還好嗎？」

「嗅，很好啊，謝謝問候。」

「你後面的那個發電器要多少錢？」

「五百克瓦查。」

「好，不過你也知道，我沒有五百克瓦查。」

他笑著回道：「你也知道該怎麼辦。去找錢來買，暫時還不會賣掉的，就算賣掉，我也可以再訂一個。」

我可以做按日計酬的千尤賺錢。我知道，在連鎖批發商店替卡車卸貨，一天可以賺一百克瓦查，於是我往那裡走去。要是我工作一整個星期，就可以賺到足夠的錢了。我整個早上都在商店外頭等待，一直等到下午。太陽熾熱毒烈，我又沒帶水。最後老闆終於走出來看到我。

「你怎麼站在這？」他問。

「等卡車來。」

「卡車除了星期一之外每天都來，」他說。

那天是星期一。

那天晚上在家裡，我想到了另一個點子。對我嚮往建造的大風車而言，腳踏車發電器是最理想的發電器，我得工作賺錢來買，但是這個實驗性質的模型，用較小的發電器就行了，而我知道要去哪裡找。

我走到傑佛瑞家，在房間裡找到他。

「呃，老大，你記得我們把那台國際牌卡式收錄音機放哪嗎？」

「嗯，就在我房間裡，怎樣？」

「我想把裡頭的馬達拿出來發電。」

「發電？」

「是啊，用風車發電。」

每次我和吉伯特去圖書館，傑佛瑞都忙著在田裡工作，反正他也沒興致出去走走。

「我們要去圖書館，你要不要去？」

「你們去就好，」傑佛瑞總是這麼回答：「去浪費你們的時間吧！」

但是現在，我告訴他，我想打造發電風車，然後帶他參觀目前做的模型時，他眼睛一亮，態度全然改觀。

「酷！你哪來的點子？」

「圖書館。」

我們之前曾把一根腳踏車輪輻錘打成一字形螺絲起子，現在我用它來把國際牌收錄音機外殼的螺絲旋開，然後把螺絲起子丟到一旁。我拆下卡帶錄音座，在它的後方找到馬達。它的長度是我食指的一半，跟三號電池一樣圓，頂端有一條金屬像把柄一樣伸出來，跟吊著細長橡膠皮帶的小型銅製滑輪相接。

我小心翼翼取出馬達，再用鐵絲把馬達綁在竹竿上，使銅製滑輪和「美身牌」軟膏罐的蓋子像齒輪一樣互相咬合。但是我轉動蓋子時，發現它跟滑輪卡不緊，我需要某種摩擦力，好讓兩者咬緊。

「我們需要橡膠，」我說。

「去哪裡拿？」

「不知。」

「鞋跟如何？」

我們夾腳拖鞋的橡膠過於輕軟，不夠堅實耐用，要不然事情就好辦了，馬拉威人人都有一雙這種鞋。我們要的是另一種橡膠，是傑佛瑞提到的那種，馬拉威許多女性穿的平底鞋，就是這種持久耐磨橡膠做的，但是要找到這種鞋子並不容易。雪爾橡膠公司到各村莊回收婦女穿舊的橡膠鞋，好做成新鞋，一雙舊鞋可以跟他們換半公斤的鹽，當然大多數婦女都願意跟他們打交道。這種橡膠用在我的風車上最適合，我誓言找到一隻。

我和傑佛瑞花了一整天的工夫，搜遍他家、我姑姑琪瑞喜家、蘇格拉底叔叔家，最後是我家的垃圾坑，只為了找到一隻橡膠鞋。在芒果皮、花生殼、香蕉皮裡頭翻找了好幾個小時之後，傑佛瑞終於舉起一隻鞋子，就一隻而已。

「通嘎！」

這隻黑鞋掩埋過久，已經變成灰色，覆蓋著灰塵和淤泥。

「老兄，真有你的！」我讚嘆。

我用那把鐵片做成的刀子，切割下一塊小 O 字形的橡膠，小到足以像套子般罩住馬達的銅製滑輪。我花了一個小時才做好，然後把 O 字形小套子壓上去後，兩個輪盤剛好吻合，可以一起旋轉。

下一個步驟是測試馬達，看它是否能夠製造電流。傑佛瑞用手轉動葉片時，我拿起馬達的兩根電線碰觸舌頭。

「有感覺嗎？」傑佛瑞問。

「有，刺刺癢癢的，」我回答。

「好極了。」

我們不打算偷父親的收音機來用，所以手邊唯一還能聽的，就是傑佛瑞的松下牌收音機，是他在田裡工作時用的。傑佛瑞愛極了比利‧康達的音樂，他在玉米田裡工作時，我常偷偷走到他背後，把正在手舞足蹈的他逮個正著。

我穩住竹竿和風扇，傑佛瑞打開收音機的電池蓋，把電池拿出來。沒有電池，我們就需要把電線接到電池槽的正極與負極上。我利用書本上的知識推斷，由於收音機靠電池運作，因此馬達產生的是直流電，這跟幾個月前我向父親朋友借來把玩的腳踏車發電器不同，它產生的是交流電，只有與收音機的交流電插孔連接時，才能運作。

「我怎麼知道哪邊是正極、哪邊是負極？」傑佛瑞問。

「你接上電線後有聽到音樂，就表示接對了。」

「就聽你的，我動手啦！」

他把電線伸進去，把金屬絲轉了幾下，好跟正、負極連接。

「然後呢？」他問。

「等風吹啦！」

說時遲那時快，風開始吹了。風車葉片開始旋轉，滑輪開始轉動。收音機開始嗞嗞響，突然間，**音樂**出來了！

二號電台正播放我最近迷上的「黑色傳教士」樂團的好聽歌曲：「我們是上帝的選民……就像摩西……」

我興奮得跳起來，差點把電線撞掉。

「**老兄，你聽到沒？**」我大叫：「我們成功了！真的有用欸！」

「真不簡單啊！」傑佛瑞大聲嘆道。

「現在我要做更大的，做出有超強電力的！」

「了不起！」

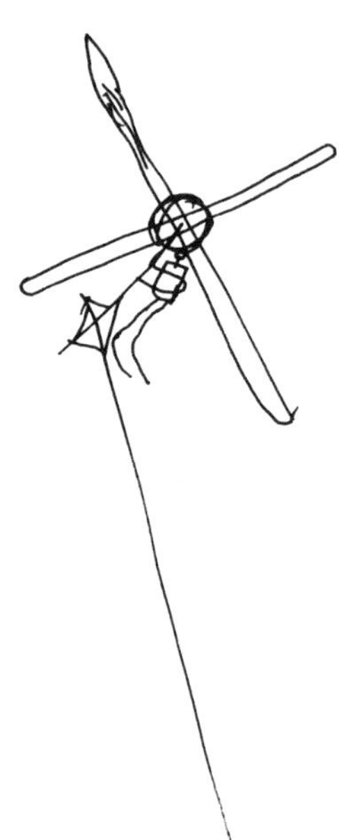

我和傑佛瑞製作的第一個實驗性收音機風車。這個模型的成功，鼓舞我擴大規模，製作更大的風車。

威廉・坎寬巴畫

小型實驗成功後，我開始計畫建造更大的風車。

我腦中已經有大風車的模樣，所以不需要畫出來。這會是一個大上好幾倍的機械，依然是用聚氯乙烯塑膠管當葉片。至於轉子，我需要某種堅固扁平的金屬圓盤，轉軸則放在腳踏車的五通軸（或車心）上，五通軸連接大盤，讓齒盤、曲柄和踏板可以連動。我的計畫是把大盤整個拆下來，好減少體積，但是後輪保留原狀。葉片會跟五通軸連接，功能跟踏板相同。風吹動時，葉片、齒盤就會旋轉，帶動鏈條轉動後輪，進而轉動發電器。

不曉得我這股信心打哪來，只知道這是偉大的計畫。不過，需要的材料我一個也沒有，也沒錢購買，為了實現夢想，我只好仿照之前拿收音機做實驗的方法——自己搜尋材料。

接下來一個月，我每天早早起床出門搜尋風車零件，像是尋寶一樣。材料必須堅固，而且是金屬製品。最佳的搜尋場所，就是卡秋柯洛中學對面的二十四號菸草園。菸草園有廢棄的車庫和廢料場，滿地都是機械零件以及汽車和牽引機的空殼，全棄置在那裡，任憑生鏽腐朽。之前我和吉伯特聽說，卡秋柯洛的惡霸比溫貝小學的還狠，所以我們曾經趁著中學開學前，一起去了那裡幾次，尋找能夠用來當舉重床的東西，好練出一身肌肉，以媲美我們當時崇拜的大英雄——電影「血點」(*Bloodsport*) 的中國武術高手楊斯，這部電影我們百看不厭。

「你有辦法像楊斯一樣舉起這塊金屬嗎？」我問，正使盡吃奶的力氣，搬起一個鏽跡斑斑的引擎汽缸。

「簡單，」吉伯特說：「閃邊去！」

我們花了幾天的工夫，試著搬起廢料場裡最重的零件。但是不用說也知道，隨後饑荒來臨，我們打造舉重床的計畫也就泡湯了。

但是現在我又要回到廢料場，好建造我的新風車。我跋山涉水，走向卡秋柯洛。從饑荒開始到現在，土地的樣貌沒有多大的變化，草叢依然高密，開始轉成棕黃色，不過田裡的玉米現在倒是又高又綠。不久之後我們就會收成，問題就會解決，至少今年能過得去。

抵達學校時，我轉進對面菸草園的入口，走了幾公尺進入廢料場，驚喜得煞住腳步。不得了啊！現在我有實際的目的和計畫，才知道眼前有多少寶藏。地上有好多機器和零件：老舊的抽水機、有我身子一半大的牽引機輪胎鋼圈、濾器、軟管、水管和犁。

從幾部遊覽車拆卸下來的車身底盤，已被太陽曬得發白，另外還有兩台廢棄的牽引機，它們的藍色烤漆早已剝落褪色。牽引機沒有輪胎或引擎，只剩中間生鏽的齒輪箱，但方向盤、排檔桿和煞車踏板依然完整。方向盤上有一個小按鈕控制離合器，旁邊是一根油門控制桿，儀表板上的玻璃已經破了。所有的零件都隱沒在高密的草叢中。

挖到金礦啦，我心想。更好的是，廢料場一片寧靜，只有我一個人，實在太美妙了！

第一天下午，我在車庫外頭的草叢裡，發現一個牽引機風扇。這是理想的風車轉子，我可以把塑膠風車葉片直接拴在風扇的金屬葉片上。同一天，我也從一台牽引機上找到一個巨大的避震器，我把它往引擎汽缸上敲擊，好敲掉套管。套管掉下來後，裡頭有個活塞，我可以輕易的把活塞焊接在風扇上，成為完美的風扇軸。

我需要某種滾珠軸承來連接避震器和五通軸，以降低摩擦。為了找到大小適當的軸承，我拿起一段繩子，測量避震器末端的長度，然後在廢料場的所有廢物中到處比較，看看哪個裝有軸承的轉軸大小相同。三天之後，我在一個舊的花生研磨機上，找到恰好一樣大的轉軸。

我找到一個生鏽的螺旋彈簧，用它來把軸承敲下來。這項工作耗了我一整天，因為我得放慢速度小心做，免得敲壞了軸承。這樣持續敲擊金屬一、兩個小時後，我的手起了水泡，不久之後更是皮破流血。為了忍住疼痛繼續敲打，我想像自己是把手埋進熱沙裡、練就鐵砂掌的楊斯。這些心理戰術似乎起了作用，我終於把軸承敲下來。真的是皇天不負苦心人，我的慢工細活讓軸承完好如初。

之前提過，廢料場就在卡秋柯洛中學的正對面，輟學後，我依然對那裡念念不忘。現在學校空無一人，但再過短短幾週就要開學了。我可以看到窗內的教室，想像自己坐在其中一個空位上。

在家裡，父親的菸草依然在棚子下乾燥。我們有幸撐過饑荒，希望菸草一旦熟成，就能在拍賣會上掙得好價錢。這麼一來，債務就可以還清，我的學費也能有著落，輟學帶來的所有悲傷都會煙消雲散。我會回到學校，這一次我將會準備充分。

「小心啦，」我說：「男子漢坎寬巴很快就會東山再起了！」

第十章
注定當農夫嗎

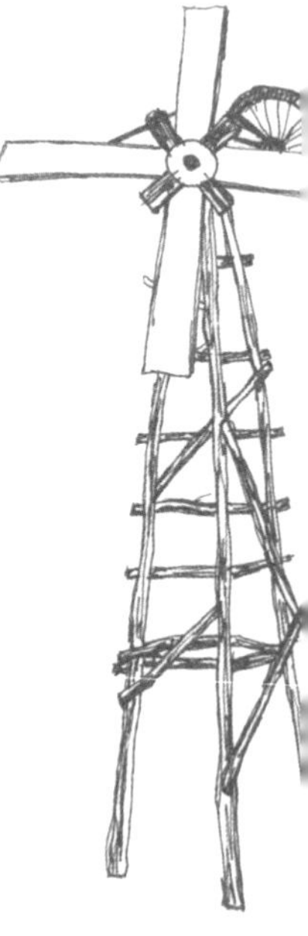

學校即將開學，父親並沒有說因為繳不起學費，我得繼續留在家裡。事實上，一天下午，他甚至給我兩、三克瓦查去買一本全新的獅子牌習作本和兩枝鉛筆。母親也買了一大塊瑪魯哇鹼皂，因此在開學前幾天，我把半個牽引機輪胎做的洗衣台滾出來，勤奮的搓洗制服襯衫，直到黃漬在肥皂水裡逐漸褪去為止。我把這一切當成恢復正常的徵兆。你可以想像，我每十分鐘就會幻想回到學校一次，開學前這三個星期當然是度日如年。

開學的前一個晚上，我緊張得無法入眠，有好幾個小時都躺在床上，聽白蟻蛀蝕屋頂的聲音。想到早起不是為了去耕種，心情就愉快了起來。我非常想念每天早上起床穿制服上學、等著與同學見面的規律生活，但雖然感覺很開心，還是有些擔憂：要是我的自修準備得並不充分，跟不上同學的進度怎麼辦？他們會借筆記給我抄嗎？現在饑荒結束，學長們會回到學校，等著給我們這些臭小子一點顏色瞧瞧嗎？撐過饑荒活下來的人有哪些呢？

隔天早上，我看到吉伯特從樹林裡出現時，簡直樂歪了。

「吉伯特，笨豬？」

「笨豬！」

「酷？」

「酷！」

「妙？」

「妙！朋友，歡迎回來，真高興又可以跟你一起走路上學了。」

「噢，謝謝你，吉伯特，我也好高興！」

回到學校跟朋友說笑耍寶，真是開心。我看到許多熟面孔，大家都因饑荒而消瘦，要等到收成後才會圓潤些，但至少我們的健康正在改善。

不過，有一些同學並不在其中。

「二年級的喬瑟夫呢？」下課時我問一些同學：「膚色較淺、短頭髮的那個？我很崇拜他呢！」

「噢，你沒聽說嗎？他死了。」

還有其他幾位也死於饑荒，但是他們在別班，而且我不認識。

果不其然，我每一科都落後：地理、農業、社會，總之我在圖書館自修的每一科都跟不上。他們已經學到曲線圖、變數和動物的學名，這些我全然不知。前兩個星期我跟得很辛苦，盡量把上學期的所有筆記都借來抄，同時也努力跟上目前的進度。輟學好一陣子，學校教了許多東西。

大約十天之後，繳交學費的寬限期即將結束，我開始惶惶不安，覺得不太對勁。父親知道繳費期限即將到來，但是他什麼也沒說，而我擔心聽到最壞的情況，也不敢提起，頂多只是一天下午跟他在田裡，有這麼一段簡短的對談：

「學校如何？」

「還可以，但是我落後好多，應該會慢慢趕上。」

「嗯，用功讀書就對了。」

這段談話似乎正常，但是每天上學時，我還是緊張到胃揪成一團。第二週結束時，我們在一間空教室裡舉行朝會，由菲瑞校長致詞，校長跟往常一樣，穿著毛衣、打著領帶。

「這學期的學費下星期一繳費截止，」他說：「上學期學費沒繳的同學，也要準時一併繳清。」

就是這樣。雖然我上學期輟學，但如果想繼續念書，還是要繳清上學期的學費，兩學期的費用大約是兩千克瓦查。我完全沒想到這點，父親肯定也不知道。好不容易才撐過苦日子，這兩千克瓦查對我們來說可是天大的數字，我知道沒戲唱了。

但是我沒有回家跟父親要錢，而是盡量在接下來的兩星期上免費的學。

我得仔細計算行動。每週一和週五，菲瑞校長會在同一間教室裡舉行朝會，他會大聲唸出已經繳交學費的學生姓名，叫他們：「立刻去教室。」剩下的學生除非拿出收據，否則不准進入教室，相當丟臉。

兩年前，傑佛瑞就遭受過這種羞辱，所以我心裡已有準備。第一次要點名才能進教室的那一天，我照常跟吉伯特走到學校，但是在大家魚貫進入教室準備朝會時，我溜到校地邊緣的戶外廁所裡。我蹲在裡頭，從小窗戶往外窺視，看到大家都進去教室裡上課，才偷偷混入人群中。賊兮兮的模樣，就如同雞舍裡的饞嘴貓。

我一進教室，立刻在後方角落裡坐下來，把頭低著。我好害怕被抓到，也從來不問問題，免得引起注意。**只要我不發言**，我心想，**就可以聽課，這樣還是學得到東西**。我確信坦波老師知道我的把戲，他記得我上學期沒繳學費，不得不退學。

有幾個學生因為沒有收據而被逮到，當眾開除學籍，這下我對於自己的伎倆緊張無比。每天早上我都胃痛得要命，有一天甚至嚴重到差點跟父親誠實以告，好結束這一切。我和吉伯特在路上會合時，總會拿我這聰明伎倆開玩笑。

「早安，朋友，真高興看到你，今天你又要碰運氣了。」

「是啊，希望今天不是最後一天。」

「記得不要發言，頭保持低低的。」

「好。」

兩星期之後，老師終於拿我開刀。那天早上，坦波老師在教室裡大聲唸出尚未繳交學費的學生姓名，我就被抓到了。老師唸到我名字的那一剎那，我立刻起身往門口走。

「我有繳了啦……只是忘了帶收據，」我說：「別擔心，我馬上就拿來。」

一走到教室外，我幾乎哭了出來。我回家告訴父親。

「我早就料到了，」他說：「只是遲早的問題。」

父親沒讓我心碎，反而去找坦波老師求情。再過幾星期，菸草就會乾燥熟成，等他用菸草來償還賣我們玉米的債主後，他還心存指望，也許有足夠的菸草可以在拍賣會上拍賣，來支付學費。

「我的錢很快就進來了，」他懇求：「拜託讓他留在學校。」

坦波老師跟另外幾位老師商量，一致同意讓我在學校繼續讀三星期，讓父親有足夠的時間販賣菸草。

這三星期簡直像贏得大獎那般美妙！我再也不用偷偷摸摸，胃也不再會緊緊揪成一團。現在我可以鬆一口氣，好好學習，參與課堂活動；老師講笑話時，我會放聲大笑。

「啊哈，太好笑啦！」

「這點說得好！」老師每次講到要點時，我都會這麼讚嘆：「我本來不知道哪！」

其他學生投來異樣的眼光，但是我不在乎。

「過去幾週，他都一副酷模樣，什麼話也不說，」他們說：「可是看看他現在，是不是吃錯藥啦？」

三星期結束時，菸草終於乾燥熟成，顏色在陽光下轉變成淡巧克力棕。這時，眾鳥歸巢：

債主開始來我們家討債。

「我來拿我的那五十公斤，」一個債主說。

「我們之前說好二十公斤，準備好了嗎？」另一個問。

最後一位商人推著腳踏車，把我們的菸草載走時，棚子下只剩一捆六十五公斤重的菸草，父親把它放到小貨車上，載去里朗威的拍賣控股公司，那裡一公斤菸草大約可以賣得美金八十分錢。但是那六十五公斤裡頭，只有五十公斤達到拍賣的等級。扣掉運輸成本和政府稅金（約百分之七）之後，父親大約帶著兩千克瓦查回到家，剛剛好可以支付學費；但若繳了學費，就沒有錢買家裡的必需品，比如食用油、鹽、肥皂，或有人生病時的醫藥。我們再度破產了。

父親試著再跟坦波老師商量，但是菲瑞校長已經禁止我回到學校。教育部派人到各校查訪，確保所有學生都繳了學費。

「要是被抓到，」坦波老師說：「有些人會丟掉飯碗。」

父親帶著這個壞消息回家時，我正坐在院子裡的椅子上。他的眼神黯淡憂慮，彷彿剛跟鬼魂搏鬥了一番。這個表情我認得，可以說是再熟悉不過了。

「我盡力了，」父親說：「但是饑荒耗盡我們的財產。」

他蹲跪下來面對我，柔聲勸道：「兒子，請體諒我。**培帕尼—關比瑞**。你爸爸盡力了。」

我實在無法正眼看著他。「**恰威諾**，」我說：「我瞭解。」

對於女兒，比如我姊姊安妮，父親至少可以希望：她嫁的丈夫能夠提供吃住，甚至幫她完成學業。但是男生就不同了。對父親而言，我的教育比什麼都重要。那天晚上，他跟母親說，他辜負了獨子。「今天我讓全家失望了。」他說。

不管是饑荒或是我們家的困境，我都怪不得父親，但是接下來一整個星期，我就是沒辦法正視他。每次看到他，就像看到自己的餘生。

我最大的恐懼成真了：我終究會像他一樣，成為另一個可憐的馬拉威農夫，在農地裡辛苦耕作，骨瘦如柴、全身骯髒、雙手跟獸皮一樣粗糙、腳上永遠沒穿鞋。我很愛我父親，也對他敬重有加，但是我不想跟他一樣，否則我的人生就不是由我作主，而是由雨水以及肥料和種子的價格來決定。我的命運將會跟每一個馬拉威人一樣，彷彿是上帝的旨意和憲法所規定：我會種植玉米，運氣好的話，也許還能種一點菸草。在風調雨順的年頭，就會有一點多餘的作物可以販賣，也許就能夠買一些藥和一雙新鞋子。但是我知道，大多時候能靠收成的作物勉強過活，就要謝天謝地了。我的未來已經注定，現在單想到那種光景，就把我嚇得想吐。但我能怎麼辦？沒怎麼辦，只能接受。

我沒時間哀怨嘆氣，玉米已經成熟，父親需要所有的人手到田裡幫忙，我帶著百感交集的心情去田裡採收。我深信再也無法回到學校，覺得進入玉米田就像是自投羅網，彷彿走進監獄，把自己關了起來。不過話說回來，老天啊，我們終於在採收自己的食物了。

收成總是美好的時刻，讓人回想過去幾個月裡，每天清晨四點起床的辛苦，上廁所時有蜘蛛作陪，田裡有土狼嗥叫，以及堆砌田壟、播種除草，還有長時間豔陽下曝曬的艱辛。我們整天都在採收玉米，心裡歡欣滿足，晚上帶著一肚子的食物入眠，睡得像獅子般酣甜。收成是回憶之前犧牲與付出的時節。

這兩年的天災人禍，足可比擬當年以色列人在沙漠中遍尋迦南地的艱辛（譯注：當年以色列人從埃及奴隸的地位，經過四十年沙漠流浪生活後，才得以進入迦南地，成為獨立自主的民族），現在彷彿上帝終於讓我們脫離奴役的勞苦，揭示我們的大獎賞：我們的玉米長得飽滿結實，是這幾年來最好的一次。

整整兩星期，我們忙個不停。首先是拿著大刀走在田壟之間，把高聳的玉米莖稈一一砍倒在地。後頭會跟一個人，把五到十根玉米莖稈聚成一堆，放在田壟間。這個步驟完成後，我們再把小堆莖稈聚集成較大一堆，叫做**姆庫歸**，我們會把玉米莖稈直立相靠，以防止白蟻和田鼠啃食玉米。

到了月底，我們聚集了四大堆的**姆庫歸**——這是許多季以來最多的一次。我和父親站在一起，欣賞這美麗的收成。

「真不可思議，」我嘆道。

「是啊，」父親附和：「吃掉那麼多**朵薇**，又被偷了那麼多，我們還是受到上帝的眷顧。看看這些玉米！」

「真是大豐收啊！」

我們把玉米從玉米莖稈上折下來，堆成小山，再用牛車運到家裡。我們用玉米支付租借牛隻給我們的人，以及賣我們殺蟲劑來預防象鼻蟲的店主。接下來幾星期，我們整天坐在庭院裡，把那一堆玉米的玉米粒剝下，裝入布袋裡收藏。我們一邊幹活，一邊聽收音機、談論天氣，生活恢復了正常。

倉庫裡，布袋再度裝著滿滿的穀物，圓鼓鼓、沉甸甸的沿著牆壁堆疊，布袋多到堆到天花板，甚至堆到門外。菜園裡的一些大豆也成熟了，這表示現在有三餐可以吃了。在饑荒時期消失的體重，現在開始慢慢回到身上。

「唉呀，爸爸，」母親跟父親說：「你之前真是瘦得不像話！」

「妳也是啊，媽媽，」父親開玩笑說：「我發現妳終於回到我們身邊了。不過威廉嘛，唉，真擔心一陣強風就把那小子從田裡吹走囉！」

現在我們能夠自嘲，因為只有在好年冬，才會真正承認荒年的艱苦。

收成終於結束時，我才能回到廢料場，繼續找尋風車零件。我在草叢裡看到一個東西，就會把它撿起來，納悶：**這是什麼東東？**卻又發現另一個更吸引我的零件。一天我在草叢裡尋寶時，找到四輪傳動裝置的差動齒輪箱，我用螺絲起子把它撬開，發現裡面有大量的黑色潤滑油，連忙刮起放入塑膠袋，以供將來使用。我也找到開口銷和糾結的鐵絲，還有可能永遠也不會用到的東西，比如煞車踏板、排檔桿，以及小汽車引擎的曲柄軸，但我還是全部帶回家。

我很幸運，因為我需要的最大材料之一，一開始就在我家屋簷底下。父親有一台壞掉的腳踏車放在客廳，就靠著牆壁，哪裡也去不了。它沒有握把，只有一個輪子，骨架生鏽得跟廢料場的東西不相上下。我好幾次都毛遂自薦要修理那台腳踏車，但是父親總是說：「可是沒錢啊！」

我決定問父親，是否能把他的腳踏車拿來用。這一天，我請他坐下來，耐心聽我解釋整個過程，腳踏車骨架會是風車的完美主體，堅固得能夠應付強風。風吹動葉片，就像人踩著腳踏車踏板，帶動轉軸和齒盤旋轉，接著鏈條就會帶動輪胎，讓發電器發電。

「電力哪！」我咧嘴笑著說：「就能夠抽水了！」

父親只是搖頭，然後說：「兒子，千萬別弄壞我的腳踏車，我已經損失這麼多收音機了，況且，有一天我們還會用到那輛腳踏車。」

我心想：**用來做啥**？你能夠免費得到燈光，還需要騎七公里的單車去買煤油嗎？呼，說服父親放棄那台腳踏車，可花了**好久**的時間哪！我肯定求了一小時，再次跟他解釋整個過程，差點又把收音機風車再組裝一次，好提醒他有電的好處。

「我有個計畫，」我說：「就讓我試試看嘛！想想看，有電燈的日子會多麼美好！而且還可以抽水灌溉，能多一次收成，就再也不會挨餓了。」

他考慮了一會兒，終於讓步，說：「好吧，你說的也許沒錯，但拜託不要搞砸了。」

我把腳踏車弄到手後，欣喜若狂，連忙把車牽進房間，靠著牆壁擺放，旁邊就是其他零件。我蒐集這些東西，很快的房間也變成廢料場，所有我視如珍寶的風車零件，整齊排放在房間的一邊，如避震器、牽引機風扇、軸承；為了以後方便尋找，我把大零件和小零件分開放。房間的其他部分則散置著我蒐集的額外廢物，角落裡、床鋪四周和房門後方，都有成堆的破銅爛鐵和舊零件，以備不時之需。

我不准姊妹清掃我的房間，擔心她們把這些寶藏當成垃圾，清除掉重要的零件。

「可是我們要刷地耶！」艾莎抗議。

「不用啦！」我大吼：「大家都不准進來，可以進來時，我再跟妳們說！」

我不在廢料場挖寶時，就窩在圖書館裡，或在吊床上讀書。父親雖然不完全瞭解我的風車計畫，但他非常難過沒錢讓我上學，因此不再逼我去田裡工作，這讓我的姊妹非常嫉妒。

「為什麼哥哥可以待在家裡，我們就不行？」一天多瑞絲問父親：「是因為他是男的，我們是女的嗎？如果他可以待在家，我們也可以！」

「妳哥哥有個計畫，」父親說：「如果他真的在浪費時間，終究會證明他的構想是行不通的。妳們女生顧好自己就行了，快去幹活吧！」

「是，爸爸。」她們嘴裡答應，卻氣呼呼的離開。

有父親撐腰，我早上和下午都可以自修了。我在計畫建造風車的同時，也仔細鑽研《物理學釋疑》裡頭跟電力有關的章節，得知電的特性、電如何流動，以及如何駕馭電力。我複習關於居家線路、並聯電路與串聯電路等章節，還有更多關於交流電與直流電的探討。我去圖書館一再續借這三本書，直到有一天，席科洛老師揚起眉毛打量著我。

「威廉，你還在準備考試嗎？你在忙什麼？」

「沒什麼，」我回答：「只是在打造某個東西罷了，以後妳就知道了。」

前往廢料場逐漸取代上學的渴望，那是我每天都學到東西的場所。我會看到怪異陌生的材料，試著想像它們的用途。有個東西看起來像老舊的壓縮機，但也許是地雷。我找到真正的壓縮機後，拿起來搖一搖，聽到裡頭的零件咯咯作響，這時我就會想盡辦法把它打開，一探究竟。我的想像力隨時都在運作，有一天，我假裝自己是偉大的修理工，仰著身子鑽進老舊生鏽的汽車和牽引機底下，受高密的雜草抱在懷裡。我向顧客大喊：

「發動！聽聽看聲音如何……踩下油門，用力點！停停停！太多了！」

引擎聲不太對勁，於是我直接跟客人說：「看來你的車子需要徹底檢修。我知道我知道，是很貴沒錯，但人生就是這樣。」

我向其他的修理工咆哮，他們又在偷懶了。

「菲瑞，今天你負責換機油！」

「是的，老闆！」

另一個修理工搖著頭走過來。又碰到困難了。

「坎寬巴先生，老闆，這台車我們修不來。什麼都試過了，還是有怪聲。您建議該怎麼做？」

「發動吧。嗯……沒錯……嗯……不出所料，是噴油泵的問題。」

「謝謝老闆！」

「應該的，應該的。」

我爬上鏽跡斑斑的老牽引機，用腳壓下發動按鈕，假裝開著它。「讓開讓開！你們老子坎寬巴要工作哪！」

我想像自己開著牽引機在田裡堆砌田壟，想以此彌補在烈日當空下揮舞鋤頭的所有日子。噢，真希望那些牽引機真的有一台能夠發動、運作。如果真的如此，我一定會把整座廢料場都搬回家。

不管我多迷戀廢料場，我的好心情總是無法持久。對街校園裡的學生很容易就看到我在敲打金屬，要是我不留意，他們甚至還會聽到我自言自語。我帶著建造風車的零件走出來時，他們會叫道：「嘿！你們看，是威廉哪，又在挖垃圾了。」

一開始我試著解釋建造風車的構想，但他們只是大笑，說：「唉呀，你在浪費時間啦！這垃圾沒用的啦！」

就連我偶爾試著偷偷溜進廢料場，也會有人從敞開的窗戶瞥見我，然後大叫：「這瘋子要又去抽羌巴啦！」

羌巴就是大麻。

幸好，的確有人擁護和祝福我。那就是傑佛瑞和吉伯特；不過傑佛瑞接受了大伯父穆賽威的邀請，前往奇邦巴（Chipumba）的玉米磨坊工作，這表示吉伯特是唯一不會嘲笑我的人。最後我決定，每當有人從校園裡朝我喊道：「威廉，你在垃圾堆裡做什麼？」我都只微笑回答：「沒什麼，玩玩而已。」

這些學生回家後，立刻跟父母報告廢料場瘋男孩的事，母親在交易市集很快聽到一堆傳聞。現在只要我帶著零件回家，她就會瞪著我搖頭嘆氣。有一天，她憂心忡忡的進來我的房間。

「你是怎麼搞的？」她說：「你朋友都不會這樣。你去吉伯特家，也不會看到他這樣。我是說，你看這房間！簡直是瘋子的病房，只有瘋子才會收集垃圾。」

那天晚上她跟父親說：「看他這副德行，永遠也娶不到老婆，就算娶得到，他又怎麼照顧她、餵飽一家人呢？」

「別管那小子，」父親說：「我們來看看他會有什麼驚人之舉。」

接下來的幾個星期，這些破銅爛鐵逐漸組合成形，像魔術方塊般排列出了道理。後來，我發現還需要更多的塑膠管，於是和吉伯特趁他父親不注意時，把他淋浴間的排水管挖了出來，水管上頭覆蓋了好幾公分的淤泥，臭氣熏天，我還得用手指刮乾淨。

水管清乾淨且擦乾後，我把它帶回家用弓鋸從中間鋸開。接著我在廚房後方用長草生火，把水管丟到火焰中。水管開始冒泡彎曲時，我把它撥出火堆敲平，再切割成四片葉片，每片長一百二十公分。我真想立刻把它們接在牽引機風扇轉子上，但是沒有螺帽和螺栓，於是又花了兩星期的時間，在廢料場查看每一塊金屬零件。但是我只有一個尺寸的扳手，對於大部分機械上的螺帽都過大，只好在扳手內部包一根腳踏車輪輻來補救，好不容易轉鬆了幾個螺帽，但是大多數的螺帽都生鏽得厲害，不是磨損了扳手，就是固執得動也不動。

於是吉伯特伸出援手。他去達德的五金行，用五十克瓦查買了一大袋螺帽和螺栓，我感激不盡，但還是沒錢請焊工把我的零件焊接起來。後來有一天在交易市集，突然福從天降。

當時我在那裡跟一些朋友玩**巴沃**，一個開卡車的男子在路旁停車。他從卡桑古市來，需要一些男孩幫他把木頭抬上卡車。

「我會付兩百克瓦查，」他說。

我揮舞著雙臂奔過去，叫道：「我隨時可以，我可以做！」於是男子叫我跳上後車斗，上面已經有大約十個男生。「認真工作啊，**千尤**男！」那些朋友叫道，他們知道我走了狗屎運。整個下午我忙著把原木丟入卡車，在烈陽下揮汗如雨，一輩子都沒工作得這麼快樂過。

有了兩百克瓦查，就可以請焊工把避震器焊接到齒盤上，好讓它旋轉。我也需要焊工在牽引機風扇的葉片上熔出小洞，才能把風車的葉片接上去。

果斯登先生的店面位於交易市集，在艾彭加理髮廳附近一個茅草覆蓋的棚子下。雖然我是花錢的大爺，但是果斯登看到我拖著零件走過來，還是忍不住放聲大笑。

「你要我把壞掉的避震器，焊接到只剩一個輪子的腳踏車上？」他嘲諷的問。有幾個人在無花果樹下玩**巴沃**，偷聽到我們的對談。

「啊哈，你們看，瘋子帶著垃圾來囉！我們聽說過你的事蹟哪！」

「哼，只不過是個遊手好閒、愛玩玩具的懶惰小子罷了，他**米撒拉**。」

米撒拉的意思是腦袋有問題。這種話我已經聽得煩死了。

「沒錯，」我沒好氣的說：「我懶惰、我**米撒拉**，但是我知道自己在做什麼，你們很快就會刮目相看！」

他們還是放聲大笑，於是我轉身對果斯登說：

「先生，回答你的問題，請把避震器焊接到腳踏車上，一定要對正。」

焊接好之後，我把腳踏車帶回房間，斜靠著牆壁放。看得出來大家為什麼說這像是瘋子的創作：避震器從齒盤上突出來，活像某個怪異機器人的臂膀，而機器人的肩關節是用融熔、變黑的鋼熔接而成的。我的葉片就擱在附近，高聳而美麗，它白色的表面燒得冒泡，有如炭烤棉花糖的表皮。此外還有一袋袋的螺栓和釘子，腳踏車鏈條上掛著油滴。牽引機風扇看起來像是耀眼燦爛的橘色星星，很快就會旋轉著穿過黑暗。我等不及要把全部的零件組裝起來。

但是即使有這麼偉大的設計，我還是缺一樣東西，一樣很重要的東西。跟上次一樣，我具備了所有的零件，只缺發電機。我到底要去哪裡找來這麼重要又昂貴的東西？我家沒錢，我不敢拜託父親出錢，讓我去五金行買腳踏車發電器。

於是我想到自己建造簡易的交流電發電機。我研究得知，發電機需要磁鐵、鐵釘和電線這類的簡單物品，但是這些材料也不好找。我沒有粗細剛好的絕緣電線可當成電磁鐵的線圈。我想到把收音機拆開，把裡頭馬達的電線拆下來，但是收音機馬達產生的電壓不高，因此它的電線又短又細。

接下來的幾個星期，我又回到廢料場把生鏽的車身底盤、邊緣鏽蝕的鐵板翻過來，在高密的草叢裡仔細挖掘，滿心期望當初在這一片破銅爛鐵中，我曾錯過一台發電機，或可以拆開來使用的交流發電機，或是腳踏車發電器。但是沒這麼好運。不幸的，我不是唯一在尋找這些材料的人；交易市集的一些小男生也發現了電動馬達的重要性，但是他們只是想拆下銅線線圈，用來塑造玩具卡車。

有一天我進入廢料場時，看到兩、三個小男生在那裡，我喊道：「喂，小子！」他們一聽之下拔腿狂奔，不曉得他們為什麼怕成這樣，也許是聽說過抽大麻的瘋子的故事，擔心自己小命不保。我走到他們剛剛站著的地方時，看到完美的電動馬達，但是電線已經拆了下來，躺在那裡像是象牙遭盜獵的大象。

找不到發電機，我開始擔憂永遠造不了風車。每次我看見別人腳踏車上的發電器（通常是壞掉的，或甚至沒有跟燈泡連接），我心裡就會想：**老天，多麼浪費啊！送給我吧，我來教你該怎麼用！**這段時期我看到幾個發電器，但是我不認識那些騎腳踏車的人，從來沒有勇氣攔下他們，只能每天早上起來，無奈的看著房間角落的一堆破銅爛鐵，然後去幫父親清理田地。到了晚上，我的風車零件就不會叫人看了心酸，因為黑暗吞噬了一切。

大約過了一個月，到了七月的一個星期五，我和吉伯特正從交易市集走回家。

「你的風車進行得如何？」他問。

「什麼都有了，就缺發電機，」我說：「要是有的話，明天就可以建風車了，恐怕這夢想永遠無法實現。」

「噢，真可惜。」

就在這時，一個傢伙推著腳踏車從我們旁邊經過，我從來沒看過他，但是他年紀跟我們差不多。他走過去時，我往下看，發現輪胎旁那熟悉的發光物。

「吉伯特你看，又是發電器。」

不過這時我已經不再害羞，連忙跑去問那傢伙，是否可以看看他的腳踏車。我彎下腰來，快速的旋轉踏板，這時車前燈（老舊的汽車燈泡）亮了起來。

「完美極了。」

吉伯特問那傢伙：「跟你買那發電器要多少錢？」

「吉伯特，不用，」我連忙制止，「我一毛也——」

「多少？」吉伯特問。

那傢伙一開始不願意賣，但最後讓步了；這時沒人會笨到拒絕現金。「兩百克瓦查，」他說：「包括燈泡。」

「我爸給了我一些零錢，」吉伯特說：「我們來買發電器，把風車建好！」

吉伯特的父親在饑荒時期把食物都分給民眾，現在又因為身體不好，不像以前那樣能夠常常下田工作，我很確定他們也沒什麼錢，但是吉伯特還是出錢買了轉子用的螺帽和螺栓送我，現在又把手伸進口袋，掏出兩百克瓦查（兩張紅色的紙鈔），交給那個人。我手忙腳亂的把發電器和燈泡拆下來，捧在手中。

「吉伯特，**吉柯摩—關比瑞**，」我說：「非常謝謝你，你是我這輩子最棒的朋友。」

吉伯特回家後，我奔回房間，把發電器放在其他零件旁，感覺像是把人生大拼圖的最後一塊放上去。

說時遲那時快，一陣強風吹開我的房門，一陣旋風衝進房間，把零件掃進懷裡，把風車組裝完畢，風車葉片在這一片飛旋的紅土中瘋狂轉動……或者，這只是一場夢罷了。

第十一章
真的有電可用了

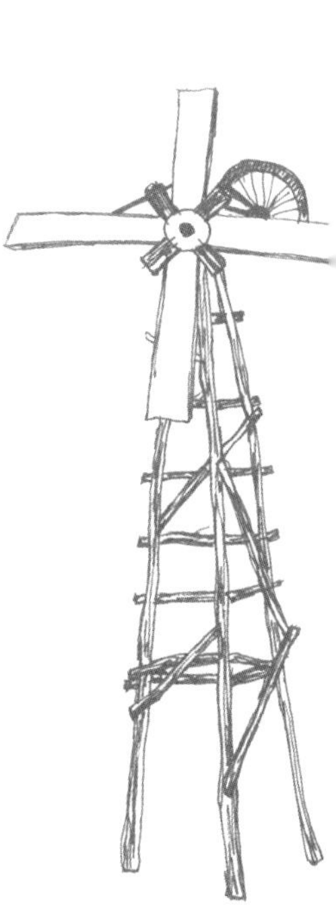

隔天吃過午餐，我開始組裝所有的零件。我把風扇、葉片、螺栓和發電器帶到外頭，在廚房後方堅硬光禿的土地上，排成整齊的一列。

這裡寬廣無雜物，是工作的好地方，也是打造風車的絕佳地點——離我的房間和廚房都很近，現在這兩個地方是我的實驗室、倉庫兼工作房。這裡也是宅院裡最陰涼的地方。早上十點鐘太陽照耀時，戶外廁所後方一棵高大的相思樹會投下長長的陰影，讓我能舒舒服服的幹活。下午太陽降到西邊時，換成廚房幫我遮陽。此外，東風從馬拉威湖吹過山頭急送而來，這裡恰好是宅院裡迎接東風的最佳位置。那天下午我開始工作時，多瓦高地的上空是清朗無雲的藍天，看起來寧靜莊嚴。

首先，我得把葉片接到牽引機的風扇上，於是去廚房準備鑽頭。我拿起以玉米棒當把手、長釘子為鑽頭的自製工具，插入火堆餘燼中，等鑽頭轉成火紅色，就在每一個塑膠葉片的頂端鑽四個洞，然後在葉片中央再鑽兩個洞。這個加熱鑽頭、鑽洞、再加熱鑽頭的過程，花了將近三小時。

接著我拿起一根較小的腳踏車扳手，用吉伯特買來的螺帽和螺栓，把葉片栓在牽引機的風扇上。我沒有像樣的墊片可使螺栓牢，於是接下來的一個小時，我到歐非西暢飲中心外頭蒐集瓶蓋，好做成墊片。

「唉呀你看看，」暢飲中心門口的醉漢說：「政府終於來清路了。嘿！小子，買一瓶請你老子喝如何？跟你說，我是孤兒哪！」他眼睛往上吊的程度，幾乎讓整個身子往後仰。

「抱歉，我沒空。」

蒐集了十六個嘉士伯啤酒瓶蓋之後，我擺脫他們的糾纏，匆匆回到家，趕緊敲扁瓶蓋，把螺栓鑽入瓶蓋中央。大小剛剛好。接著我用鐵絲在每一個葉片綁上九十公分長的竹竿，做為強化葉片的骨架。組裝完畢後，葉片系統的翼展超過兩百四十公分。

為了把葉片系統接上腳踏車骨架，我把轉子和葉片放在四個泥磚上，就像墊高車子一樣，好在下方的空間進行工作。現在的挑戰是把腳踏車連接到葉片上。腳踏車沉重且不易平衡，尤其齒盤又外接了一個避震器。我好不容易舉起腳踏車並把它翻轉過來，讓避震器指向地面，然後把避震器用力塞進風扇和葉片中央的洞孔。現在腳踏車穩當的以轉軸為支點。我彎身到葉片系統下方，把開口銷插入避震器的另一端，把它鎖緊。

我把發電器安裝在腳踏車骨架上，使發電器的金屬輪子緊貼著輪胎壁，接著重新把鏈條扣在前、後齒盤上，確定咬合密實，不會鬆落。

現在是傍晚，宅院裡幾乎空無一人，姊妹們去跑腿辦事，父親到附近的村莊參加喪禮。我

第一座大風車的牽引機風扇和拴上去的葉片。照這張相片時，我已經把嘉士伯啤酒瓶蓋換成真正的墊片，又加了一些釘子，除此之外的其餘部分都保留原狀。

湯姆・雷利（Tom Rielly）攝

工作時，聽得到母親在廚房裡準備晚餐的哼歌聲，她偶爾會跟靜靜躺在門邊簡陋嬰兒床裡的提雅米格輕聲說話。收音機一反往常沒有打開，我享受了難得的寂靜，廚房裡飄來的豆香令人垂涎欲滴。這個下午，沒有人打擾我。

安裝好發電器和鏈條後，天色已經暗到無法繼續工作了。我從井裡汲了一桶水，加熱後用來洗澡，然後走去客廳吃晚餐。妹妹蘿絲剛買東西回來，在我要去客廳時瞥見我，她和其他姊妹正圍著風車咯咯發笑。

「哥，一整天都沒看到你，」蘿絲說：「交易市集的人都在問呢！」

「妳哥是大忙人，」我說。

「我跟他們說，你在玩那些金屬，要用來發電的。」

「差不多啦，」我微笑著說：「等著瞧吧！妳們大家很快就會嚇一跳的。」

吃了晚餐之後，我拖著疲累的身子回到房間，不一會兒就沉沉睡去。

隔天早上天一亮，我立刻起床準備繼續工作。我得想辦法搬動這沉重的機械，於是又拿起一根長竹竿，沿著車架用繩子綁緊，當成把手。

我的計畫是建造一座木頭塔架，把風車放在頂端，但首先要確定風車是否真的可以運作，這麼一來我還需要一個臨時的塔架。我有另一根竹竿，直徑超過十五公分，我把長鐵釘做成的鑽頭加熱，在竹竿頂端打一個洞，然後把竹竿用力插進紅色土壤裡。

我忙著這麼做時，看到傑佛瑞騎著腳踏車過來，他這一天正好休假，從奇邦巴回來看我。

「唉呀，老兄，來得正是時候，」我說。

「還在造風車嗎？」

「是啊，我全部組裝好了。老兄，真高興你在場。幫我把這東西抬起來，綁在竹竿上。」

我們先用彎折的腳踏車輪輻卡住車輪，免得它轉動，然後小心的舉起風車。傑佛瑞用鐵絲和割成條狀的橡皮內胎，把風車緊緊的綁在竹竿上。

「噢，你看看！」他說。

我繞著風車走一圈，從各個角度打量，彷彿它是頭怪獸。

「真美！」我讚嘆。

「準備好了嗎？」他問。

「好了。」

傑佛瑞解開卡住車輪的輪輻，葉片就開始旋轉，一開始很慢，接著愈轉愈快。葉片轉動得太快，不出幾秒，鏈條就啪一聲斷掉了，竹竿差點倒下來。

「扶好！」我大叫，我和傑佛瑞連忙接住風車，才沒讓它掉到地上撞得四分五裂。

幸好我鑽的洞寬了點，才能夠扭轉竹竿，把風車轉離來風的方向。葉片停止旋轉時，我開始修理鏈條，一修就是兩小時。

這次的測試，也是要確認發電機能不能產生足夠的電流，於是我拿起腳踏車發電器的電線，塞入國際牌收音機的交流電插口，這收音機是父親的，要用四顆電池驅動。風又吹動了葉片，說時遲那時快，音樂聲傳了出來。成功了！但是收音機的喇叭開始冒出黑煙，而且差點著火。

「啊，糟糕，你爸的收音機！」傑佛瑞慌張的東張西望，看我父親在不在。

我興奮得天塌下來也不怕。「傑佛瑞，有沒有看到來電了？」我問：「有沒有看到？」

收音機報銷，因為我忘了腳踏車發電器產生的電壓是十二伏特，而收音機只能承受六伏特的電壓。此外，風吹動葉片的速度，也比由人踩動的速度快很多，因此造成電力激增。我得想辦法降低電壓才行。

我在《物理學釋疑》裡曾經讀到電壓，幸好那本書就在房間裡（我是唯一借過這本書的人）。我翻到曾看過的一張圖解，那是一張畫出了十二伏特低電壓的交流電源（就跟我風車產生的一樣）讓兩顆單獨的燈泡發亮的圖示。燈泡與電源之間用極長的電線連接，其中一顆燈泡非常亮，全因為有一種叫做變壓器的東西，會提高交流電的電壓，增強電力。但是第二顆燈泡沒有用變壓器，因此能量就以熱能的形式，在流經電線時散發出來而逸失，這叫做能量耗散。

既然能量在傳遞的行徑很長時，會因為電線的電阻而耗散，我認為這個道理也許可以應用在發電器和收音機上。我回到廢棄的收音機零件堆裡，找到一個舊馬達，敲開後拿出線圈。我解開這條很長的銅線，把它繞在木棒上，銅線的一端連接發電器，另一端跟收音機相連，這麼一來，就能耗散夠多的電力，收音機運作時不會再有電力過強的問題。

接下來兩天，風車依然掛在竹竿上，隱藏在房屋的後方，沒有人看到。在這同時，我、傑佛瑞和吉伯特展開搭設塔架的工程。一大清早，我們三人在我家前面集合，抓起一把斧頭和幾把大刀，就走去傑佛瑞家後方的藍桉樹叢。這就是我深信自己遭泡泡糖商人施了魔咒、躲藏起來的那片樹林，也是我祕密接受巫術卻仍被揍得很慘的那片樹林。現在我又回到這裡砍樹，為了建造一座通往科學和創造的階梯——科學和創造，比任何巫術都來得真實偉大。

我們慢慢穿過樹林，仔細打量每一棵樹，最後選中一棵高約六公尺的大樹。

「這棵夠高、夠堅固嗎？」我說出心中的疑惑。

吉伯特和傑佛瑞都點頭。

「那就動手吧！」

我們三人掄起大刀，朝樹幹猛力揮砍，僅僅十分鐘，大樹就應聲倒地。接著削去樹枝，我們用手剝除樹皮，然後又砍了兩棵類似的樹，把它們裁枝剝皮，一直工作到下午。到了三點鐘，我們扛起長杆走回家。

我們先在廚房後方挖了三個一公尺深的洞，彼此呈等距離。為了預防白蟻蛀蝕，我們用黑色大塑膠袋包住長杆底部，再把杆子埋入洞裡。傑佛瑞自願貢獻從玉米磨坊賺得的薪資，買來一袋釘子。我們用砍下來的樹枝當加固物，開始把它橫釘上去，看起來就像是梯子的橫檔一般。

我們從離地一百二十公分處開始往上釘，免得小孩看到就想攀爬。第一階的橫檔釘牢後，再踏上去釘下一階，把斧頭的背部當成鐵鎚來敲打。

太陽下山時，塔架已經搭好了，高達五公尺，而且相當堅固，但是從近處看起來，卻更像是喝了太多卡恰索烈酒而巍巍顫顫的長頸鹿。

「紳士們，回去睡覺休息吧，」我吩咐：「明天我們再把風車裝上去。」

吉伯特和傑佛瑞在隔天早上七點左右現身。

風車的骨架重約四十公斤，我知道把它安裝上去的唯一方法，是用繩子和滑輪吊上去。我沒有夠堅固的繩子，於是把母親那條粗硬的曬衣鐵絲拆下來，綁在風車的竹竿把手上。

我拿著曬衣鐵絲的另一端，爬上塔架，把鐵絲繞過頂層橫檔，再往下丟給吉伯特。傑佛瑞站在我下方的中層橫檔上，好引導吊上來的風車。我站在頂層橫檔，視野恰可越過相思樹的樹梢，看見一塊塊田地與高地接壤的地方。

「好，吉伯特，」我喊道：「吊上來吧！」

他小心翼翼的開始拉鐵絲，首先是風車的把手慢慢抬高，接著整個骨架搖搖晃晃的升入空中。

「小心點！」

我們三個用盡吃奶的力氣拉著鐵絲。

「兩位，用力啊！」我叫道：「讓我瞧瞧你們的肌肉！」

「我已經盡全力啦！」吉伯特用力拉著曬衣鐵絲說。

「傑佛瑞，別讓它掉下來。」

「你管好你的工作就好，我會管好我的！」他回答。

風車一寸一寸的往上移動，鐵絲每拉動一下，風車就會微微搖晃，笨重的葉片便撞上木頭塔架。風車有兩、三次卡進橫檔，還得要傑佛瑞用力扳開來。

「別讓葉片斷掉！」

「知道啦！」

大約花了半小時，終於快把風車拉到頂端，風車把手一靠近，我就連忙抓住，向底下的吉伯特喊道：「可以綁了！」

吉伯特把鐵絲纏繞在長杆底部，讓風車固定在那個高度。我抓穩把手後，傑佛瑞爬上來跟我一起安裝風車。

前一天，我們把從腳踏車輪軸拔下的螺栓加熱，在木杆上鑽了兩個洞。(用我自製的鑽頭，把平頭螺栓鑽進直徑二十公分的木杆，要花很久的時間。）我們也把腳踏車帶到果斯登的店裡，請他用噴燈在車架的上管，燒出兩個對應的洞。

傑佛瑞從口袋裡掏出螺栓、墊片和螺帽時，我穩住風車，對齊四個洞。我可以感覺手臂快被風車拉斷了。

「快一點，很重欸！」我催促。

「已經盡量快啦！你撐著點，讓我弄好。」

傑佛瑞插入螺栓，用扳手旋緊。風車固定後，我們四目相望，綻開笑顏。這座風車摸起來堅固強壯。微風吹涼了我臉上滴下的涔涔熱汗。我迫不及待想看到葉片轉動。

傑佛瑞爬下塔架時，我繼續留在上頭，把四周風景納入眼底。北方看得到交易市集的鐵皮屋頂，以及大街後方那一排棕色的茅屋。接下來，一件怪事發生了：一排人士開始慢慢從大街進入小巷，往我這邊走來。他們從市場那邊看到我的塔架，正朝我家前進。幾分鐘之後，十幾個人聚集在塔架底部，我認得幾位戴著圓帽、穿著長袍的商人，其中一個叫做卡里諾。

「這是什麼東西？」他問。

由於奇切瓦語裡沒有風車這個詞，我用「**瑪皆其—過—姆非波**」這個說法。

「電風。」我回答。

「做什麼的？」

「用風來發電，我來示範給你們看。」

「不可能啦！」卡里諾笑著說，然後轉身要群眾附和，「看起來像發射臺，這是哪門子的玩具？」

「往後退一點，仔細看好！」

我跳下塔架，奔向臥室，拿出最後一個零件。那天早上，我找到一根粗圓的蘆葦，割下約二十五公分長的一段——腳踏車發電器的小燈泡放在上面，大小剛好適合。我把燈泡底部用長銅線纏繞，多出來的銅線則從蘆葦稈穿出來，垂掛在外頭，這就是我的燈座。

我拿著蘆葦稈和燈泡，再度爬上塔架，把燈泡的電線跟發電器的電線絞在一起。這時，抵達的人愈來愈多了，我用眼角餘光掃過底下你一言我一語的群眾。

「你覺得他現在在做什麼？」叫做板達的農夫說。

「這就是我小孩說的那個廢料場的瘋子，」一個胖男人回答：「他母親可真歹命喲！」

我把視線放遠一點，看到父母親和姊妹在群眾的後方徘徊，眼睛睜得大大的在等待，他們的嘴巴微微張開，彷彿再幾秒後我就要投下炸彈。現在，我可以不假思索的進行動作，畢竟我已經為這一刻練習了好幾個月。

除了我的家人，現場還聚集了約三十個成人，小孩的人數也差不多，他們都對著我指指點點。

「來看看這小子的腦袋秀逗得多嚴重！」

「安靜！好戲要上場啦！」

一陣穩定的風掃過塔架的木梯橫檔，帶起了鏈條潤滑油和熔化塑膠的混合味道。彎折的腳踏車輪輻依然卡住風車，防止它轉動，但是現在風車在微風的吹拂下，吱嘎呻吟，彷彿在懇求我解開束縛。

好戲開鑼！

我抓住腳踏車輪輻，猛然拉開。這時，葉片開始轉動，鏈條咬緊了齒盤，輪胎慢慢轉動，一開始還咿啞吱叫。這一切都是慢動作，我需要風車快轉，而且立刻辦到。

「加油啊！」我懇求：「別讓我丟臉！」

慢慢的，葉片加速旋轉。

加油，我在心裡吶喊，**快點！**

然後，一股強風猛然吹襲我的身體，塔架晃動了一下，我一個不穩，連忙伸出胳臂圈住橫檔，頭部後方的葉片這時像高速旋轉的螺旋槳。我把燈泡拿在胸前，等待奇蹟發生。燈泡閃爍了一次，首先只是一剎那的微光，接著閃出一道明亮絢麗的光芒，我的心臟差點爆破。

「看，」有人叫道：「他製造了光！」

「他說的是真的哪！」

一群學童推擠到人群前方，好看個清楚。

「你看那轉得多快！」他們嘆道。

這是一道燦爛奪目的光芒，而且百分之百是我創造的！我兩手高舉、歡聲高呼，咧嘴大笑，激動得頭都開始暈了。我一手圈住橫檔，穩住身子，手上的燈泡明亮耀眼，我看著底下的眼睛——現在是不可置信的大大張著。

「電風！」我大吼：「就跟你們說我沒瘋！」

群眾一個個開始歡呼喝采。他們雙手高舉空中，鼓掌喊道：「**瓦其塔維吶**！做得好！」

「威廉，你辦到了！」

「我們之前懷疑你，可是看看你現在的成果！」

「我成功了，」我說：「現在要擴大規模，等著瞧吧！」

大人們朝我大喊、問問題，但是聲音遭我身後葉片快速旋轉的咻咻聲淹沒了，於是他們圍著吉伯特和傑佛瑞盤問，想知道細節，他們倆笑得合不攏嘴。

我在上面站了半小時左右，把四周的一切盡收眼底，這的確是站著欣賞風景的好地方。最後，燈泡因為通電而燒得過燙，我不得不放手，才爬下了塔架。

那天傍晚，我用鐵絲把燈泡固定在風塔的頂層橫檔上，才離開。這項成功

我的第一座大風車，高達五公尺，利用十二伏特的腳踏車發電器來發電。這是我最得意的創作。

威廉・坎寬巴畫

之舉依然讓我興奮得坐立難安，需要消耗一點能量，於是跑去交易市集風光一下，沐浴在眾人的欽佩與稱讚中。從市場攤位看得到山谷底那顆燈泡，正在陣陣熱風中閃爍。我站在那裡好一陣子，就只是這麼觀看著它。

「底下那是什麼？」旁邊一個男人問，他手上抓著一袋番茄，「轉得像個直升機。」

番茄攤的老闆叫做瑪姬，是我母親的朋友。「唉呀，就是這個男孩造的，」她說：「你何不問他？」

「真的假的？怎麼可能？」

我又把同樣的道理跟大家解釋一遍。

「我還是搞不懂，」他說：「我得親自去看看才行。」

接下來一個月，每天大約有三十個人前來，就為了瞪著亮光瞧。

「你怎麼辦到的？」他們問。

「認真工作，還有做一堆研究，」我總是這麼回答，盡量不顯得太得意。

這些觀眾當中，有許多是從其他縣市到市場做生意的商人。對到處做買賣的商人來說，風車成了路邊的觀光景點，是經過溫貝鎮時必須停下來參觀的地方。其他人則是從外圍村莊騎著腳踏車過來，腳踏車後方架子上，還用割成條狀的橡膠內胎，綁著雞隻和一袋袋的玉米。

頭上頂著玉米粉的婦女，會停下來跟母親說話。

「上帝待妳不薄，」一名婦女說：「妳生了一個能創造奇蹟的孩子，你們再也不用忍受煤油燈了。」

經過的男人會找我父親說話。

「你兒子做的？」

「對。」

「真是聰明的男孩，他哪來的點子？」

「他讀了很多書，可能是從書上看來的。」

「學校有教這種東西？」

「他被迫輟學，是他自學研究的。」

那個月我忙著清理田地，好為下一個播種季節做準備，我每天都滿心歡喜的工作。如果我在最靠近宅院的那塊田地工作，揮舞鋤頭一陣子就會停下來，只為欣賞葉片旋轉的樣子。

每天晚上回家時，母親都會說：「今天來了更多人，他們問了好多問題，我又解釋不清楚，就叫他們改天再來一趟。」

一天晚上，我跟吉伯特和傑佛瑞在理髮廳附近玩**巴沃**時，交易市集又因為斷電而陷入一片漆黑。我趕緊趁黑溜回家，把燈泡接上電源後再跑回來。

「真是的，沒事就斷電，氣死人了！」一個男人說，用帽子遮住頭，然後離開理髮廳。

「斷電？」我笑著問：「什麼斷電？各位大人有沒有看到我家啊？」

艾彭加先生從理髮廳裡探出身子，手中依然握著斷電的理髮剪，說：「我覺得你很高興我們斷電，因為這樣你才能拿『電風』來炫耀。」

「或許吧！」我說。

一個月後，我開始進行把燈光牽引到我房間的工作，這需要用到很多電線，但是跟以前一樣，我沒錢可買。幾天過後，我和吉伯特在交易市集附近，恰瑞提的家消磨時間，看到他們用好長的漆包線（正是我需要的那種）當曬衣繩，而他房間角落還放著好大一捲。

「唉呀，老兄，」我跟恰瑞提說：「我那麼需要這種電線，你竟然拿來亂用！」

恰瑞提說，電線是他幫他當卡車司機的舅舅幹活，得到的酬勞，看在親戚的分上，我想要的話，他可以給我折扣。我說我得先賺點錢，可能在市場或哪裡找個工作。

「我現在就去找，」我說，但是還沒走遠，吉伯特就掏出一百克瓦查給恰瑞提。就這樣，我得到了三十公尺的電線。

「吉伯特，這正是我需要的，」我說：「現在我的房間終於有燈了，我保證會還你錢的。」

「算了啦，」他說：「趕快在你房間裝上燈泡吧！」

再一次，就在我感到希望渺茫時，吉伯特伸出了援手。

我從恰瑞提那邊衝回家，手中緊緊抓著那一捲電線，奔下小徑，進入山谷，在屋子前方一塊林間空地附近煞住腳步。這裡看得到風車，葉片正在飛速旋轉。我每次看到風車，胃就會翻騰一下，我深吸一口氣，才繼續跑回家。

我把電線從木軸上一圈圈解開，測量發電器和房間的距離，為了保險起見，又多拉出了幾公尺，然後用刀子割斷。我一手拿著電線爬上塔架，把繫在頂層橫檔上的蘆葦稈和燈泡拆下來，拉開原先接在上面的發電器電線。我可不想觸電，所以避免同時碰觸到燈泡與發電器的電線。風愈來愈強，葉片轉得飛快，離我的頭又那麼近，真擔心被削成光頭。在好一陣的扭轉和拉扯之後，兩邊的電線終於分開了。我把燈泡和蘆葦稈放入口袋，再把新的漆包線跟發電器的電線絞緊，在連接處用黑色塑膠袋包住，然後爬下塔架。

我房間的屋頂是用幾根藍桉樹樹幹當骨架，上面放一片黑色塑膠板，再鋪上幾層茅草。我把梯子斜靠在房間的外牆，找到中間的橫樑，用電線纏繞幾圈，留下大約兩公尺的長度，接著用長竹竿鉤住電線尾端，順著橫樑用竹竿把電線往前推進房間，穿入塑膠板和屋頂茅草之下。

我進入房間，抓住電線，站在床上把電線繞上橫樑。我再度接上蘆葦稈和燈泡，這時燈泡亮了起來。我跑去把房門關上，覺得這新接來的電力真神奇。我的窗戶只是牆壁上的一個裂縫，沒辦法真正引進光線。現在房門關著，燈泡照亮了一切，我看到角落裡堆放著破銅爛鐵，泥地上零星散落著的螺帽、螺栓和剪下來的小段電線。我終於擁有明亮的私人空間了。

姊妹們看我跑進房間、關上門，於是過來敲門，問個究竟。

「我們可以看嗎？」多瑞絲問。

「進來吧！」我說。

那天晚上，我躺在床上望著上頭的燈泡，它配合外頭葉片轉動的嘎吱聲，閃爍著黃光，明亮得足以讓我看到手和腳，以及身旁從圖書館借來的書籍。父母和姊妹們都擠進我的小房間想親眼看看，同聲驚嘆我們家的這個新裝置。

「看看威廉，現在可以熬夜囉！」父親說。

「兒子，恭喜啊！」母親說：「跟你說，我們其他房間也想裝這種燈，有辦法嗎？」

「唔，」我開玩笑說：「妳確定要用瘋子產生的電力？」

「唉呀，你已經證明大家都錯了，」她微笑說：「不過我得承認，之前真的很替你擔心哪！」

「要是沒有風，怎麼辦？」蘿絲問。

「這個嘛，」我回答：「燈就會熄滅，我也拿它沒轍，不過我已經在計畫安裝電池了。」

我解釋，要是有一個汽車電池和更多電線，就可以儲存電力，在沒風的時候使用。有了電池，整個房子都可以有燈光了。這當然要一步一步慢慢來，但是完成後，父母用來買煤油的錢就能省下來，而這只是初步的小小甜頭而已。我的下一座風車，會幫田地抽水灌溉。有朝一日，風車將會是抵擋飢餓的盾牌。

那天晚上，我興奮得睡不著。大家回房休息後，我翻開《物理學釋疑》，為下一步做準備。我不時會停下來，看著頭上的燈，欣賞它閃爍不已的樣子。它散發的溫暖光芒，為牆壁和書頁

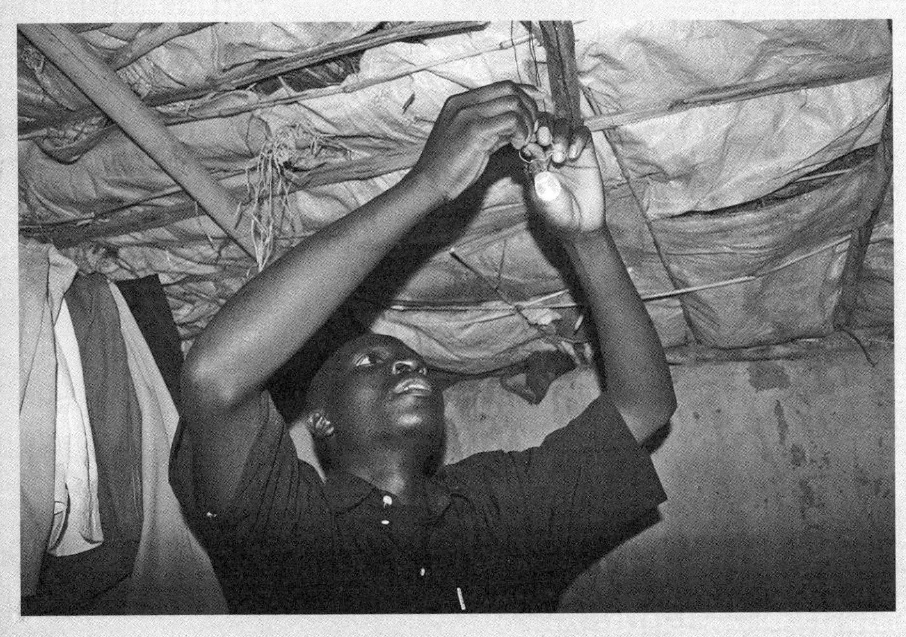

我在房間裝設燈。你可以看到，這只不過是垂掛在天花板的汽車用小燈泡。

湯姆・雷利（Tom Rielly）攝

染上暈黃的顏色，照亮了從外頭湧進的紅色沙塵。

那天晚上，勁風依舊弗弗吹動著。

第十二章

摸摸牆壁燈就亮

如同我之前跟蘿絲解釋的，沒有風，風車就不會轉動。在平靜無風的夜晚，我還是得在伸手不見五指的黑暗中尋找火柴，改變這種情況的唯一方法，就是找到汽車電池。但是在等待電池出現之際，我還是盡量把風車電力應用在其他方面。

堂姊露絲是蘇格拉底叔叔的女兒，她剛好從姆祖祖鎮來訪。露絲已經結婚，因為有手機，經常要麻煩我幫忙把手機拿去交易市集充電。交易市集有幾個傢伙，替家裡沒有電的人充電手機而大發利市。這些人跟店主商量好，把延長線拉到店門外的小遮陽攤位。他們賣電話預付卡，有些人甚至在桌上擺著手機，你可以付費打電話，有點像露天電話亭。這種攤位在馬拉威到處都有，在里朗威這類較大的城市裡，有些人甚至在人行道或泥路上，用這種方式提供影印和電動打字服務，讓人們準備履歷表、打電話找工作。當然，不時出現的斷電，可不利於他們做這種生意。

有一天，露絲又要我去交易市集為手機充電，我嘀咕抱怨，她回道：「你用那台風車幫手機充電，不就好了嗎？它不是會產生電嗎？」

這點我已經想過，但是腳踏車發電器的電壓並不足以為充電器供電。我的發電器產生的電壓是十二伏特，但是充電器需要兩百二十伏特的電壓。十二伏特供一顆燈泡的用電綽綽有餘，但是對於耗電更大的工作，這樣的電力就太弱了。

我已經知道，電在電線中流動的距離很長時，會喪失一些電能，我拿收音機來測試發電器時，應用的就是這個道理。但是要替手機充電，我得做一個叫做升壓變壓器的東西。

世界各地的電力公司，尤其在歐美國家，總是到處在升高電壓。發電廠的大型交流發電機會產生電力，但就跟我之前實驗證明的一樣，電力在輸送到用戶家的過程中，強度會減弱。為了補救這個問題，電力公司會在配電沿線安裝升壓變壓器，先把電能提升，再送出去。

升壓變壓器有主、副兩個線圈，並排纏繞在鐵芯上。交流電的電流方向會不斷的來回改變，這改變造成主線圈在副線圈上產生感應電荷，這個過程叫做「互感應」，意思是一個線圈的電壓會「跳」到另一個線圈上，使得整體的電壓增加。這是我在《物理學釋疑》裡「互感應與變壓器」這一章學到的，這一章還放了一張男人的照片，他頭髮花白、打著蝶形領結。照片裡的人是電學之父法拉第（Michael Faraday, 1791-1867），他在一八三一年發明第一個變壓器，那種感覺一定很棒。

我參考這一章的圖示，決定自己做一個升壓變壓器。首先我用銳利的鉗子把鐵板剪成 E 字形。圖示顯示的是二十四伏特變壓為兩百四十伏特。我知道電線每多一匝，電壓就會增加。圖示上畫的主線圈有兩百匝，而副線圈有兩千匝。圖示下方有一堆數學方程式，大概是解釋要如何換算，但我只是發瘋似的把電線一圈圈纏繞，希望能成功。

我把發電器的電線與主線圈相接，副線圈則是直接連接手機充電器的插頭。我把那些沒裹上塑膠絕緣體的電線接上充電器時，受到不小的電擊。接好後，我準備把手機插上充電器，這時露絲站在我身旁仔細觀看。

「別弄壞喔！」她警告。

「我很清楚自己在做什麼，」我撒謊。

我把手機插上充電器，結果手機並沒有燒壞，而且螢幕發亮了，邊角的電力顯示橫槓正上下移動著。成功了！

「看吧，」我說：「就跟妳說嘛！」

為了用電更方便，我進一步在臥室牆壁上設置插座，就像吉伯特家的一樣。我有一台收音機，可以放電池或用交流電來供電，通常這種收音機的電源線一端，會連接機子上的交流電插口，另一端插在牆壁的插座上。

我純粹只是把原來的系統轉移到牆壁上，以方便在房間使用電力。我拆下收音機的整個交流電插口，安裝在牆壁的固定器上，這固定器是用敲平的塑膠管做的。我在牆上割出一道缺口，裝上固定器，看起來就像一般的插座了，然後再從外頭接上風車的電線。我重新把收音機的電源線插上交流電插口，再把通常要插入牆壁的插頭剪下，然後把這些剪斷的電線直接連接手機充電器。這麼做有點逆向而行，但卻行得通。這項發明的消息傳到交易市集後，來這裡充電手機的隊伍延伸到路上。

大多時候，人們還是假裝懷疑我真的有這種本事，可能是希望我因此就不敢收錢。

「你確定這東西可以幫我的手機充電？」

「確定。」

「證明給我看。」

「看吧，正在充了。」

「老天，你說得沒錯，不過再繼續充一會兒，我還是不太相信。」

在利用這種方式兩個月後，我終於要擴大規模了。我一直在留意汽車電池，有一天發現恰瑞提家就有一個。

「路上找到的，」他辯稱：「肯定是卡車掉下來的。」

不管電池打哪來，我硬是跟他死纏爛打，他終於同意賣給我，而且是分期付款慢慢還。

我從書上得知，替電池充電（電池使用的是直流電），首先要轉變腳踏車發電器產生的交流電。書上講到的二極體（整流器），許多收音機和電子產品都有，它能把交流電轉為直流電。我需要的那種整流器，外型類似小型一號電池再插上長鐵叉，讓我想到小男孩在路邊擺攤賣的煙燻老鼠點心。我研究圖片後，打開一台壞掉的六伏特電壓的收音機，輕而易舉的找到二極體。我再次把一根粗鋼索在火中加熱，拿來做為烙鐵之用，把二極體熔接在串連風車和電池的電線上。這工作太簡單了。接著，我把標準型交流電手機充電器換成直流電模組，那是露絲堂姊送的，它可以插進汽車的點菸器。

有了汽車電池，就可以在屋內多裝三顆燈泡，全是以並聯電路運作。基於某種原因，改成直流電後，腳踏車發電器的燈泡還是能點亮，但是大多數家庭使用的普通白熾燈泡只能用交流電，所以我得尋找替代品，最後在達德的五金行找到使用直流電的小車燈——一個是煞車燈，另外兩個是車前燈。我把一顆燈泡安裝在我房門外的上方，另一顆裝設在父母臥室裡，第三顆裝在客廳。汽車電池要是儲存了滿滿的電力，可以使用整整三天，就算沒有風也可以供電。

我用鐵條和腳踏車輪輻，為每一顆燈泡製作簡易開關。至於開關按鈕，我需要不具傳導性的好材質，而且要能輕易做成想要的形狀。於是我用刀子從壞掉的舊夾腳拖上，割下幾個圓鈕釦的形狀，把這些開關按鈕鑲嵌在用熔化塑膠管做的小盒子裡。

標準的電燈開關有三條獨立的電線：一條從電源接到開關，第二條從開關接到燈泡，第三條從電源直接接到燈泡。每當我按下夾腳拖鞋做成的按鈕，輪輻和鐵條就會接上電極而完成了電路。

我終於能夠像吉伯特一樣，摸摸牆壁，燈就亮了！

線路接好後不久，一天晚上我走進客廳，看到全家坐在裡頭聆聽收音機。母親坐在角落的地板上，正在用鉤針編織一塊美麗的橘色桌布。父親和姊妹只是瞪著前方，迷失在一號電台的新聞節目中。我假裝是電台的新聞記者，拿著麥克風闖進來。

「我現在站在可敬的『教宗』坎寬巴的客廳，」我以低沉嚴肅的嗓音說：「坎寬巴先生，以前客廳在這個時候總是那麼黑暗憂傷，現在看看你們，就像都市人一樣享受電力之便哪！」

「噢，」父親微笑著說：「比都市人還更享受呢。」

「你是說因為不會斷電，而且不欠馬拉威電力供應公司錢？」

「嗯，是啊，」父親說：「還因為這是我兒子創造出來的。」

晚上有燈可以用，大幅改善了我們家的生活，不過還沒到達十全十美的地步。我用的電池和電線，品質並非一流，恰瑞提賣給我的電線已經半點不剩，所以我用的主要是在廢料場找到的零碎電線。其中一些本來就不是拿來通電的，但我還是照用不誤。這些熔接拼湊而成的電線，沒有包裹絕緣塑膠，連接到電池的電極時，常會迸出火花。由於我沒有像樣的導線塑膠管可蓋住這些電線，因此連接燈泡和開關的正、負極電線只能直接釘在牆上和天花板上，活像一堆聖誕裝飾燈。我很小心不讓這些電線交叉互碰，因為我家寒酸的屋頂是用木頭和乾草搭成的，很容易著火。

更糟的是，支撐屋頂茅草的藍桉樹幹早就白蟻為患，每晚我準備就寢時，都會聽到牠們啃蝕木頭的聲音，早上起來就會發現地板上有小堆小堆的木屑粉。牠們永不歇息的好胃口，終於把橫樑蛀得中空，因而微微下垂，再加上有一堆裸露的電線纏繞著，屋頂就更加危險，過沒多久差點釀成大禍。

一天下午，在一陣暴風雨過後，我從傑佛瑞家回來，發現橫樑可能在強風吹襲下終於斷掉了。天花板中央下陷，地板上滿是泥土和草料。斷掉的橫樑也把幾百隻蠕動的白蟻，一股腦傾注到地板和床上。

一開始我試著把白蟻掃開，但是數量實在太多，掃也掃不乾淨。不久之前，父親買了幾隻雞，我從敞開的房門望出去時，正好瞧見牠們成群結隊經過。

「過來啊！」我叫道：「看看我有什麼點心給你們吃！」

我把一些白蟻丟到門外，引誘雞隻進門。牠們一明白房間裡有山珍海味等著，簡直如飢鷹餓虎；很快的，地板和床上擠滿了雞，牠們興奮得粗聲咕叫、拍打翅膀，啄食毫無招架之力的白蟻。

「把牠們全吃光光！」我吼道：「一個活口也不留！」

白蟻事件引發如此大的騷動，我居然沒聞到燒焦味。我把雞趕出去後，仔細察看從天花板垂下來的斷裂橫樑，發現電線在天花板塌陷時相交了。還好電線劣質又纖弱，相交碰觸後沒有造成電線走火，只是熔化斷裂為二。感謝上帝，全家安然無恙。

傑佛瑞走過來，我們倆一起呆望著這團混亂。

「呃，老大，幸好我窮得買不起像樣的電線，」我說：「要是用材質好一點的電線，這房子就燒光了。」

「我早就警告過，要小心屋頂了。」

「我知道、我知道，可是我沒聽進去。」

我需要建造妥當的線路系統，於是又翻開《物理學釋疑》，找到了剛好適合的模型。第兩百七十一頁上有一張圖示，呈現英國的居家電路系統。圖上顯示電線接上主要電源時，首先會通過斷路器，當電路的電流負荷過量時，斷路器能夠中斷電流。我需要一個斷路器。

圖示中的斷路器使用保險絲，保險絲裡頭包含微小的金屬細絲，電流負荷過重時，金屬細絲就會熔化。我沒有保險絲，於是就跟之前一樣就地取材。我沒有金屬細絲和保險絲系統，就以電鈴的原理依樣畫葫蘆，製作斷路器，而電鈴原理我也是從書上讀到的。

電鈴發出聲音，是因為線圈通電而突然磁化，吸引鐵鎚敲擊鐵罩。然而在敲擊的過程中，鐵鎚也會碰觸到電閘，導致中斷電路，而回到原位。當然，這連續動作每秒發生了無數次。

在製作斷路器時，我首先用熔化的聚氯乙烯塑膠管做斷路器盒（就跟之前做電燈開關一樣）。我用銅線分別纏繞兩根釘子，做成兩個電磁鐵線圈，然後兩個線圈彼此相對，固定在斷路器盒裡，中間約相隔十三公分。我在中央放置一根條形磁鐵（從收音機喇叭拆下來的），用腳踏車輪輻掛起來，這樣磁棒就能輕易的兩邊擺動。接著我從原子筆拆下彈簧，把它拉長，放置在磁棒和釘子中間，輕輕靠在電路的通電電線上。基本上，這條彈簧是充當陷波電路。

電燈開啟時，電力從電池流進斷路器的電路，磁化那兩根釘子。交流電流的流動方向會決定極性，由於磁棒並非居於兩根釘子的正中央，而是離其中一根釘子稍微近一些，結果是：離磁棒較近的釘子與磁棒之間呈現同極相斥，另一根釘子與磁棒之間則呈現異極相吸。這兩邊相斥相吸的力量，會讓磁棒處於微妙的平衡狀態，不知該往左靠還是往右移。

但是電力激增時，這樣的平衡就會遭到破壞。離磁鐵較近的釘子會先接收到激增的電力，猛力把磁鐵推向另一根釘子，進而敲落靠著電線的原子筆彈簧，打斷電路和電流。

斷路器完成後，我把它釘在電池上方的牆面上。每天晚上我坐在床上瞅著斷路器，等待它發揮作用。大約兩星期後，氣旋襲擊我家，讓我夢想成真。

我那一整天都待在交易市集，回家時注意到事情不太對勁。我房間屋頂的茅草四散在院子裡，屋頂歪七扭八，彷彿有一名巨人奮力搖晃過我的房間。母親從廚房出來。

「怎麼了？」我問。

「一陣狂風剛從玉米田那邊吹過來，我們只好跑進屋內。」

我進入房間，看到那可憐的屋頂又塌陷了，天花

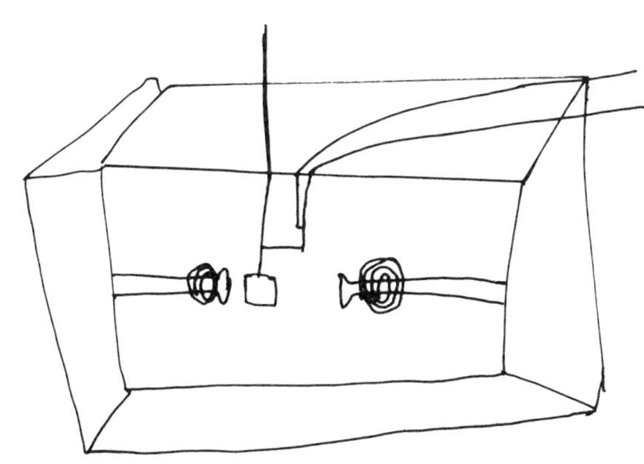

我根據電鈴的原理製作的斷路器。　　威廉・坎寬巴畫

板碎塊撒落一地。我也注意到斷路器的磁棒傾向一邊，我試著把磁鐵移回中間，但是它不聽話，再試一次，但是磁鐵還是受釘子吸引。我把電池的電源切斷後，順著電線往天花板察看，發現電線已被強風吹得糾結成一團。把電線分開後，再次接上電池，磁棒又回到兩根鐵釘之間。我再度驚險的逃過火災。

不過斷路器發揮作用，比什麼都還讓我開心。

「看吧老兄，要是沒有斷路器，這房子就成了一團灰燼，」我跟傑佛瑞誇耀：「衣服和蓋被都會燒掉。我的斷路器成功！」

「你的斷路器的確很讚，」他說：「但我覺得比較好的解決之道，是修理你的屋頂。」

任何新發明都會碰到問題，我除了在線路方面很外行，另一個頭疼的地方就是腳踏車鏈條。每次風力過強，葉片飛速旋轉，鏈條就會斷掉或脫落，我只好爬上塔架修理，而且要先讓葉片停止轉動才行，我痛恨這差事。

一天清晨我睡得正熟，是公雞啼叫前的那種平靜沉睡，很可能還在美夢裡微笑哪！這時一陣可怕的噪音把我吵醒，這個聲音再熟悉不過：是鏈條又滑落了。我聽到強風把外頭的相思樹吹得沙沙作響，塔架也吱吱嘎嘎搖晃不已。葉片轉動得飛快，轉子發出了嗡嗡聲。要是再不去修，葉片遲早會啪答斷裂，飛彈出去，像是在空中亂飛的匕首。一想到這景象我就不寒而慄，連忙爬出溫暖的被窩。

不久之前，我想到一個絕妙點子：安裝制動器，只要拉動把手，就可以止住葉片旋轉。這類似於把腳踏車的腳煞車：踏板往後踩踏，車就停住。這種制動器是利用特殊輪轂運作的，輪轂裡有往後轉動就會鎖住的齒輪裝置。我的計畫是，把這種輪轂裝在風車轉軸上，連接纜繩後，我從底下猛力拉扯就可以停止葉片運轉——理想狀態是把纜繩牽到房間，那我不用下床就可執行。但是經過幾星期的搜尋，還是找不到適當的輪轂，自然做不成制動器。這天早上，我又得頂著強風爬上塔架，停住葉片，進行修理。

我爬上塔架頂端，同往常一樣，把夾腳拖鞋踢開，以得到較好的抓力。但是凶猛的強風把塔架推得左右搖晃，晃到我以為塔架會倒下來。我雙腿緊夾木梯的橫檔，好保住小命。但在我忙著穩住身子時，沒注意到腳踏車車架也跟著塔架往前擺動，下一陣強風吹動葉片直接撞向我的手，我一個不穩滑下了幾格，差點掉下去，趕緊用手抓著橫檔，口中忍不住咒罵。葉片削去我三根指關節的肉，血不住滴下來，讓風吹得到處飛。

「你是我創造的！」我對風車大吼：「為什麼想把我毀掉？拜託！讓我幫你吧！」

我一恢復平衡，就從口袋裡拉出腳踏車輪胎切割而成的厚條，這是我之前特別割來修復風車的。我緊握輪胎條，屏住呼吸，扯住旋轉的齒盤，感覺尖齒像鋸子的刀刃刺進輪胎橡膠裡。

「停！」

葉片一停，我就把彎折的腳踏車輪輻卡進車輪裡，防止風車轉動，然後重新裝上鏈條。之

這是風車的近照，已換成改良過的滑輪組。看得出來，我保留腳踏車鏈條當繩子，好提醒自己鏈條曾經帶給我的疼痛與傷痕。

湯姆・雷利（Tom Rielly）攝

後鏈條再度脫落時，我就沒那麼幸運了。齒盤的尖齒終於刺穿保護手部的輪胎條，劃破皮肉，後來又發生了一次。這整段痛苦時期在身上留下的傷痕，到現在仍無法抹滅。

這段期間，傑佛瑞依然在奇邦巴的玉米磨坊，替大伯穆賽威工作。大伯雇用他來掃地和跑腿，但是他到那裡後，大伯幾乎都在喝酒，傑佛瑞只好獨自經營磨坊。他每天很早起來，先保養機器，確認機器裝滿柴油和汽油，接著開門營業。到了晚上，他跟大伯共睡一房，大伯從酒吧東倒西歪的走回家時，一路上總是逍遙快活的引吭高歌，回到家馬上癱垮下來，墜入深沉的夢鄉，鼾聲震耳欲聾。

奇邦巴離這裡約二十五公里，傑佛瑞差不多一個月騎腳踏車回家一次，跟我訴說擔任工人的苦日子。

「他們逼我騎過五座山丘去買柴油，」他抱怨：「回程的路上，燃料把我的衣服都浸濕了。老弟，跟你說，我超想念你們的。」

但是他也跟我描述磨坊的碾磨機器，如何使用滑輪和橡皮帶來運作。

「你要是用皮帶，就不會有鏈條的問題了，」他說：「磨坊都用滑輪和皮帶，從沒故障過。」

這是很棒的啟示。我需要滑輪來增加前、後齒盤間的張力，就是因為鏈條的張力不夠，才會一直脫落。皮帶跟鏈條不同，皮帶沒有一直需要上油的惱人尖齒，而且我的潤滑油早用光了。

我去廢料場搜索，毫不費力就從一台老舊的抽水機裡，找到兩副滑輪。我用一塊重重的鋼鐵敲打滑輪，花了好幾個小時把上頭的開口銷折斷，把滑輪從抽水機上拆下來。但是較大的那副，軸心的孔洞太大，跟我的避震器轉軸不合，只好焊接在齒盤旁邊。

這些日子，焊工果斯登先生也不再嘲笑我了。每當看到我拿著零件走去，他只是揚起微笑，燃起手中的噴燈。

「告訴我要接哪裡，」他說。

果斯登先生甚至讓我用他的磨床磨平齒盤上的尖齒，直到邊緣變得平滑。眼睜睜的看著尖齒在一陣火星中消磨殆盡，像是報了一箭之仇，大快人心！

「這是為我全身的傷疤報仇！」我怒吼。

那天下午，我把兩副滑輪安裝上去，似乎非常適合，唯一的問題是缺少像樣的皮帶。我到處尋找有沒有可以代用的，找到了一個破舊的尼龍袋子，我把提手剪下來，安裝在滑輪上，結果轉動十秒鐘就滑開了。接著我把幾個電池剖開，挖出裡頭的黑色膠狀物（一種焦油，用來固定電池的碳棒），希望做為膠黏劑。但是幾小時後，焦油就耗盡了。後來交易市集的一個老頭，送給我從銑床拆下來的真正皮帶，他用這個來把蔬菜捆在腳踏車上。但是皮帶已經斷掉，逼得我不時要用鉤針和汽車輪胎纖維縫補。不過我沒有其他材料可用，只好兩個月都用這個。就算費盡千辛萬苦改進風車，我每天還是要爬上塔架修理兩次。

終於有一天，傑佛瑞從奇邦巴帶回來一條完好的皮帶，從此風車運作得順利極了。我再也不會因為修理風車而受傷！更好的是，我再也不用一大清早離開被窩，爬上塔架，而是當公雞的第一聲啼叫把我從夢中喚醒時（雞叫聲總是把我吵醒），風車穩定旋轉的嗡嗡聲又再度把我送入夢鄉。但是那隻公雞相當固執，就連風車也經常無法確保我再度入睡。

「**可惡的公雞！**」我大吼：「再不乖乖閉嘴，我就把你瘦巴巴的脖子砍下來，當風車轉軸！」

「**咕咕咕！！！**」

我惡毒的話語威脅，毫無作用。打敗田裡的黑暗很困難，但戰勝高聲啼叫、鬧個不休的公雞，卻是不可能的任務。

第十三章

科學破解巫術

經過了這漫長的幾個月，我原本希望父親的作物長得不錯，能賣得好價錢，讓我償還學費，回學校就讀。但是饑荒期間欠下的債，令我們喘不過氣來，眼看卡秋柯洛中學的新學期即將開始，我們手頭還是很緊，甚至連購買菸草種子或肥料的錢都不夠。沒有菸草，就沒有作物可賣，代表這一年剩下的日子都不會有錢。事實上，還要再等幾年，我們才有能力種植菸草。

於是我們開始種植不需要肥料、在市場上又容易販售的作物，例如大豆、花生和豆子。能有這些額外的農作物來販賣，雖然很棒，但是在市場上雜糧的售價不高，這微薄的利潤並不足以讓我復學。

一天下午，我和父親在田裡一邊工作、一邊聽收音機時，聽到當地一所私立學校的招生廣告。

「來私立卡普卡學校就讀吧！」廣播員說：「優良教師、一流成績、簡易分期付款計畫。別再蹉跎！快來卡普卡就讀吧！」

這些學校經常買下廣告時段，閒坐在家時，聽到這種廣告簡直是活受罪。但是這一次，我把廣告當成提問的良機，雖然答案是什麼，早已心裡有數。

「爸爸，你覺得怎樣？這間學校如何？我的學費有著落嗎？」

「這個嘛，」他說：「我們已經在想辦法了。希望債務都還清之後，能送你回學校。」

父親聽到這種問題，肯定心如刀割。我不想爭辯，只是接受了他的回答，繼續工作。

那年一月，我酸溜溜的望著所有的朋友回到學校上課，他們一路有說有笑的走向卡秋柯洛。我還是會看到吉伯特和其他同學在交易市集玩**巴沃**，每當他們有人說：「威廉啊，什麼時候才會在學校看到你呀？」或是誇稱他們的考試成績有多好時，我總是默不作聲，要不就是簡單一句：「拜託喔，我不想談這件事。」一陣子之後，就沒人再提了。

不論哪一天你去交易市集，都會看到許多輟學的男孩遊手好閒、無所事事。他們沒有去田裡工作，也沒有設法回學校讀書，而是在連鎖批發商店外頭閒晃，衣服破爛骯髒，白天打零工，晚上徹夜狂飲。他們許多人成了在歐非西暢飲中心門口出沒的黑暗身影，或是每天早上從酒吧跌跌撞撞回到家中的殭屍。

在馬拉威，我們稱這些僅靠著零星**千尤**打工過日子、沒有確實人生計畫的人，是在「渾渾噩噩虛度光陰」。我開始擔心自己會像他們一樣。等哪一天風車計畫不再新鮮有趣，或難以繼續運作，我的雄心壯志就會完全消失在玉米田裡；夢想是很容易遺忘的。

為了反擊命運帶來的暗流，雖然完全不曉得自己是否或何時能回到學校，我還是三天兩頭就往圖書館跑，孜孜不倦的在圖書館學習，加強一般知識，得到源源不絕的靈感。我把圖書館的小說都讀遍了（許多是關於人類免疫不全病毒ＨＩＶ和愛滋病的危險），也借閱拼字書籍，好讓自己的破英文有所進步。當然，我繼續借閱《物理學釋疑》、《利用能源》和《馬拉威中學整合科學》這三本書。最近，我對於抽水幫浦、冷藏系統和製造替代能源的方法，特別感興趣。

風車計畫大獲成功，我開始感到有點壓力，好像自己是雷鬼樂明星，剛剛發行了轟動樂壇的專輯，現在必須編製新曲再創佳績。我每天在圖書館裡用功讀書，試著醞釀下一個偉大的點子。風車迷在等待另一齣精采好戲——至少我希望他們能繼續支持。

許多來參觀風車的人發表了類似的評語：「這看起來像無線電訊號發射台」，或是「電風都做出來了，發射台一定也難不倒你，反正看起來差不多」。

這讓我好奇發射台的實際運作方式。在思考了一陣子之後，我去傑佛瑞家跟他提出一個點子。

「這些人總是說我們的風車是發射台，咱們就來滿足他們的願望吧！」

「什麼意思？」

「我們來打造一座廣播電台。」

那天下午，我們從零件大袋裡拿出兩台缺了外殼的破收音機。首先我想測試一個理論。幾星期前的一個晚上大雷雨來襲，我帶著收音機回到房間，正在聆聽「週日二十大熱門歌曲」時，一道巨大閃電劃破天際，就在這時，我聽到廣播節目發出短促的「嗶」聲，彷彿閃電切斷了訊號。

現在我把一台收音機調到靜態頻率，然後把第二台收音機也調到同樣位置。這時，第二台收音機不響了：沒有白雜訊，什麼聲音也沒有。這個道理可能跟閃電一樣：一台收音機的頻率會穿透到另一台收音機？如果真的如此，我肯定可以藉著頻率把自己的聲音向外傳送。

這兩台收音機當中，有一台是能聽廣播和錄音帶的隨身聽，因此，我把隨身聽調到錄音帶播放模式，而讓另一台收音機繼續維持在靜態頻率。我看到電線從隨身聽的磁頭連到喇叭，於是把電線從喇叭上拆下來，重新接到隨身聽的電容器上。由於電容器控制頻率，也許本來應該從喇叭放出的音樂，可以搭乘頻率波的便車，直接進入另一台收音機裡。

我把「黑色傳教士」樂團的錄音帶放進錄音座。

「開始放啦！」我說。

我按下播放按鈕，果不其然，音樂在另一台收音機上播放得響亮又清楚！現在隨身聽是我的發射台，也就是說，如果我把五台收音機都調到這個頻率，它們播放的都會是「黑色傳教士」的歌曲。

「好啦，傑佛瑞先生，」我說：「現在要怎麼把我的聲音傳出去呢？」

我把電線從電容器上拆下來，重新接在獨立的耳機擴音機上，這就是我的麥克風。我按下播放鈕，開始對著麥克風說話。

「一、二，一、二，」我說。

我可以聽到自己的聲音從另一台收音機傳出來。

「馬拉威午安，這是主持人威廉•坎寬巴，還有他忠實的好夥伴傑佛瑞先生。各位平常收聽的節目現在暫時中斷。」

接著，我和傑佛瑞開始實驗我們的小型廣播電台。傑佛瑞帶著收音機走出去，我留在房間，唱著他最愛聽的比利•康達的歌。傑佛瑞在外頭也能清楚聽到歌聲，我唱得非常起勁。

「難聽死了，耳朵都流血啦！」他吼道：「不過請繼續唱，這個實驗酷斃了！」

但是他離我的房間愈遠，訊號就愈弱，距離超過九十公尺後，訊號終於完全消失。我的歌喉遜到不行，因此沒有訊號對傑佛瑞來說，反而是好消息。

「要是有擴音器，就可以廣播到更遠的地方，」我說。

但是傑佛瑞擔心我們這樣胡亂干擾電台頻率，會遭到當局逮捕。對於我的風車，大家也是這麼胡說八道：「你最好小心點兒，免得遭到馬拉威電力公司逮捕。」

要是早期進行收音機、發電機或飛機這類偉大發明實驗的人，都害怕遭到逮捕，我們今天就沒辦法享受這些便利的機械了。

「放馬過來吧！」我總是這麼回答：「遭逮捕是我的榮幸呢！」

不久後，我開始實驗每個點子，看行不行得通。接下來一整年，我幾乎時時刻刻都在構思或設計新計畫。雖然風車和收音機發射台都獲得成功，但是其他一些實驗就沒這麼好運了。

我最渴望打造的是抽水幫浦——從書上看到風車開始，我就一直計畫要製作抽水幫浦。雖然風車驅動的抽水幫浦還不能馬上造出來，但是我著手製作抽水幫浦的原型，先來測試實驗構想。我以《物理學釋疑》裡壓力幫浦的照片為藍本，照片上的壓力幫浦用一個活塞和一連串的活門，把水推向出口。書上說明的例子包括汽車雨刷，這東西我從沒用過，以及攜帶型腳踏車打氣筒，這我就很熟悉了。

我們家那口清掃及沐浴用的淺井深達十二公尺，所以首先要找到一根能觸得到井底的長水管。我記得在廢料場看過曾用來灌溉、現在還埋在土地裡的水管。於是一天早上，我扛著鋤頭去把水管挖起，這個過程花了整整兩天。

水管完好無損。第一根是寬口的聚氯乙烯塑膠管，可以做為外管。我把它往水井裡放，直到觸底。第二根是細窄的金屬管，剛好用來當活塞。果斯登先生幫我把一個圓形墊圈焊接在金屬管的底端，保持中央的洞孔暢通。我在墊圈周圍接上一片厚厚的腳踏車輪胎橡膠，當進水閥或密封墊。後來又請果斯登先生把金屬管的頂部彎成九十度直角，做為把手。

上下推動金屬管時，會在塑膠管內創造出真空狀態。拉起金屬管的把手時，水會吸進塑膠管，推下把手時，橡膠密封墊會打開，壓力把水推升到表面，井水從塑膠管上升，從我在管身熔穿的排水洞流出來。

不過問題來了：橡膠閥與塑膠管之間的摩擦力太大了。我的姊妹（甚至隔壁村莊的婦女）已經開始用這個抽水幫浦，但是很快就覺得太難用。

「我拉不動這東西，」母親說：「感覺卡住了。」

我甚至幫水管上油，但是冷水讓潤滑機油變得跟果醬一樣黏稠，而且無法均勻塗布，不久後我宣告放棄。

幫浦不怎麼成功，但是抽水的失敗，跟我創造沼氣的嘗試相比，是小巫見大巫。

之前提過，馬拉威的森林濫伐嚴重，要找到煮飯燒水的木柴相當困難，而砍伐樹木只會加重這樣的惡性循環。要是玉米的收成好，通常會有充足的乾玉米芯，有四個月左右不用為燃料發愁，但是乾玉米芯一旦用完，就要開始搜尋木柴。

每一天，母親或姊妹要走好幾公里的路，到卡秋柯洛中學附近的藍桉小樹林，砍下一捆細瘦的樹木，這項活兒至少要花三小時。這些樹大多還活著，樹葉青綠，必須置放五天才能乾透。通常我們等不到五天就拿來燒，搞得廚房窗戶冒出濃重的白煙。往廚房裡頭一望，就會看到我可憐的母親緊閉雙眼、流著淚水，攪拌著一鍋**希瑪**。每年我們家的女孩，都會有一陣子咳嗽得很厲害。

在馬拉威，所有婦女都得吃這種苦頭。我知道再過不了多久，找柴之旅就會花掉太多時間，致使無法適時準備三餐。更糟的是，森林濫伐的循環會持續惡化，使得旱災、水災的問題更嚴重。總得有人挺身而出，拯救我們的婦女和樹林，於是我心想：**捨我其誰呢**？

風車建好後，有幾位婦女詢問：「電風產生的電，夠你媽媽用來煮菜嗎？」可惜答案是否定的。

風車產生的電壓，不足以供電給像樣的炊具，只好尋找其他點子。幾星期之前，我又拿電線和電池來做實驗。我拿了一根粗草稈（用來搭建屋頂和圍籬的那種），用電線纏繞二十匝左右，然後把兩端接上十二伏特的電池，感覺電線熱了起來。不久之後，電線火紅燒燙，手中的草著火了。這是有點幼稚的簡單實驗，但是激發出了下一個點子。

好吧，我心想，**也許能用這個來燒開水**。我不能把金屬鍋子直接放在電線線圈上，否則鍋子會成為讓人觸電的導體；而陶鍋會把線圈壓扁。於是我把線圈纏繞成魔法棒的形狀，再用中空的原子筆筆桿當塑膠把手。這種附有把手的線圈早已存在（我在交易市集看過），但是電源來自馬拉威電力供應公司而非電池。我用電線連接那顆十二伏特的電池，再連接到把手下方的線圈，然後把線圈往水裡泡。大約五分鐘後，水開始沸滾。

但是這太普通了，我得做點更偉大的。《馬拉威中學整合科學》裡有一些篇幅在探討替代能源，比如太陽能和水力發電——這兩樣我都仔細研讀了。但是書上還提到沼氣，也就是把動物的排泄物轉化為液體，之後產生的氣體可當烹飪用的燃料。書上解釋動物的排泄物如何儲存在沼氣池裡，經過幾個月的熱效應，產生的氣體可以用一根長型真空管抽取蒐集。

我不需要沼氣池，我心想，**而且肯定不用等那麼久**。

我構思好計畫後，偷偷溜進母親的廚房，拿走她用來煮豆子的圓型大陶鍋。現在只缺「有機物質」，這就不需要到遠處尋找了。在我們宅院對面，琪瑞喜姑姑在她家後方的木柵欄裡，養了兩隻山羊，那裡滿地都是彈珠狀的羊屎。我拿了一個裝糖的塑膠袋，確定四下無人後，翻過圍籬、跳進畜欄。山羊見狀，連忙退到角落，以異樣的眼光瞅著我，但我不理會，繼續照原訂計畫行動。我把塑膠袋裝滿羊屎，多到快掉出來的地步，才走回我家廚房。

母親在外頭的菜園裡幹活，我有充裕的時間和空間做實驗。我把羊屎丟進陶鍋，倒入水到半滿，直到棕色的羊屎像湯圓一樣浮起來。接著我用大塑膠袋蓋住鍋口，再用繩子沿鍋緣緊緊綁住。至於抽取沼氣的真空管，我把收音機天線的頂端剪掉，就成了中空的管子，然後戳進塑膠袋中央，再用蘆葦稈堵住頂端開口。

母親煮早餐的爐火還有餘燼，於是我加了一把玉米芯，再不停的吹氣，直到爐火又旺了起來。我把陶鍋放在爐火中央，等待偉大的一刻到來。

大約十五分鐘後，我聽到鍋裡發出隆隆聲，水開始滾沸了。塑膠袋因為蒸氣而鼓脹舞動，但繩子還是綁得緊緊的。我的心跳開始加快，再等幾秒鐘，我就會開始進行最後一道測試。

突然間，我聽到身後有個聲音，是母親。

「**那是什麼怪味？**」她沒好氣的大吼。

「沼氣，就是——」

「臭死了！」

現在塑膠袋瘋狂鼓動，隨時要爆開了，我得迅速行動。是把蘆葦稈拔出、然後在上頭點火的時候了。

我伸出手，快速拔出蘆葦稈，一股銀色蒸氣從頂端衝出。母親說得沒錯，真的是臭氣熏天。

我原本在手邊擺了一根長草稈，現在連忙抓起來戳入火堆點燃。

「後退！」我大吼：「可能會危險。」

「搞什麼鬼？」

我站起身跑到門邊，把母親推到一旁，之後一半的身子躲在門框後方，伸出一隻手臂，把點燃火焰的長草一點一點的往前推進。

「開始啦！」我說。

我讓火焰接觸燒燙的蒸氣，並連忙緊閉雙眼，以抵擋爆出的閃光，但是火焰接觸氣體後，卻只是噗噗幾聲就熄滅了。我睜開眼睛，只看見一根滴著髒水的草。母親大發雷霆。

「看看你做的好事！毀了我最好的鍋子！居然拿羊屎來煮，真是敗給你了，等我跟你老爸講……」

我想跟她解釋這個實驗完全是為她做的，但時機好像不太對。

二〇〇三年年底，我每天在芒果樹下讀書，忙著改善實驗。母親騰出兩週的時間去薩利馬（Salima）探望父母。薩利馬在馬拉威湖旁，當地氣候炎熱，蚊子又毒又狠，像是邪惡的小鳥。母親回來時，開始發高燒且頭暈目眩，接著全身打寒顫，彷彿沉入了冰寒的洗澡水裡；我們曉得，這是瘧疾的症狀。

在撒哈拉沙漠以南的非洲地區，幾乎每個人都會感染瘧疾，只是早晚的問題。大多數人在孩童時期第一次感染到瘧原蟲，要是睡覺時沒用蚊帳防止蚊子叮咬，每年還會繼續感染，直到老態龍鍾為止。我們家沒有蚊帳，因此年年都受到瘧疾侵擾。要是及早發現遭瘧原蟲感染，趕緊服用診所提供的藥物，一、兩週後就會好轉。但是有些頑固的瘧原蟲特別凶猛，而且會攻擊腦部，就比較難治療了。在非洲，瘧疾每年奪走數百萬人（尤其是孩童）的性命。

母親的症狀似乎正常，於是我們讓她躺在床上休息，打算隔天再去幫她拿藥。但是跟當初我妹妹梅莉絲得了瘧疾的情況一樣，母親的高燒愈來愈嚴重。隔天一早，母親嘔吐不止，而且抖得更厲害，話都說不出來。她的呼吸聲沉重，我在隔著走廊的臥室裡都聽得到。到了中午，她的雙腳已經失去知覺。

我們村裡沒有救護車，父親只得把母親抬到腳踏車上，叫她撐著點，就這樣推她去交易市集附近的診所。護士看了一眼，就要母親立刻趕往姆敦塔瑪的聖公會醫院。父親連忙攔下一輛小貨車，把她送上後車斗。

在姆敦塔瑪的候診室裡，醫生問：「有什麼症狀？」

「我走不動，」母親回答：「雙腿好像癱瘓了一樣。」

瘧疾檢驗結果呈陽性，醫生在母親腿部打了兩針，但是醫院沒有床位，於是醫生遣她回家。

兩天後，母親陷入昏迷。

那天早上媽媽昏迷後，我們設法扶她走到外頭，再抬到腳踏車上，盡全力不讓她從座位上跌落。

「媽媽，妳要撐著點，」我說，但是沒用。

我們推著她走下小徑時，她軟綿綿的身子就像一布袋的豆子，不住的癱垮下來。她的頭往後垂掛，於是我抓住她的頭髮，讓她的頭挺立。

「別擔心，」父親不斷安慰母親，恐懼讓他的聲音緊繃，「撐著點，到路上就好了。現在要帶妳去醫院，他們會治好妳，讓妳痊癒的。」

小貨車站牌只是診所和小學附近，芒果樹叢下的小塊空間。一到那裡，我們輕輕的把母親抬下腳踏車，讓她躺在草地上。幾分鐘後，一輛小貨車從交易市集轟隆隆的開過來，準備前往卡桑古市，父親揮手攔下。

「讓位！」他大叫：「我太太病得很重！」

貨車車斗上大約擠了十個人，還有一箱箱的空可樂罐和幾布袋的玉米。乘客看到母親的慘狀，有幾位跳下來挪出空間。

「是嚴重的瘧疾！」父親向司機大吼：「帶我們去姆敦塔瑪！」

我們把母親拉上貨車，讓她的背靠著駕駛室的隔板。父親坐在她身旁扶著她，讓她的頭靠在他的肩頭上休息。前往姆敦塔瑪的路上坑坑洞洞、凹凸不平，要是平躺，只會讓她的身子不斷碰撞車斗的地板。

「威廉，照顧妹妹！」父親吩咐：「通知琪瑞喜姑姑和其他人我們去了哪裡。」就這樣，貨車快速開走了。

貨車十五分鐘後抵達醫院，一到那裡，父親就抱著母親進入大門。

「我們要看醫生，現在就要！」他大吼。

院方很快就讓母親進入病房，醫生為她施打點滴，以對抗瘧原蟲。

「看來希望不大，」醫生說：「好像已經侵入腦部了。」

病房的牆壁是粉紅色的，裝有馬拉威電力供應公司供電的電燈。牆壁上貼著各式各樣的海報，圖片上是受到愛滋病、結核病、淋病等不同疾病折磨的人。母親旁邊的病床上躺著一個婦女，她來自恰瑪瑪鎮，一直往袋子裡嘔吐。

那天下午，琪瑞喜姑姑和瑪莉嬸嬸（蘇格拉底叔叔的妻子）來到醫院，整晚守著母親。父親回家，想辦法賣掉一些玉米和大豆，好支付醫療費用。父親悶不吭聲，在院子裡不停的來回踱步，彷彿在等待某件事情發生。

「爸爸，媽媽會好起來嗎？」梅莉絲問。

「她病得很嚴重，為媽媽祈禱吧。」

隔天早上，父親在交易市集賣掉了幾公斤的穀物，接著立刻回到醫院。我自願留在家裡照顧妹妹，其實也是因為非常害怕看到母親病重的模樣。隔天我好不容易鼓起勇氣去醫院，但很快就後悔了。

在白色被單的襯托下，母親的深色皮膚看起來死氣沉沉。她的嘴唇乾裂，呼吸困難，胸膛起伏得像波浪上的玩具船，雙眼雖然緊閉，但眼球在裡頭不住的轉動。

母親後來跟我說，她困在那團黑暗中的深處時，已經接受死亡、放棄抵抗，等待主耶穌前來接引她。但是有件事讓她無法離開人間，她感覺到身體沉入病床，又升了上來；這時，她睜開眼睛，看到熟人站在她上方，然後又回到黑暗，這樣的循環不斷重複，看到這些熟人讓她想到孩子。在黑暗中，她看到提雅米格的樣子，提雅米格是那麼的幼小脆弱。在夢境裡，提雅米格因為喪母而孤單害怕。母親想到小女兒，下定決心奮力一搏，永遠掙脫黑暗。這是激烈的戰鬥，這就是為何她的雙眼像白蟻一般不住的蠕動，好不容易全力掙脫、睜開雙眼時，卻看到我站在那裡。

「**提雅米格！**」她尖聲呼喊：「**提雅米格在哪裡？我的寶貝呢？**」

我嚇得往後跳，彷彿她是毒蛇。她兩眼圓睜，眼珠恐懼得不住晃動。

「**提雅米格！**」

「提雅米格在家裡，」姑姑安慰她，「妳很快就會看到她，別擔心。」

聽到這句話，母親彷彿洩了氣，又慢慢掉回黑暗之中。她每一次恢復意識，都會大叫我妹妹的名字。看到母親受到這樣的折磨，有如晴天霹靂，彷彿上帝偷去了天空。我確信她快死了，目睹這個過程更是讓人心酸感傷。但是幾天後，她奇蹟般的退燒了。我這輩子還不曾祈禱得這麼努力。

在母親康復回來後不久，吉伯特跟我說，他父親的狀況不是很好。鎮長自從遭總統的手下毒打後，就一直活在性命不保的恐懼中，身體健康每況愈下。

每次我去他們家拜訪，總覺得鎮長看起來悶悶不樂、虛弱無力，而且最近體重又掉了許多。我看到他躺在沙發上睡覺，或趁著太陽暖和時，獨自在田間散步。不過因為他是鎮長，我從沒真正跟他說過話，我們年輕小伙子是沒有那個資格的。

幾個月之後，我到奇邦巴的玉米磨坊找傑佛瑞，在路上碰到一些婦女，她們告訴我們一個壞消息。

「兄弟，我們的溫貝鎮長去世了，」她們含著眼淚說。

我和傑佛瑞連忙跳上我的腳踏車趕回家，但是卻爆胎了，只好一路推著車。我們努力推著腳踏車前進時，喪禮已經開始籌備了。川流不息的汽車和卡車轟隆隆的開過去，好幾輛貨車載滿雞隻、山羊和大袋裝的玉米粉，以便餵飽所有的弔唁者，他們已經抵達吉伯特家向鎮長致哀。幾十位村莊婦女自願留下來為大夥兒烹煮食物。眾人經過時都沉默不語，周遭也完全沒有收音機的聲響。道路淨空後，我聽到重重的擊鼓聲，那是前所未見的震撼——低沉的隆隆聲，有如鐵鎚猛力敲擊天空的外殼，昭告一位首領的噩耗。

我們抵達時，已經有數百人圍聚在吉伯特家，我看到父母、姊妹、姑嫂叔伯，以及市場的所有商人。婦女們頭上頂著一桶桶的水來回奔走，其他人彎著腰，熱汗涔涔的在火堆旁攪拌大鍋的**希瑪**，籠罩在木柴燃燒的濃煙中。教堂唱詩班站在藍桉樹下，輕聲吟唱「這世界非我家」，絡繹不絕的致哀者從吉伯特家的前門魚貫而出，慟哭哀嚎。

「我們的首領拋下我們！」他們叫道：「我們該怎麼辦？」

我和傑佛瑞坐在樹下等待。不久後，有人過來說吉伯特可以見我們了。他坐在房屋另一頭的樹下，雖然為了母親力持鎮靜，看起來卻仍是驚魂未定。看到他這副模樣，我不禁悲從中來。

「我聽說你父親的事了，」我說：「你知道在這樣的悲傷時刻，有我在這裡支持你。上帝必有安排。」我不知道還可以說什麼，只好默默安慰我的朋友。

喪禮在溫貝小學的操場舉行，就在藍桉大樹叢下。天空飄起毛毛細雨，有人搭起大型遮雨篷，為親屬和來自各方的首長及官員代表遮雨。他們擠在遮雨篷下，數以百計的村民則摩肩接踵的聚集在外頭，在逐漸轉強的大雨中悲嘆啜泣。鎮長的遺體躺在蓋棺的壽木裡，放在最前方，上頭覆滿野花。溫貝鎮的每一間教堂和清真寺皆派人出席喪禮，他們的唱詩班與聖樂團輪流圍聚在棺木旁，用奇切瓦語歌唱。他們唱完後，擊鼓聲打破了寂靜。

送葬曲一開始緩慢平穩，接著拍子加快。在這猛烈的快節奏中，古勒—汪庫魯走了出來。五十多位古勒—汪庫魯魔舞者緊緊圍住棺材，每個都戴著牛頭形狀的黑色面具，面具上牛鼻長得誇張，牛角烏黑尖銳，眼睛圓鼓突出。這些神祕舞者已經在附近待了好幾天，在吉伯特家後方宿營，圍聚在營火旁，從來不顯露真面目。現在他們有幾位脫離團體，以古怪如痙攣的姿勢開始舞動，一齊蹲低，雙腿外踢，手臂橫掃過紅土，彷彿告訴大地，我們的鎮長即將回歸塵土。

舞蹈儀式完畢後，喪禮列隊魚貫前往天主教堂附近的墓地。鎮長的墓穴跟約翰伯父的類似，只是墓穴底部置放棺材的隔間較小。大家唸誦祈禱文，把花圈放在棺木上。鎮長的傳令兵恩瓦塔先生，身穿卡其色警察制服，手拿獵槍往空中鳴槍致敬。在嗡嗡迴響的槍鳴聲中，我們淚流滿面的看著敬愛的領袖埋進了土裡。

彷彿我們痛失了鎮長還不夠悲慘似的。那年稍晚，全國又遭受另一場饑荒的蹂躪。儘管出現了新希望，饑荒還是無情的降臨。所謂的新希望，就是在二〇〇四年五月，受唾棄的莫魯士總統終於下台，讓新總統得以上任。馬拉威人民選出莫泰加（Bingu wa Mutharika）為新總統。莫泰加受人敬重，在美國拿到經濟學學位，並在聯合國擔任高職。莫泰加總統誓言馬拉威很快就會改變，而他首先採取的行動之一就是援助農人。為了迎接下一個播種季節的到來，政府開始補助肥料，這表示我們家在三年來第一次買得起肥料。

有了肥料優惠券，就可以用九百五十克瓦查，買到原價四千克瓦查的肥料，每個家庭可以得到四張優惠券。然而，這個方案無法抵擋早已存在的貪汙風氣。許多地方首長沒有把優惠券分發給農夫，而是私藏起來，轉賣給出價最高的人。

二〇〇五年十二月，每個農家終於都收到四張優惠券。要把沉重的肥料袋提回來，是件苦差事，於是我和父親分工合作，每人拿兩張優惠券到溫貝鎮的農業發展運銷公司，排一整天的隊，那裡是政府販賣玉米和肥料的地方。父親拿到他的肥料袋離開了，但是輪到我時，腐敗貪汙的官員已經把多數的肥料都給了親朋好友，於是提早關門，排隊的農人差點爆發動亂。

我奔到窗戶旁，想看裡頭發生了什麼事，正把臉貼近玻璃窗時，背部突然感到一陣劇烈的疼痛。一個政府維安人員站在後方，用澆水的軟管往我身上揮打。

「你這猴崽子，還不快滾開！」他瘋了般揮舞著軟管叫道，又往我身上抽打，這次是打手臂，然後又在背上抽了幾下。劇痛沿脊椎往下衝，我沒命的跑開。站在附近的其他人給逼到了牆邊，遭受無情狠毒的鞭打。我奔到安全距離之外，氣得臉紅脖子粗。我真想殺了他，但是他孔武有力，我毫無勝算。

「要不是我爸爸已經離開，你可是吃不完兜著走！」我吼道。

後來我們還是設法再買到兩、三袋肥料，著手準備耕種。一開始雨水相當正常。我們播種後，帶著肥料走下一排排的田壟，在種子旁挖洞，把一湯匙的肥料倒進去，再把土壤覆蓋回去。

到了一月，種子發出了嫩芽，幼苗高達腳踝，展現小小的臂膀，開開心心的吃著美味雨水和肥料。但是幼苗長到及膝的高度時，降雨卻停止了。每天早上，毒烈熾盛的太陽升到空中，把可憐的幼苗烤到枯萎。不久後，葉子乾枯，一揉就碎，要是點燃火柴丟進去，一定會燒得酥脆。

「明年要慘了，」父親說。

「要是再來一次，我可不知道受不受得了，」我回答。

二月僅下了幾場雨，足以讓玉米芯成形，但是到了朵薇成熟的季節，大多數的玉米穗都長得矮小畸形，收成一定慘不忍睹。政府很快做出承諾，保證會介入救援，不過人民依然憤怒不滿、心生恐懼。

二〇〇二年饑荒時，我們當地的人民責怪不受歡迎的莫魯士政府，把怒氣發洩在賣光戰備玉米的貪官汙吏身上。但是這次，大家不承認是天公不作美，而開始怪罪巫術——這表示他們終究會怪罪到我頭上。

迷信在整個馬拉威依然盛行，而有幾則新聞更激起大家對邪魔妖怪的恐懼。之前那場饑荒，南部地區出現了一些報導，表示政府跟許多吸血鬼攜手合作，盜取人民的血液，賣給國際救援團體。民眾得知這項消息，簡直發狂到極點。有一個老人遭亂石打死，三位天主教神父被毒打。政府否認與吸血鬼勾結，但似乎仍止不住謠言。「沒有政府可以無法無天，到處吸人民的血，」當時總統莫魯士說：「那是謀財害命。」

在吸血鬼事件之後，多瓦出現了一頭怪獸，開始攻擊村莊。有人說怪獸看起來像土狼，其他人說牠是有張狗臉的獅子。三個人遭受狠抓啃咬而死，另外十六個人則是手腳被扯下。這些攻擊事件，促使數千人逃離家園到森林過夜，但在森林裡更容易遭到怪獸攻擊。

警方連夜搜索，一天晚上好不容易把怪獸逼到灌木叢的角落，但是根據報紙報導，每當警方開槍射擊，怪獸就分裂成三隻動物，然後消失在樹叢中。村民拜訪巫醫，他調製強力魔藥，灑入樹叢。隔天早上怪獸就死在路上，屍體跟一隻狗差不多大小。村莊長老試著放火燒掉屍體，但是無法燒毀。

村民回到家裡。然而，就在大家以為可以放心生活時，第二頭野獸又展開攻擊殺戮的行動，迫使數千人回到樹叢中顛沛流離。後來人們的結論是，那頭野獸是巫術的產物：多瓦附近的某位商人向一個法力強大的巫師買了雷電，卻拒絕付款，於是巫師展開報復，派遣野獸攻擊他的家人，所有被抓咬得血肉模糊和死掉的人，都是商人的親戚。

繼多瓦的「怪獸吃人記」之後，馬拉威各處都有許多人表示自己的私處在晚上被偷走，其中很多人是早上起來時，才發現床單上沾染著鮮血。在酒吧裡飲酒作樂的男人，是最容易遭到下手的目標，他們在黑夜裡東倒西歪的走回家時，會被一頭邪惡生物（也許是一幫子的巫婆孩子兵）拉到樹木後方，用刀閹了。後來發現，大多數的受害者是處男，而他們的命根子被賣給巫婆、撒旦崇拜者和企業大亨。

這件事掀起軒然大波，使得反對黨領袖、高尚正直的約翰•唐伯（John Tembo）先生在國會裡針對此問題表示：「販賣他人的私處是不可接受的，尤其你自己的還安在，更是不可原諒。」

不久後，這一波迷信與恐懼潮襲擊了溫貝鎮。人們說，有些巫師住在交易市集附近，利用小孩來施法。一天晚上，那群巫師吩咐孩子兵攻擊一個老人家，而這老人可是公認的好基督徒。他熟睡時，孩子兵趁機用巫術割下他的頭，拿來當足球踢。（我們睡覺時，這種事經常發生——巫師的孩子兵可以取下我們的頭，再趁破曉前物歸原主，而我們卻渾然不知。這的確是馬拉威很嚴重的問題。）他們踢的這場足球賽可不是普通的比賽，而是在尚比亞舉行的大型錦標賽，參賽者是惡魔的所有孩子兵。獎盃盛滿人肉，預定在耶誕日當天享用。

馬拉威隊跟坦尚尼亞小女巫隊對打。比賽愈演愈烈，觀眾熱血沸騰，這時可怕的事發生了：

足球洩了氣，這表示人頭無法物歸原主，老人從此一覺不起。換了新腦袋後，馬拉威隊的一個孩子兵在距離球門十八碼的地方，因以手觸球遭判罰球，結果坦尚尼亞女巫隊以一比〇獲勝。

搭乘巫師飛機回到溫貝鎮的途中，其他孩子兵嘲弄、詛咒那個小男孩。

「你幹嘛用手碰球？」他們大吼：「要不然我們就贏了！」

接著其他巫師用巫術毒打小男孩一頓，非常氣憤錯失了那一獎盃的人肉。小男孩的祖父剛好是隔壁村的村長，於是巫師們給他一個選擇。

「今晚你一定得殺掉你爺爺，拿他的肉給我們吃，否則我們就把你吃掉。」

小男孩遭巫術毒打得很慘，隔天早上醒來時，虛弱得無法動彈。他父親叫他起床時，他坦承了一切，表示昨晚有一場國際巫師錦標賽，拿了那個老人的腦袋充當足球，但後來卻洩了氣，其他巫師還對他恐嚇威脅。

「村裡有個老人死了，」他說：「是我們殺了他，現在他們要我殺了爺爺。」

父母聽了勃然大怒，向小男孩的爺爺（村長）報告這件事。小男孩告訴他們，是哪位巫師招募這些孩子兵，村長派了一群人到巫師家，用棍棒狠狠的把他打得死去活來。後來男孩的父母再向溫貝鎮長報告（吉伯特的父親去世後，吉伯特的堂兄繼承了鎮長的位子），鎮長展開調查，逮捕了三位巫師，他們在傳統法庭遭定罪判刑，要繳一大筆罰金。

可惜我們國家的憲法中，沒有任何一條能保護我們免受巫術侵犯；巫術是如此的難以證明，當局在調查上能力有限。雖然法庭終究能判決巫師侵犯孩童的權利，但是永遠無法判他犯了綁架或謀殺罪，希望有一天這樣的情況能改變。

總而言之，這些事件只是升高了大家對邪惡力量的恐懼與迷信，因此二〇〇六年，當玉米無法長成而可能發生饑荒時，大家開始怪罪巫術。三月的一天下午，毒烈的太陽把田地的作物曬得奄奄一息，這時遠方出現了巨大的雷雨雲，而且雲層有逐漸增厚的趨勢。

「你們看，在積雲了呢，」人們說：「今天會下雨了！」

「是啊，我們終於獲救了！」

幾星期以來滴雨不下，看到遠方聚集了烏黑濃重的雷雨積雲，是值得慶祝的喜事。但是正當烏雲即將飄過我們的上空時，一陣強風開始吹拂，把紅色塵土掃進我們的眼睛和嘴巴，最終形成了小型旋風，橫掃過田間和各家的庭院。這一陣強風逐漸把烏雲吹散。

現在萬里無雲，只剩熾烈的太陽，一群人聚集在我家，對著我的風車指指點點。葉片飛速轉動，塔架不住的搖晃。

「你們看，那個大風扇把烏雲吹走了，他的機器把我們的雨趕跑了！」

「這個機器邪惡透頂！」

「那不是機器——是巫婆塔，這小子在呼喚巫婆！」

「慢著！」我叫道：「全國都發生乾旱，不只這裡，電風並不是起因。」

「但我們可是親眼看見哪！」他們抗議。

我非常害怕這些人會成群結隊來把風塔拆毀，或發生更糟的事。接下來一整個星期，我都低調的躲在屋裡，白天甚至不讓葉片轉動，免得他們繼續把矛頭指向我。在交易市集，大家開始向吉伯特興師問罪。

「告訴我們實話，」一個商人說：「他到底是不是巫師？關於電風，他說的是真的嗎？」

「他不是巫師，」吉伯特回答：「那是風車，是科學儀器，我還幫他打造呢！」

「你確定？」

「確定，你自己去看啊！」

他們許多人都很清楚風車的作用，裡面很多人甚至曾經排隊為手機充電，但是把矛頭指向我，能幫助他們在面對即將來臨的饑荒時克服恐懼。幸好不久後政府介入，在市場上釋出大量的玉米。幾個月後，一些救援機構抵達，提供更進一步的協助，沒有人挨餓或死去。一場大災難是避免了，不過卻反映出我們人民在思想觀念上是如何的落後，而這令我非常失望。

可悲的是，巫術經常是馬拉威另一個大悲劇的代罪羔羊，這個大悲劇就是人類免疫不全病毒ＨＩＶ和愛滋病的蔓延擴散。這段時期，大約兩成的馬拉威人遭感染，每年有數以萬計的人死於愛滋病。愛滋病不僅使我們無數的老師喪命，更進一步剝奪了我們學生受到良好教育的機會。到了二〇〇八年，愛滋病也奪走了許多藝人的性命，包括我們最得意的國寶「黑色傳教士」樂團的大部分成員。

人們死於愛滋病，是因為冥頑不靈及教育不足，多年來我們村裡沒有專門治療愛滋病的診所，因為愛滋病是不名譽的標籤。大家不知道在性交時要使用保護措施，萬一發病，許多人會拒絕承認，其他人則拜訪巫醫。巫醫雖然立刻認出HIV的症狀，但依然告訴病人：「兄弟，你說得沒錯，你被施了巫術，幸好我有法寶。」

巫醫也聲稱能治療其他需要醫療照護的嚴重疾病，導致我們國家出現許多莫名其妙的死亡案例，其中最普遍的就是腹瀉。腹瀉的人會去找巫醫，抱怨腹部劇烈疼痛。

「哦，我知道出了什麼問題，」巫醫說：「有一隻蝸牛在裡頭。」

「蝸牛？」

「我百分之百確定，有沒有感覺腸子裡有東西在動啊？」

「有，痛死了！」

「就是蝸牛在作祟，我們得馬上消滅牠！」

「那快處理吧，我要痛死了。」

於是巫醫往那個裝著樹根、粉末和骨頭的法寶袋裡摸索，掏出一顆燈泡，下令：「把衣服拉起來。」

巫醫沒有接上電源，就拿著燈泡在病人的肚皮上慢慢移動，彷彿在照明唯有他能偵察到的東西。

「找到了！有沒有看到蝸牛在動？」

「啥？」

「沒看到牠在動觸角嗎？所以你才痛得死去活來。」

「哦，有欸，好像看到了，沒錯，就在那裡！」

巫醫又把手伸到袋子裡，拉出一捆乾樹根，往水罐裡浸，幾分鐘後，他用樹根把神水灑到病患的肚皮上。

「蝸牛一接觸到神水就會死掉，然後離開。」

幾分鐘之後，巫醫抬起頭。

「好了嗎？」

「好了，蝸牛應該不見了，我沒有感覺到牠在動。」

「很好，一共是三千克瓦查。」

染上愛滋病很丟臉，因此大多數罹患愛滋病的人除了向巫醫求助，並沒有尋求任何醫療協助。你會在交易市集看到他們，看起來瘦骨嶙峋，頭髮枯黃黯淡，眼神也失去光彩。有時候你會看到他們給抬上小貨車的後車斗，載往卡桑古醫院，從此一去不回。

民眾對愛滋病的知識不足，因此會對此病進行無知的嘲弄與嚴重的歧視。小孩子在路上看到容貌枯槁、看似是**瓦卡其隆波**（受愛滋病毒感染的人）時，常會騷擾、取笑他們。「看看那個感染愛滋的**瓦卡其隆波**！」他們叫道：「他就要死啦！先生，您老準備入土為安吧！」

一天下午，我們在交易市集玩**巴沃**時，溫貝診所的一些醫事人員過來與我們這些男生閒話家常，表示想要發起一個青年社團，鼓勵民眾接受愛滋病的檢驗。「你們幾個男生何不加入我們，幫助民眾更瞭解愛滋病呢？」他們鼓吹：「我們需要人幫忙傳播真相。」

那一天，「溫貝青年友善健康服務社」就此成立，成為我最珍視的活動之一。我們每週一聚在一起，學習ＨＩＶ的預防與治療，以及如何跟人談論這個話題。課堂上都是跟我年紀相仿的孩子，大部分也因為繳不起學費而輟學。傑佛瑞和吉伯特也是社團成員，我好高興再度回到課堂式的環境，能吸收新知、與同儕交流、在課堂上耍寶，還有跟朋友聊天搞笑。就像當初建造風車和搜索廢料場的時候一樣，在我心中，這每週一次的課堂也取代了學校，讓生活有了重心，而我也全心投入。

診所的醫生非常欣賞我們的熱情與活力，要我寫一齣戲來呼籲民眾接受愛滋病檢測。我花了幾天的工夫，準備這場大製作的戲劇（主要是在心裡規劃，而不是寫在紙上），劇名為「**毛內科堆—阿普西查**」，簡單說就是「不要以貌取人」。

這齣戲兩週後在交易市集上演，我和吉伯特到處張貼宣傳海報，甚至請我們的新鎮長（吉伯特的堂哥）召集了幾位古勒—汪庫魯來吸引群眾。演出的當天早上，我們集合了演員在交易市集遊行宣傳，大聲宣告：「各位鄉親父老，快來看我們的愛滋病好戲！來看古勒—汪庫魯的特技表演！」我們在市場中央布置場地，不一會兒就聚集了五百位左右的觀眾，許多商店甚至在表演時關門休息。

劇情是關於首都里朗威的一對夫婦（由我朋友克里斯多福和梅西飾演），丈夫派妻子回村莊種玉米。你也知道，村莊的日子非常艱辛，村民三餐不濟，工作辛苦，太陽又毒辣。妻子不適應這樣的農村生活，體重大幅下降，回家時丈夫大發雷霆。

「妳怎麼變那麼瘦？」他質問。

「在村莊很辛苦欸！」妻子回答。

「騙人，妳一定是跟其他男人上了床，得了愛滋病！」

其實妻子有所不知，丈夫趁她不在時，每晚在四十七區的酒吧鬼混，夜夜與不同的妓女上床。

妻子一直跟丈夫澄清，否認指控，但是丈夫聽不進去，喝道：「回村裡去！妳想到處水性楊花就去呀，滾出我家！」

幸好一位朋友即時來到，看到他們在吵架。（這時該我上場。）

「等等，兄弟，到底怎麼啦？」他說。

「我派這女人回村莊種玉米，你看她現在瘦成這副模樣！她說種田很辛苦，村裡又沒什麼食物可以吃。哼，我看啊，她肯定是染上了愛滋病，我再也不要跟她住在一起了！」

朋友說：「兄弟，你沒辦法光看外表，就判定對方得了愛滋病，這有可能是飢餓、結核病或其他許多疾病造成的。唯一能夠確認的方式，是在當地的『志工諮詢與檢驗中心』接受愛滋病檢驗。」

「那有什麼問題！」丈夫說：「咱們就去那裡，一勞永逸的證明！」

丈夫以為他身強體壯，四十七區的那些妓女根本害不了他。但是在中心接受檢驗後，不出所料，醫生（由吉伯特飾演）告知丈夫，他的ＨＩＶ呈陽性反應，而妻子是陰性反應。

「你騙我！」他向醫生抗議：「不可能！」

「我不會騙你，」醫生說：「但別擔心，這不代表無力回天，你要是遵守幾項簡單的規矩，一樣可以活得好好的。」

妻子開始害怕了，說：「我不可能繼續跟你住一起。老公，你說得沒錯，我應該離開你。」

「別傻了，」醫生說：「你們還是可以一起生活，只是要小心，要採用保護措施。」

妻子聽了後大大鬆了一口氣，擁抱丈夫說：「我還是愛你，我會跟你白頭偕老，至死不渝。」

表演結束時，觀眾歡呼叫好，把碎紙片往空中拋撒。演員下台後，古勒─汪庫魯以震撼人心的壓軸表演做為結束。我不敢說我們的小戲碼立刻引發大批的人接受愛滋病檢測，但的確有助於改變群眾態度。目前，藉著政府的推廣課程以及新的『志工諮詢與檢驗中心』的成立，愈來愈多人接受愛滋病教育和檢測，愛滋病不再是天大的忌諱，就連巫醫也開始把客人送來診所，並向他們灌輸科學與醫藥知識，而不是用巫術進行矇騙。

我身為發明者與社運人士的知名度，很快招來其他機會。戲劇上演後不久，溫貝小學的一位老師問我，是否有興趣為學生開辦科學社團，他對我的風車印象深刻，希望我也在校園裡建造一座。

「學生都以你為榜樣，」他說：「你在科學方面的技能，真的會啟發他們的小腦袋。」

「沒問題，」我說：「我很樂意。」

我在學校搭設的風車是小型的，很像我為收音機做的第一個實驗風車，用金屬玉米桶切割成葉片，以收錄音機的馬達當發電機。我把風車安裝在藍桉樹的長杆上，把電線連接到剛修好的兩電池裝的松下牌老舊收錄音機上。我在一天早上的下課時間，在孩子們都在樹叢裡玩足球時，搭建這座風車。我動工時，人群開始聚集圍觀，我接上電線時，收音機的樂聲在校園裡猛然響起。

「安靜，我想聽！」他們叫道。

「別推我！」

「讓我看看！」

這座風車不僅可供學生收聽音樂和新聞，也可以把父母的行動電話帶來充電。每個星期一，我都會跟他們分享科學的基本知識，解說創新的重要性，比如墨水一開始是木炭做成的；我也示範書中說明的紙杯和線的實驗，解釋電話的運作方式。

之前我如何利用廢料場找來的簡單材料，製作所有機械，現在都一步步解釋給他們聽，希望能夠啟發他們自己建造一些東西。**要是能夠教導鄰居建造風車**，我心想，**我們還能一起打造什麼呢？**

「在科學裡我們發明與創造，」我說：「我們製作新事物來改善現況。如果我們能夠一起發明東西，讓它發揮作用，就能夠改變馬拉威。」

我後來得知，一些學生深受校園裡那座風車的啟發，回家後也自己製作了玩具風車。

我開始想像，要是所有這些玩具風車都是真實的發電風車，要是家家戶戶以及交易市集的每家店面的屋頂，都有不停旋轉的風車捕捉風力，那會是什麼樣的美妙光景。要是有朝一日夢想成真，到了晚上，整座山谷就會燈光閃爍，一如萬里無雲、滿天繁星的夜空。漸漸的，把電力帶給我們的人民，似乎不再是瘋子的夢想了。

第十四章
這世界看到了我

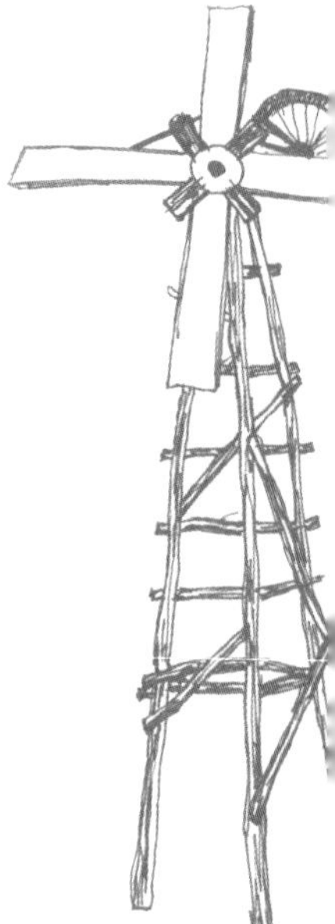

二〇〇六年十一月初，「馬拉威教師訓練活動」單位的一些職員，前來視察溫貝小學的圖書館，看到我豎立在校園的風車，於是詢問圖書館員席科洛老師，風車是誰造的，老師把我的名字給了他們。其中一位職員打電話給「教師訓練」位於南部地區松巴縣（Zomba）的總部，向上司哈福特・麥卡吉米（Hartford Mchazime）博士報告他看到的風車。

幾天後，麥卡吉米博士坐了五個小時的車，來到溫貝鎮，他的司機把他載到我家。麥卡吉米博士問我父親，是否能夠跟建造風車的男孩說話。

「他在這裡，」父親說，然後把我從房間裡叫出來。

麥卡吉米博士有點年紀，頭髮灰白，雙眼散發慈祥和藹的光芒，但是當他開口說話時，一流的語文能力以及豐富的詞彙，又散發一股威嚴。我從來沒聽過任何人把奇切瓦語說得那麼好，而他說英文時，對我有如醍醐灌頂。

「把來龍去脈都詳細跟我說。」他問我風車的緣起和製作過程。

我把之前解說過無數遍的內容又講了一遍，然後帶他參觀我們家，示範我的開關和斷路器如何運作。他仔細聆聽，不時點頭，提出很具體的問題。

「這些是非常小的燈泡，」他說：「你為什麼不用比較大的呢？」

「大燈泡需要用到交流電，」我說：「為了裝很多燈泡，我得為汽車電池充電，汽車電池發出的是直流電，而這些小車燈是我唯一找得到的直流電燈泡。」

「你的教育程度到哪裡？」

「中學的第一年，我就輟學了。」

「那你怎麼會知道電壓和電力這些知識呢？」

「我從你們成立的圖書館借書來讀。」

「有誰教你這些？誰幫你忙？」

「沒有人，」我說：「都是我自己閱讀、做實驗。」

麥卡吉米博士接著去找我父母。

「因為這個兒子，你們家有了電燈，」他說：「覺得怎麼樣？」

「我們以他為榮，」母親說：「但是當時我們以為他瘋了。」

麥卡吉米博士笑了出來，搖了搖頭。

「跟你們說，」他說：「你們可能還不明白，你們兒子做了一件非常了不起的事，而這只是起頭而已。你們會看到更多人來這裡看威廉•坎寬巴，我覺得這個孩子前途無量，你們要有心理準備。」

博士的來訪讓我有點困惑，可是也興奮異常，之前沒人問過我這類問題，也沒人對風車這麼有興趣。那天下午，麥卡吉米博士回到松巴縣，向同事報告所見所聞。

「太讚了，」他們說：「全世界都應該要認識這個男孩。」

「沒錯，」麥卡吉米博士說：「我正好有個點子。」

隔週，麥卡吉米博士帶著一號電台的新聞記者，再次來到我家。這位記者就是鼎鼎大名的埃弗遜・馬歇亞（Everson Maseya），他的聲音我不知道聽了多少年，現在他居然到我家採訪。

「這東西你怎麼稱呼？」他問。

「我叫它電風。」

「那它是怎麼運作的呢？」

「葉片轉動，帶動發電器產生電力。」

「未來，你想要怎麼樣進一步利用你的電風？」

「我想要推廣到馬拉威的每一個鄉村，這樣大家就可以擁有電燈，還能夠抽水灌溉。」

兩天後，在等待一號電台的訪問播出時，麥卡吉米博士又帶了更多記者前來參觀。這些記者代表馬拉威的所有主流媒體：「姆吉威杜」與「黃道帶廣播」這兩個廣播頻道，以及《每日時報》、《國家報》、《馬拉威新聞報》與《守護者新聞報》。他們拿著照相機和錄音機從車子裡蜂擁而出，圍聚在風車四周。

整整兩個小時，他們在房屋裡到處參觀，替我的開關和電池組照相，為了取得最好的鏡頭

新聞記者到我們村子裡報導我的風車。對村民而言，這些記者就像名人。

《每日時報》桑瓦尼・姆瓦福勒瓦（Sangwani Mwafulirwa）攝

還你推我擠，爭得面紅耳赤。

「剛剛已經給你時間照，現在換我了！」他們喊道。

「閃邊去，我的報社比較大！」

不一會兒，院子裡聚滿了人群，交易市集的那些人聽說各大報社的知名記者來到村子裡，都圍聚過來，呆頭呆腦的瞪著他們看。

「你們看，是『黃道帶』的諾爾•姆庫威哪！」村民交頭接耳。

「終於看到他的廬山真面目了，果然是大帥哥一個！」

「你們看，他在訪問威廉了耶！」

一位記者甚至爬上塔架，仔細研究葉片和滑輪組，照相機喀嚓喀嚓響個不停。

「麥卡吉米，這小子真是天才！」他往下吼。

「沒錯，」麥卡吉米博士回答：「這就是我們教育制度的問題。我們因為貧窮，一直在流失這樣的人才；好不容易把他們送回學校，他們又得不到良好的教育。我帶你們來，是想讓全世界看到這個男孩做了什麼，我要他們助一臂之力。」

麥卡吉米博士跟我們描述他小時候艱辛的求學過程。他父親也是個貧窮的農夫，費盡千辛萬苦才有辦法讓家人溫飽，但是他父親深深體會到教育的價值。他父親在羅德西亞的金礦工作時，因為從沒上過學，受到好幾個機會的拒絕。他似乎一輩子都無法釋懷這樣的挫折。

麥卡吉米博士小時候，有一段時間，家裡種植的農作物幾乎不足以讓全家人溫飽。他自願輟學下田，讓弟弟們繼續上學，但父親不答應，並表示：「我的每個孩子都要繼續上學，你老爸就算拚了老命，也在所不惜。」麥卡吉米博士花了近十年的時間才讀完中學，三十三歲時終於得到獎學金，去松巴縣的馬拉威大學就讀，後來又到美國、英國和南非取得碩、博士學位。他在「馬拉威教師訓練活動」單位工作之前，已經撰寫了許多馬拉威的教科書，包括我小學時用的八級英文讀本。

新聞記者來訪的隔天，一號電台終於播放埃弗遜•馬歐亞的採訪。當時我正在房屋後方和姑姑閒聊，母親急著叫道：「威廉，快點來，要播了！」

我們全家都圍聚在收音機旁，我聽到廣播員說：「卡桑古市附近溫貝鎮的一個男孩製造了電風。」我的聲音從喇叭裡傳出來時，姊妹們歡聲喝采。

彷彿廣播訪談還不夠看似的，隔週《每日時報》的報導就刊載出來了，印著醒目的大字標題：「天才輟學生」。報導附上一張照片，是我在房間裡假裝把電線連接到汽車電池上，並強忍笑意的模樣。那天下午，我拿著報紙去交易市集風光一番，讓大家看看這個瘋子的豐功偉業。

「我們也在收音機上聽到你哪，」人們說：「你還得跑到布蘭泰爾接受訪問嗎？」

「沒有，是他們過來。」我回答。

「真的假的？我們真以你為榮！你代表我們鎮上表現得很好，而且你真會說話，我們好佩

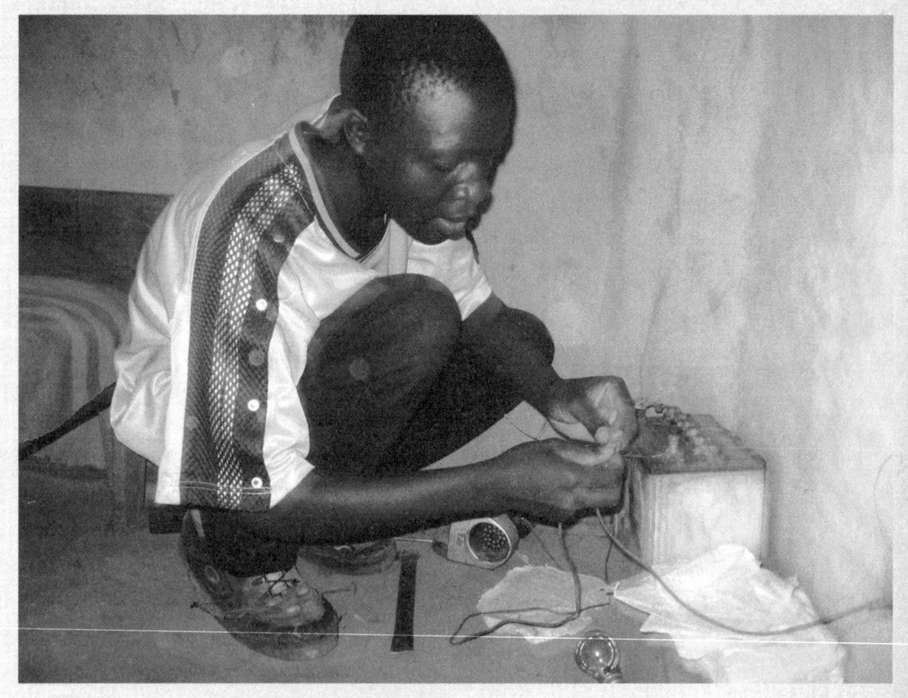

我為記者示範如何把風車的電線連接到汽車電池上。我真想大笑，但還是忍了下來，而且緊張得心裡七上八下，不過興奮的程度是不可名狀的。

《每日時報》桑瓦尼・姆瓦福勒瓦（Sangwani Mwafulirwa）攝

服！」

就一方面而言，等到這些記者來我家採訪後，鎮民才能真正接受我的風車，我不太明白為什麼，但好像這些報導是某種證明。經過廣播和報紙的報導後，來我家參觀的人數是以往的十倍。

報導刊載後不久，我著手進行迫切需要的風車改善工作。我發現，戶外廁所後方的大相思樹阻擋了最強的來風，因此風車要建得更高才行。於是有一天，父親胳臂下夾著《每日時報》的報導，前去說服菸草園的經理，請他提供幾根碩大的木杆，我用這些木杆建造了高達十一公尺的風塔。一旦不受相思樹的阻擋，葉片轉動的速度就增加了一倍，電壓也隨之提升。

麥卡吉米博士帶著新聞記者來我們家訪問後，回到松巴縣召集同事。

「我認為這小子應該要回學校，」他說：「他必須繼續接受教育，培養能力，這麼一來，這些發明才會有可信度，大家也會尊敬他的作為。要是不受教育，他的發展會受限。」

「我們同意，」一位同事說：「也許可以找個機構來支持他。」

「終究得這麼做，」麥卡吉米博士說：「但是我們得盡快讓他回到學校，我們這間辦公室的人，有沒有辦法共同湊出他的學費呢？」

麥卡吉米博士從口袋裡掏出一疊克瓦查丟到桌子上，說：「喏，這是我的貢獻，我先拋磚引玉，有誰願意跟進？」

到了那天下班時，麥卡吉米博士一共募集了將近兩千克瓦查。

那個星期，麥卡吉米博士聯絡教育部，請他們找一所好學校讓我就讀。但是沒有人回應他的電話或信函，於是他開車前往中等教育司長的辦公室。

「我寄了一封信，」他跟官員說。

「我們收到你的信了，」她說：「這個男孩的傳奇故事很有趣，我們會幫他找學校的，但沒那麼快。」

「你們這些人都在耽誤他，」麥卡吉米博士著急的說：「他正在成長，你們愈拖延，就會有愈多學校說他年齡太大而拒收。盡量加快速度吧！」

這位女士說他們會保持聯絡，但是沒有人回電。麥卡吉米博士又再去了一趟，他們請他到卡桑古市拜訪負責中央東部地區學校的主管。麥卡吉米博士又上了車，花了四個小時到達這位主管的辦公室。

「我已經讀了這個孩子的相關報導，」那位女士說：「他非常不可思議。」

「他當然不可思議，所以不要耽誤他的青春，」麥卡吉米博士說：「他需要立刻上學。」

「但總得照規矩來，」她說。

「可以通融一下吧！一定有什麼特許之類的吧！」

「好吧，」她說：「我就親自去看看這座風車。」

我在交易市集幫父親跑腿時，這位主管前來參觀我的風車。與她一同前來的，還有幾位勞工部的官員，他們西裝革履，在烈日下滿頭大汗，沒有解釋為什麼來到這裡，只問母親能否到處看看。參觀完後，勞工部的一位官員跟同事說：「這個男孩有特殊天分，我們一定要網羅他，政府需要這樣的人才！」

這位主管回到辦公室後，打電話給麥卡吉米博士。

「你說得沒錯，」她說：「這男孩需要上學，我們正好有個適合他的地方。」

「一定要是寄宿學校，而且是專攻科學的，拜託不要拖延了。」

「接下來我們會接手，」她說。

就在麥卡吉米博士幫我爭取學校時，另一件妙事正在醞釀，但我毫不知情。《每日時報》報導刊載的隔天，首都里朗威的一位馬拉威人索亞皮•孟巴（Soyapi Mumba）把報導文章帶進辦公室。索亞皮在「保巴健康信託」（Baobab Health Trust）擔任軟體工程師和程式設計師；「保巴健康信託」是美國人經營的非營利組織，目的是把馬拉威的健保系統電腦化——我們的健保系統使用的是堆積如山、雜亂無章的老舊紀錄簿。索亞皮的一位上司麥克•馬凱（Mike McKay）是高大的美國人，他看到索亞皮帶來的那篇報導文章，非常喜歡，於是在自己的部落格「駭動」（Hacktivate）上寫出我的故事。那篇部落格文章，引起了知名奈及利亞部落客暨企業家埃梅卡•奧卡福（Emeka Okafor）

的注意，埃梅卡是二〇〇七年「TED全球論壇」大型會議的活動幹事。

這麼說好了，埃梅卡要我提出申請，成為這場會議的「受邀者」。有三個星期的時間，他想盡辦法打聽到我的下落，不厭其煩的騷擾報社記者，終於追蹤到麥卡吉米博士。二〇〇六年十二月中旬，麥卡吉米博士帶著TED的申請表來到我家。我們坐在芒果樹下，他協助我回答表格上的問題，還指導我寫了一小篇自傳。他離開時，我對於TED仍是懵懵懂懂，連TED這三個字母代表的意思都搞不清楚。

〔TED代表科技（Technology）、娛樂（Entertainment）與設計（Design），每一年，具有宏觀遠見、偉大構想的科學家、發明家和改革創新人士，會聚在一起交流分享，進行國際會議。〕

我連會議是怎麼一回事、人們在這種場合做什麼，都不太確定。申請表上沒有注明會議在哪裡舉行，我猜是里朗威，但其實根本不清楚。我開始想像自己走在首都的街道上，看到各式各樣的人。聽說里朗威到處都是小偷，但我不怕，我已經決定，要是有任何事情發生，就跑到市場向婆婆媽媽們求助，她們總是熱心助人。但是要穿什麼去參加會議呢？我所有的衣服都吊掛在臥室裡的一根繩子上，已遭白蟻蛀蝕掉落的屋頂木屑粉染成紅棕色了。即使這麼寒酸，這場會議還是帶給我無限幻想的機會。

一月初，新年剛過，麥卡吉米博士的同事打電話到傑佛瑞的手機（我沒有行動電話），請他轉達我已獲選參加TED會議。

「請他準備一下，」他告訴傑佛瑞：「他要去旅行啦！」

傑佛瑞不知道細節，只說麥卡吉米博士會再打電話給我。那個星期稍晚，麥卡吉米博士來電，我剛好在傑佛瑞旁邊，他把手機交給我。

「你要去坦尚尼亞的阿魯沙（Arusha），」他說：「你將和其他的科學家和發明家一起接受表揚。從世界各地來的人都會聚集到那邊，也許這次會議會帶來意想不到的收穫。」

哇，阿魯沙。我想像這趟客運之旅，不知道要坐多久？我得帶一堆吃的，甜餅和烤玉米應該不錯，畢竟我一毛錢也沒有啊！

「還有一件事很重要，」他說：「我們要趁飛機客滿前，趕快幫你訂機票。」

「要搭飛機去？**我的老天！**」

「沒錯，他們想知道，你在旅館要住吸菸房還是非吸菸房。」

「旅館？我要住旅館？」我之前百分之百確定，自己一定會住在酒吧附近的民宿裡，那種窮人的落腳處。

「當然住旅館啊，」他說：「而且我還有另一個好消息。威廉，你要回到學校了。」

與教育部研議了幾個月之後，我終於獲准就讀馬帝希中學（Madisi Secondary），那是一所公立寄宿學校，距離我家有一個小時的車程。這不是麥卡吉米博士建議的科學導向學校，因為我超齡又輟學了幾年，那些明星學校的校長不願意收我。然而，馬帝希的校長羅內克•班達（Rhonex

Banda）先生受了我的故事感動，願意額外花時間幫我趕上學業進度；我可是遠遠落後哪。

在麥卡吉米博士幫我規劃阿魯沙之行時，我打包行李準備上學。這是我第一次離家住校。傑佛瑞的哥哥耶利米在兩、三年前搬到里朗威，幾個星期前我去拜訪他時，順便買了一個黑色行李箱。我打包了牙膏、牙刷、夾腳拖鞋、蓋被、三件運動衫、一條長褲、一件看得過去的襯衫、一雙襪子和兩條內褲。我拉著附輪子的行李箱穿過院子，在芒果樹下停下來；父母和傑佛瑞等在那裡。

「應該很快就會再看到你們了。」我說。

「用功讀書，」父親說：「我要你知道，我們非常以你為榮。」

傑佛瑞把行李綁在腳踏車上，我們推著腳踏車走向小貨車站牌，順道到吉伯特家道別。

「我們沒有電話，要怎麼聯絡呢？」吉伯特問。

「這的確很麻煩，」我說。

「也許我可以去找你。」

「啊，太好了，吉伯特，歡迎你來找我！」

「老兄，我會想念你的。」

「我也是。」

到了站牌，不一會兒，小貨車就沿著道路開過來，揚起一陣紅色塵土。傑佛瑞招手攔下。

「學期結束時，就可以看到你囉，」他說：「你到那裡之後，找個有手機的人，把他的號碼傳給我，我們就用這種方式講話，我保證打給你時，吉伯特會在場。」

「太好了，」我說：「幫我照顧風車好嗎？什麼大小事情都要讓我知道。」

「當然、當然，別擔心。」

我跟其他乘客一起擠上小貨車，找到一袋木炭充當座位，一路搖搖晃晃前往卡桑古。到了卡桑古再轉搭小巴，沿著M一號公路前往馬帝希小鎮。小巴把我放在鎮郊的公路交會處，那裡有一條長長的道路通往學校。我拖著行李，顛顛簸簸的走了一公里的碎石路，才抵達學校的鋼製大門。不消幾分鐘的時間，我就分配到一間宿舍，有了室友、吃了餐點、拿到一份安排緊湊的課程表。一切是如此的新鮮且陌生，我有點招架不住——但是上帝啊，在一間真正的學校學習，真的是人間至樂！

馬帝希的教室屋頂堅實不漏水，平滑的水泥地板上沒有坑洞，完好無缺的大窗戶透進陽光、抵擋寒風。我確實擁有自己的書桌，而且桌上還有筆筒。晚上自修時，真正的日光燈在上頭嗡嗡作響（至少沒停電時是如此）。

科學課程在真正的化學實驗室裡進行，架子上排列著光學顯微鏡、大捆的高電阻電線、玻璃燒杯，以及裝著硼酸的舊罐子。說來你可能不信，我們老師普薛斯•克秋羅拉（Precious Kochola）先生教授的前幾課，有一課就是關於電流流經電鈴的過程。我早已把這個概念應用在風車和斷路器上，但是聽到老師用科學術語（而且是用英文）解說，卻彷彿是生平第一次聽到。

但是馬帝希跟馬拉威的其他學校一樣，都要靠政府補助，而跟其他更具名望的寄宿學校不同的地方，在於馬帝希長期受忽視。科學實驗室的大多數儀器，年代可追溯至班達總統時代，老舊不堪，化學藥品已經過期，有危險之虞，顯微鏡鏽跡斑斑、刮痕累累，至於電鈴那堂課，沒有哪顆電池能供電。

「要是你們有人在宿舍有多餘的乾電池，我很樂意示範給你們看，」老師說。

大家都沒有，我們只好自行想像。

我們的宿舍骯髒凌亂，牆上滿是塗鴉，浴室的小便斗無法沖水，因此一年級生（也就是我這個新來的傢伙）必須負責每天清掃，免得惡臭熏天。宿舍房間嚴重不足，一張小床要擠兩個男生。我的床友叫做甘迺迪，他從不洗襪子。

「嘿，老弟，你上床前要先洗腳才行，」我跟他說。

「抱歉，有沒有洗，我總是分不出來，」他說：「我保證明天就洗，對天發誓。」

但是他從沒實踐諾言。我醒來時，經常發現他的腳就頂住我的嘴巴。

我比其他學生都大了幾歲，因此一些同學開始嘲弄我。

「喂，老頭，你把幾個孩子丟在農場，自己跑來讀書啊？」他們大聲問道。

「兩個兒子，」我說：「第三個就快要出世了，可能下個月喔！」

「這老頭自以為幽默，」他們潑冷水：「牧童，你花太多時間跟牛作伴了啦！」

有一天，我決定終止他們的冷嘲熱諷，拿出那則關於風車報導的剪報，放到桌上。「喏，」我說：「這就是我之前做的。」

我的室友深感佩服。「真厲害，老兄！」他們讚嘆：「你怎麼辦到的？」此後再也沒有人嘲笑我了。

輟學了五年，對於能回到學校就讀，我充滿感激。但是在這陌生環境待了兩星期，加上離鄉背井的孤寂感，讓我變得有點落落寡歡。下課後，我經常躲在學校圖書室，那裡有一排排的書籍。我會找一張椅子坐下來，翻開地理、社會、農業、生物、英文和數學課本研讀。我迷失在美國史及非洲史裡，以及色彩繽紛的世界地圖中。不管外面的世界多麼陌生，不管我多麼孤單，這些書總是讓我想到家，想起那段坐在芒果樹下讀書的日子。

我在馬帝希就讀時，麥卡吉米博士忙著幫我安排阿魯沙之行。幾個月前，他幫我申請了一本護照。我從沒搭過飛機或住過旅館，於是趁著一個週末，他到學校接我出來，為我上了國際旅行速成課程。我搭乘六小時的小巴到松巴縣，然後我們倆前往許多觀光客下榻的馬松葛拉（Masongola）飯店。他請經理帶我參觀房間，教我填寫住客登記卡，以及如何在餐廳點餐。由於馬松葛拉飯店過於昂貴，麥卡吉米博士另幫我在彼得旅社（Peter's Lodge）訂了房間，這是我生平第一次住旅館、第一次睡在真正的床墊上。

麥卡吉米博士也募款幫我買了筆挺的襯衫和黑色西裝褲，讓我在這趟行程穿著，這是我擁有過最體面的衣服。他也告訴我一些實用的旅行忠告：比如在飛機上，我會有一個座位，那個座位只有我才能坐，所以不需要像搭小巴那樣，急匆匆的硬擠，用手肘把人撞開；飛機上的廁所旁有個標示燈，如果亮的是紅燈，表示裡頭有人；有些人第一次坐飛機時，胃會不舒服，因此每個座位皆附有嘔吐紙袋。我很高興聽到這一點，因為我確定自己到時候一定需要。

六月，我離開學校，搭小巴回家打包行李。隔天早上，一位司機出現在我家門前，要接我去里朗威的機場。

「兒子要離開我們，搭飛機去旅行哪！」父親滿面春風的跟母親說。

「沒錯，」我說：「在空中像鳥兒一樣飛翔。我經過家裡上方時，會跟你們揮手的。」

「我們會特別注意，你會看到我們在這裡的。」

接著父親在我的口袋裡塞了一包烤花生，還熱熱的。

在里朗威的那個晚上，我緊張得睡不著，整晚都在旅館房間裡看「超級體育台」。太陽出來時，我還沒入睡，可是要準備出發了。

簡直叫人不敢相信，飛機上我旁邊坐的就是索亞皮•孟巴本人，就是來自里朗威、看到我的報導的那位軟體工程師。他很有教養，在不知道我是誰時，先自我介紹了一番。在我報上姓名和目的地時，他驚嘆：「唉呀老天，風車小子威廉？」然後告訴我，是他把報導拿給麥克•馬凱看，麥克進而把我的故事發表在部落格上。大家之所以聽過我這個人和我的風車，以及現在之所以能參加這次會議，全都是因為索亞皮的關係，而現在本尊就在飛機上，就坐在我旁邊！索亞皮剛好也是ＴＥＤ全球會議今年的主題「非洲：下一篇章」的百位受獎者之一，他因為在「保巴健康信託」的程式設計工作上有傑出貢獻，而獲邀接受表揚。如此的巧遇，令我開心得彷彿飛上了天。

飛機明亮乾淨，冷氣讓炎熱的天氣涼爽怡人，坐在這裡真幸福！飛機往跑道滑行時，我緊抓著座位扶手，忍不住咧嘴笑。我確定飛機上每個人都知道這是我第一次搭飛機。周圍的人穿著體面，全身散發著自信，他們有重要的事情要辦，他們生活繁忙，需要搭飛機到世界各地出差。飛機沿著跑道加速前進，然後往上飛入空中時，我把頭緊緊靠著椅背，咯咯笑出聲來。

現在，我大概也成為這些重要人物中的一員了。

第十五章

接下來要做什麼

我們抵達阿魯沙機場時，索亞皮協助我通關入境，我緊張得英文也不會說，幸好有他幫我翻譯。他住的旅館跟我的不同，因此我們提領行李後就分道揚鑣，我坐上接駁巴士前往阿魯沙飯店。離開機場時天色已暗，不曉得到了早上，會在這個陌生的地方看到什麼樣的景色。

會議在距離阿魯沙市約三十公里的恩古爾杜托山度假旅館（Ngurdoto Mountain Lodge）舉行。隔天早上離開阿魯沙飯店時，我環顧四周，想看看坦尚尼亞的景象和氣味是否跟馬拉威不同，但是觸目所及卻是非常相似的情景：州際公路上小巴川流不息，裡頭擠滿乘客；噗噗排放黑煙的大卡車緊急轉彎，好避開搖搖晃晃騎著腳踏車的老人家。路旁有衣著破爛的孩童在兜售香菸，而制服鮮亮的學生昂首闊步，穿過飄揚的塵土走向學校；我看到村莊婦女頭上頂著大捆蔬菜，瞥見農夫在田裡工作。

但是阿魯沙跟馬拉威不同的地方是，阿魯沙到處枝葉扶疏，而且不僅如此。幾分鐘之後，接駁巴士的司機指著遠方介紹：「看那邊——吉力馬札羅山，非洲最大的山。」

山出現在眼前，山頂白雲繚繞，就跟書上的圖片一模一樣。我無法相信，像我這樣的普通人會爬上那座大山，但我知道他們爬上去過。麥卡吉米博士之前說我這次的旅行會很棒時，我猜他說得沒錯。我已經開始在腦中列出全世界我想參觀的地方了。

吉力馬札羅山氣勢磅礴，帶給我極大的信心，但是一抵達度假旅館會場，那股自信似乎一股腦兒的消失無蹤。大廳聚集了很多不同種族的人，有許多是來自歐美國家的白人，此外還有很多非洲人，但是就連他們也講話速度飛快，而且操著奇怪的腔調。每個人都在用手機講電話，我暗自祈禱不會有人來找我攀談。我在接待中心報到後，走到旁邊的角落，希望自己鑽入地洞、消失不見。

但沒這麼好運。幾分鐘後，一位男子走上前來伸出手。他個子高大，戴著亮紫綠色的眼鏡。

「哈囉，歡迎來到TED，」他說：「我是湯姆，您的大名是？」

我只練了一句英文，就讓它順口的溜出來：「我是威廉•坎關巴，來自馬拉威。」

他奇怪的打量我，也許我剛剛說的是奇切瓦語。

「慢著，」他說：「你就是造風車的那個人。」

湯姆負責統籌TED的所有企業贊助者，其中包括支付我機票與旅館費用的那些人。幾個月前在TED的紐約辦公室裡，那位奈及利亞部落客埃梅卡，向湯姆敘述我的風車，說：「你絕不會相信這個故事……」但是湯姆不曉得埃梅卡後來簡直是翻遍了馬拉威的每顆石頭，費盡千辛萬苦才找到我，帶我來到阿魯沙。幾分鐘後（我支支吾吾用有限的英文字表達），湯姆問我是否願意到台上與所有「ＴＥＤ人」（他這麼稱呼）分享我的故事。我聳聳肩——有何不可？

「你有電腦嗎？」他問。

我搖搖頭，說：「沒有。」

「有任何風車照片嗎？」

這我倒是有。幾個星期前，麥卡吉米博士的朋友來到馬帝希中學，幫我用記者到我家拍攝的照片準備報告資料，以防萬一；他從手提包拿出手提電腦來做簡報，不過當時我完全不知道這就是電腦。我原本以為電腦跟電視一樣大，而且電源要連接到牆壁的插座上。這種大電腦，我們馬帝希中學就有幾台，都是班達總統時代留下來的，而且沒有一台能用。那位朋友離開前，交給我一個連接繩子的怪異立方形物體（隨身碟），吩咐我：「把這個掛在脖子上，這就是你的簡報資料。」於是當湯姆問我有沒有照片時，我立刻解開襯衫，拉出繩子。湯姆似笑非笑的看著我，然後把這個立方形物體插進他的手提電腦。

「我把這個複製到我的電腦上就好了，」他說。

這時我才明白手提電腦為何物。**當然了**，我心想，**是個攜帶式的電腦，真是好點子！**

湯姆注意我看見手提電腦時心花怒放，便詢問道：「威廉，你看過網際網路嗎？」

「沒有。」

於是湯姆帶我到一間安靜的會議室，要我坐在他的電腦前方，他解釋什麼是觸控板：只要用手指在上面移動，就能夠引導螢幕上的游標。

「這是『谷歌』，」他說：「可以找到所有事情的答案。想要搜尋什麼嗎？」

「風車。」

僅僅一秒，就出現五百萬筆查詢結果，那些風車照片和模型遠遠超乎我的想像。我們也搜尋太陽能。接著，我們點擊「谷歌地球」（Google Earth）網站上的馬拉威地圖，放大從外太空拍攝的溫貝鎮。現在想想覺得很好笑——在東非的這場論壇裡，會議室外頭齊聚著全世界科技領域的頂尖人才，而我卻在會議室裡第一次看到網際網路。我看啊，他們可以在我頭上放上閃爍的招牌，吸引大眾買票入場。

接著湯姆幫我設立電子郵件信箱，他為了示範運作方式，還從另一台電腦寄信給我。接下來兩天，我會見識到許多不可思議的科技產品，像是黑莓機、數位攝錄相機，甚至 iPod Nano。我把 iPod Nano 拿在手上不停翻轉，最後才問：「它的電池在哪裡？」（不久之後，我就會掰開這些 iPod，修理起來了。）

但是 TED 最妙的地方不是網際網路、新奇的小機件，甚至也不是自助早餐（儘管早餐供應三種肉品，還有我每晚都夢到的雞蛋、酥皮點心和水果）。最精采的部分，是每天站在台上的其他非洲人，他們分享自身的故事、表達遠景，說明如何讓非洲大陸成為更適合我們居住的地方。

發表者包括剛果的生物學家柯奈・伊旺格（Corneille Ewango），他在內戰期間冒著生命危險，拯救瀕臨絕種的動物，甚至把他的荒原路華（Land Rover）汽車引擎埋起來，把實驗室儀器藏在樹林裡，免得遭反叛軍奪走。一位衣索比亞男子發明的冰箱，是利用水從沙子裡蒸發來運作的，可以在沒有電的村莊裡使用。奈及利亞人寶拉・歐拉比西（Bola Olabisi）成立了一個團體，召集非洲所有的女性發明家。其他「TED人」是醫生和科學家，利用有創意的點子和方法來打擊愛滋病、瘧疾和結核病。就連埃里克・赫斯曼（Erik Hersman）也出席參加——他在他的部落格「非洲小工具」（Afrigadget）上撰寫我的風車故事，跟麥克・馬凱一樣，是頭幾位在部落格介紹我的風車的人。埃里克在肯亞和蘇丹長大，但不具有非洲血統，可是他說的話把我們這群人的特色，做了完美的總結：

「非洲人每天都把有限的資源靈活運用。他們發揮創意，克服了生活在非洲的挑戰。世界視為廢物的東西，非洲拿來資源回收；世界視為垃圾的物品，非洲從中看到新生命。」

湯姆協助我準備上台發表時要說的話，但是當然，一走進演講廳，那些字句就飛出了我的腦袋。我帶來的簡報有點太長，於是TED的負責人克里斯・安德森（Chris Anderson）改成在台上問我問題。我聽到克里斯呼喚我的名字時，緊張得兩腿不聽使喚。

「別擔心，」湯姆拍拍我的肩膀，悄聲說：「深呼吸就對了。」

我走上台階時，心臟跳得飛快，有如激烈的鼓聲。聽眾共約四百五十人，包括這幾天所有曾上台發表的發明家、科學家和醫生，現在他們全都坐在聽眾席上看著我。我站上講台、轉過身時，天花板的強烈光線照得我眼睛睜不開、腦筋一片空白。之前準備的內容，似乎都隨著心臟的砰砰鼓聲起舞，在眾人的矚目之中耗散了。

「我們準備了照片，」克里斯說。他指著我後方，我家房屋的巨幅照片立刻出現在牆上。我看到泥磚牆、茅草屋頂、晴朗的藍天；在演講廳裡的我，幾乎能夠感受得到那熾熱的太陽。

「這是哪裡？」他問。

「這是我家，我住的地方。」

「在哪裡？哪個國家？」

「在卡桑古，馬拉威，」我說。**糟糕，文法錯誤**。我趕緊糾正：「啊，是在馬拉威的卡桑古。」

我的手開始發抖。

「五年前你有個構想，」克里斯說：「是什麼呢？」

「我想做風車一個。」**又錯了**。克里斯微笑。

「那你做了什麼？怎麼實現夢想？」

我深吸一口氣，豁了出去：「我輟學後，就去圖書館……找到風車的資料……」**繼續啊，加油……**「我放手一試，我成功了。」

我以為聽眾會嘲笑我破爛的英文，但卻只聽到熱烈的掌聲，讓我又驚又喜。聽眾不只拍手鼓掌，甚至起身喝采。我好不容易回到座椅上時，甚至發現有幾個人在流淚。經歷了這麼多年的苦難——饑荒、時時恐懼家人遭遇不測、輟學與父親的悲痛、康巴之死，以及努力實現夢想所得到的冷嘲熱諷……在經歷這一切之後，我終於受到認可。這是我這輩子第一次，覺得置身於瞭解我所作所為的人群之中。胸口的重擔似乎脫離了，重重的落在演講廳的地板上。我終於可以放鬆下來，現在周圍皆是知音。

接下來的一、兩天，大家排隊跟我說話。

「威廉，能跟你合照嗎？」

「威廉，請跟我們一起用午餐！」

我的報告中，甚至有一句話成為會議的座右銘。不管走到哪裡，都會有人向我喊道：「我放手一試，我成功了！」我覺得太榮幸了，真希望父母、吉伯特和傑佛瑞能親眼看到這一幕，他們一定會覺得很光榮。

我的故事似乎觸動了湯姆的心。他後來跟我說，他小時候也是花很多時間亂弄電子產品，進行各種異想天開的實驗。當初見到他時，他問我希望有朝一日能夠達到什麼目標。我說有兩個目標：一是繼續上學，二是建造更大的風車，好灌溉我們家的農作物，這麼一來就再也不會挨餓了。就馬拉威的標準而言，這種目標似乎是不可能的任務，我們國家大多數人一輩子都眼睜睜看著這樣的美夢幻滅。但是湯姆表示，藉著TED社群在阿魯沙齊聚起來的力量與影響力，學費和風車還算是簡單的願望。他建議，因為我是大有可為的創業家，我們應該要試著透過募款來達到這些目標，而這當然少不了一個能夠打動人心的電腦簡報。

「你就像矽谷的新公司，我是你的董事會成員，」他說：「我們把簡報到處放給人看，一定能幫你募到錢。」

矽谷是什麼我不清楚，但是很願意有他助我一臂之力。會議剩下來的幾天，湯姆與許多美國發明家與企業領袖攀談，用手提電腦播放我的簡報資料，請他們幫助我達成夢想。他在晚餐時，硬是找機會跟他們說話，甚至一起搭接駁車回旅館，在坑坑洞洞的道路上（這是非洲的招牌），一路站著訴說我的故事。他接觸的人幾乎都願意提供協助，有些甚至當場打開皮夾，交給我們數百元美金的紙鈔。

全球數一數二的創投業者約翰・道爾（John Doerr）自願成為我的首批投資者。其他人，比如昇陽電腦公司的研發長約翰・凱吉（John Gage），以及線上旅遊服務「意得網」（Priceline.com）的發明者與創辦人傑・渥克（Jay Walker），也陸續慷慨解囊。我由衷感謝這些善心人士，祈禱上帝祝福他們。

會議結束後，湯姆沒回家，而是跟我飛回馬拉威，幫我轉到更好的學校就讀，以及購買擴建風車所需的材料。我們在里朗威辦的頭幾件事情之一，就是買下兩隻手機，一隻給我，另一隻給我父母，這麼一來，我離家時就可以跟他們聯絡，再也不會覺得孤單寂寞了。

我們跟麥卡吉米博士搭計程車到馬斯塔拉村，拜訪我家人。我們轉進泥土路，往我家的方向行駛時，看到遠方矗立的風車那麼美麗怡人。一如往常，風車葉片快速旋轉，風塔前後搖晃。湯姆站在風塔下好長一段時間，不是喀嚓照相，就是往上凝視。

「它不只實用，」他說：「威廉，這是藝術。」

我帶他參觀宅院，帶他看汽車電池和燈泡。他看到我房間裡收音機和牽引機的零件堆滿角落，不禁放聲大笑，說：「大概每個偉大的發明家，都在某個地方藏了一堆垃圾。」我也示範電燈開關、斷路器，以及戶外燈泡的防水裝置——門廊燈用的只是小的汽車車燈，我把一般的白熾燈泡掏空，放入接好電線的車燈。這個燈泡殼不只防風雨，也充當散光器。

「這裡比我想像的還豐富得多，」湯姆說。

我只是笑笑，還沒跟他講饑荒時期的故事呢！

我和湯姆回到里朗威之後，前往位於卡穆祖中央醫院（Kamuzu Central Hospital）屬地的「保巴健康信託」辦公室，拜訪索亞皮，也終於見到了麥克・馬凱。「保巴」於二〇〇〇年由英裔加拿大籍的電腦科學家蓋瑞・道格拉斯（Gerry Douglas）成立，他曾在馬拉威的衛生部擔任志工，注意到醫院在蒐集病人資料方面毫無效率。病患在骯髒的大簿子上用鉛筆登記掛號，使得擷取醫療紀錄和彙編統計資料幾乎是不可能的任務。病患經常得排四個小時的隊，才能掛到號、看到醫生。這問題沒有簡單的解決之道，不可能寄望政府當局來解決，於是蓋瑞自己想辦法。

在家鄉匹茲堡時，他一年當中大部分的日子都與家人同住，有一天他上 eBay，看到一間大批發，滿是已經停售的 iOpener 電腦，這款電腦便宜輕巧、硬體安裝在螢幕面板裡頭。蓋瑞一開始用每台二十美元的價錢買了兩百台，然後為它們接上觸控螢幕。他把這樣的電腦固定在有輪子的辦公桌上，用汽車電池供電。後來，他設計了軟體，讓即使訓練最不足的醫院職員，也能在一分鐘內掃描條碼、為病人掛號。螢幕上也會顯示病患的病歷，以及如何為他們開藥。在給予愛滋病病患藥物這方面，這個系統創造了奇蹟。這個系統的科技以及效率，在許多方面，要比美國醫院使用的任何軟體都先進。

我們前去拜訪時，蓋瑞人在匹茲堡，因此麥克、索亞皮和「保巴」的硬體技術人員彼特・奇倫波（Peter Chirombo）帶我們參觀。麥克剛好參考《製作雜誌》（*Make Magazine*）（現在是我最愛看的雜誌）的文章，做了一個小型風車，考慮用來為一間鄉村診所供電。這座風車的發電機是我從來沒見過的跑步機馬達。彼特把電鑽插進馬達的一端讓它旋轉，然後拿起馬達的兩根電線，連接到電壓計（真是了不起的玩意兒！），電壓計顯示跑步機馬達產生的電力是四十八伏特，強度是我的腳踏車發電器的四倍。

「你覺得怎麼樣？」麥克問。

「酷斃了！」我歎道。

他把這兩樣東西當禮物送給我。天堂的開口似乎愈來愈大了。

麥克和索亞皮也告訴我「深循環電池」的原理，跟我的汽車電池比起來，深循環電池提供的電流更穩定也更持久。我想試試看這種電池，於是和湯姆前往當地太陽能業者「太陽」（Solair）的營運處，買了兩個深循環電池、四個太陽能LED燈具，以及省電日光燈泡和其他材料，準備把我們家的電路及燈泡，全部換掉重裝。

工人在接下來那個星期，來到我們村裡，花了整整三天的時間汰換舊電線，挖掘地溝、埋藏電纜，安裝燈具和插座（不過我保留舊夾腳拖鞋做的開關，純粹為了展示）。有了新電線、塑膠導管和地下電纜，我們再也不用擔心電線走火。我也在風車頂端插了一根避雷針，以防萬一。

工程完成後，每個房間都有電燈，屋外也有兩盞。由於家裡的暗色泥磚牆非常會吸光，我們上了白漆，幫助反光。我也在屋頂安裝太陽能板，增加輸入的能源。有朝一日，我們村子裡家家戶戶都會安裝太陽能板，還有儲存電力的電池。每家每戶都有燈光後，我們村子就會在晚上發光。

我們聯絡了這一區的幾間私立中學，他們都因為我年紀太大而拒絕收我。最後找到位在里朗威，由長老會傳教士主持的「非洲聖經書院基督學院」（African Bible College Christian Academy）。校長恰克•威爾森（Chuck Wilson）是來自加州的美國人，我的老師是來自加拿大的羅莉莉•瑪琪琳（Lorilee Maclean）。

雖然我的程度落後其他大多數的高中生，但是瑪琪琳老師和威爾森校長願意放手一搏，讓我就讀。瑪琪琳老師有個條件：每天放學後，我不能回到家裡過著貧窮的日子，而是要在里朗威找個好地方住下來。

當時我在城裡沒有親戚，於是蓋瑞把他家的一個房間借給我住。我在蓋瑞家擁有自己的臥室及書桌。管家南茜也確保我吃了足夠的**希瑪**和佐料，以免想家。一切都很順利，但是因為住在城裡，每星期都會停電幾次。我忍不住想，自己費盡千辛萬苦把電力帶到村子裡，現在卻坐在都市裡，沐浴在功成名就的黑暗中。蓋瑞笑說，我應該隨身攜帶風車。

這段時間，蓋瑞成了我的良師益友。他曾經在英國當過業餘飛行員，後來住在加拿大，工作是開直升機，因此我總是問他一堆關於引擎之類的問題。有時候用過晚餐，蓋瑞會解釋直升機如何運作，主旋翼的葉片如何捕捉氣流，抬起沉重的機身，而尾旋翼如何防止直升機繞圈子打轉。他也指導我的英文，尤其是正確發出 l 和 r 這兩個字母的發音——我們說奇切瓦語的，總是搞不清楚這兩者有什麼差別。這些正音課有時候在浴室的鏡子前進行，方便蓋瑞示範。

「好，威廉，看著我的舌頭說 library。」（譯注：library 是圖書館）

「Liblaly。」

「L-i-b-R-a-R-y。」

「L-i-b-L-a-L-y。」

「慢慢來，你以後就會抓得準了。」

我們在非洲聖經書院基督學院的課程，採用的是來自美國的遠距離教學學程，透過網際網路來學習。僅僅一、兩個月前，我連網路都沒看過，現在卻天天利用網路，與美國科羅拉多州的老師交談。我的高中班級是小班制，只有十二個人，班上有兩個美國人、一個加拿大人、一個韓國人，以及從衣索比亞來的一男一女。非洲聖經書院基督學院的小學部有很多馬拉威小孩，但是高中部只有我一個是當地學生（每年的學費是五千美金，大部分的馬拉威人都負擔不起）。起先，我對自己的破英文感到有點丟臉，尤其聽到五歲小孩說出來的英文句子比我還漂亮後，更是無地自容。上學的頭幾天，我有點意志消沉，但是與我同樣是馬拉威人的輔導老師多福•

其卡庫拉（Blessings Chikakula）給我很大的鼓勵。

多福老師也是來自多瓦附近的一個貧窮村莊，他在那裡擔任小學老師，用幾乎寥寥無幾的薪資，養活妻子和四個小孩。饑荒期間，村子裡情況悽慘，有些人死去，其中包括他的父親和幾個學生。為了養活家人、讓他們過得更好，在走投無路之下，他搭了小巴到里朗威，想要加入軍隊。但就在即將走進軍營大門時，他的堂哥打電話來報喜，表示幾個月前多福向非洲聖經書院基督學院申請的獎學金已經通過。後來多福三十歲時，春風得意的站在妻子和四個小孩前，走上高中畢業典禮的講台。大學畢業後，學校聘請他擔任老師。

「不要只因為困難就心灰意冷、宣告放棄，」多福告訴我：「看看我，我到三十歲才上大學。不管你想做什麼，只要全心去做，夢想就能成真。」

後來，捐助者的捐款讓我能在其他許多方面幫助家人。我把村子裡每一位親戚家的茅草屋頂，都換成鐵皮屋頂。我買了床墊，從此姊妹再也不用鋪著草蓆睡在骯髒的地板上。我也買了有蓋的水桶，以後我們的飲水不會再受害蟲汙染。我買了品質較好的蓋被，這樣冬天晚上，我們就可以保持溫暖。我也為了雨季來臨，買了瘧疾藥丸和蚊帳。我安排家裡的每個人都去看醫生和牙醫。（我一輩子沒看過牙醫，但是只有一顆蛀牙！）

還有，我終於能夠回報吉伯特給我的所有幫助。吉伯特在他父親去世後，因為家裡無法負擔，不得不輟學，因此我用捐款幫助吉伯特回學校讀書，也支付學費，讓傑佛瑞和其他幾位在饑荒時輟學的堂兄弟姊妹復學。我甚至送鄰居的孩子回學校就讀。

在夢想了好幾年之後，我終於能夠在地上鑽孔鑿井，提供家人乾淨的飲水。母親說，這讓她不用從公共水井打水回家，每天省下了兩小時的時間。這座深井是方圓幾公里內唯一的自動供水系統，也開放給溫貝鎮的所有婦女免費使用，每一天會有幾十位婦女來到我家，她們不需要費力打水，就能夠輕鬆用水桶裝滿乾淨清涼的井水。此外，我利用太陽能的抽水幫浦，填滿兩座五千公升的水塔，用管子連接到父親的田地。後來更安裝了容易組裝的滴灌管路，那是跟美國公益團體「恰平活水」（Chapin Living Waters）購買的，父親終於能在一年種植兩季玉米，儲藏室再也不會有空無一物的時候了。

學校放假時，我著手打造更大的抽水風車。那座抽水幫浦現在坐落於院子裡淺井的上方，灌溉母親種植菠菜、胡蘿蔔、番茄和馬鈴薯的菜園。這些蔬菜不僅提供自家食用，也能到市場販售。好不容易，我的夢想終於實現了。

我家人無法想像我在饑荒時期搭建的小風車，會改變他們生活的每個層面，他們視這樣的改變為上天賜予的禮物。每個週末我從學校回家時，父母就用新綽號「諾亞」叫我，也就是《聖經》裡那位打造方舟、讓家人不遭上帝的洪水沖走的諾亞。

「當時每個人都嘲笑諾亞，可是看看後來的結果，」母親說：「他讓全家人逃過一劫。」

「因為你的關係，地圖上出現了我們家，」父親說：「現在全世界都知道我們住在這裡。」

二〇〇七年我剛從 TED 會議回來時，與父母站在風車旁合照。

湯姆・雷利（Tom Rielly）攝

二〇〇七年十二月，我趁耶誕節假期去美國拜訪湯姆，順道參觀在書上看到的南加州風車陣。經歷一番波折，我終於拿到簽證（非洲人要到歐洲或美國旅行總是不容易），在嚴冬之際降落紐約，身上卻只穿一件毛衣。飛機航班櫃台的女士跟我說，他們把我的行李全都搞丟了。

「我們會再打電話聯絡你，」她說。

我很納悶他們要怎麼打電話給我，我在美國連手機都沒有。

從機場搭乘計程車前往市區的路途上，我終於親眼見識了，以前常在書上讀到的美國偉大公共建設。我們行駛過平順的道路，每一個方向都有五線道。我們越過底下沒有水流經過的高架橋，接著又駛過更多的路段和更多的橋樑。遠方的高樓大廈看起來穩固堅實、櫛比鱗次，很難想像人類可以打造那麼高大的建築，而且還竟然可以行走在它們之間。

湯姆住在下曼哈頓，剛好是那種高大建築物中的一棟。他的公寓在三十六樓，我很納悶要爬多久才到得了，結果有人帶我去搭電梯，只消按一個鈕，十秒鐘就可以到達三十六樓。在電梯裡我抬頭一看，發現上方竟然還安裝了鏡子。才到美國沒多久，我心裡就已經產生了許多疑問。

進入公寓後，發現四面都是從天花板連到地面的窗戶，好像可以直接走到屋子邊緣似的。在那天之前，我到過的最高點就是我的風塔頂端，因此待在那麼高的地方，要花一些時間來調適，而且那天晚上躺在沙發上，我輾轉反側，難以入眠。

那個星期，湯姆還必須工作幾天，因此他的一些朋友志願帶我在紐約市內到處逛逛。他們其中一位還準備了一疊保暖衣物，在我抵達機場時給我，包括冬天的大衣、手套、圍巾和帽子，讓我不會凍僵。我非常感激，尤其在我的家當都遺失在非洲某處的當下，他們的貼心有如雪中送炭。

第二天，另一個朋友〔一位叫做摩妮卡•葛雷特（Monica Gillette）的著名舞者〕帶我遊覽曼哈頓。搭乘地鐵時，我看到人們用刷卡的方式進出月台，這真是個好點子。在地道裡面穿梭，而地面上就是巨大的建築物，我很驚奇它們沒有垮下來把我們壓扁。紐約市的人行道上有成百上千的行人，各往不同的方向奔馳，讓我看得頭昏眼花。我發現在紐約，人們做什麼都匆匆忙忙的，甚至連喝咖啡都沒有時間坐下來，而是拿著紙杯邊走邊喝，同時還收發電子郵件。

我站在建築工地，看著巨型起重機把大塊鋼鐵吊到空中，開始納悶美國人如何能在一年內建造完成這些摩天大樓。馬拉威獨立了四十年，卻連把乾淨的水透過水管輸送到村莊，都做不到。我們可以把巫師飛機送上天，讓鬼卡車沿路開，但是家裡卻沒有電。我們似乎一直在掙扎著趕上時代，可是就算有那麼多腦袋聰明又吃苦耐勞的人，我們還是像祖先一樣過活及死亡。

捐助我冬天保暖衣物的好心女士，叫做安德莉亞•巴克羅（Andrea Barthello），她和丈夫比爾•力奇（Bill Ritchie）經營「思維樂趣」（ThinkFun）公司，製造很酷的益智玩具及遊戲。我在TED論壇認識她，以及他們跟我年紀相仿的兒子山姆。隔天，安德莉亞和山姆又帶我再次參觀曼哈頓島，而這一次是搭乘直升機！在直升機裡，飛行員讓我戴上頭戴式耳機，坐在前座，靠近儀表版、控制器、開關和螢幕。有如玻璃泡泡般的直升機，帶我們到城市上空，飛越自由女神像，經過帝國大廈，而底下的快艇在哈德遜河上留下白色的長條痕跡，我無時無刻不在咧嘴而笑。

那週稍晚，我和湯姆開車到康乃迪克州，與傑・渥克和他的妻子愛蓮共進晚餐，我在TED論壇認識他們夫妻倆。他們家的圖書室是世界有名的，簡直是收藏偉大發明物品的博物館，裡面許多藏書具有數百年的歷史，而且寫在各式各樣的材料上面，這表示在世界其他地方，人們為了傳播知識，也是經歷一番波折。有些書的表面甚至鑲了鑽石。但是圖書室裡不止收藏書籍：天花板上還吊著蘇聯發射的第一顆人造衛星「旅伴一號」的原型，而架子上展示最原始的電腦、收音機和文字處理機，甚至還有一台納粹德國代號為「迷」（Enigma）的密碼機。但是我最喜歡的物品，是愛迪生第一顆燈泡的複製品，我從每個角度研究欣賞。我造風車產生電流讓電燈發亮，就已經夠辛苦了，但是**老天**，這個偉人創造了實際的亮光！

仔細想想，我的旅程始於溫貝鎮的小圖書館——它三個書架的書籍就像我的整個宇宙，但是現在站在這裡，我見識了世界的實際大小，而我猶如井底之蛙。有那麼多事物要看、有那麼多事情要做，我感到有點頭暈目眩。

幾天後我們飛抵加州，在洛杉磯與湯姆的姊姊和家人共度耶誕。我們開車到面對太平洋的聖摩尼加（Santa Monica）碼頭欣賞人們衝浪，我還在威尼斯海灘的木棧道上跟一個男人說話，他嘴裡噴著火，腳還踩在銳利的碎玻璃上。

那一週稍晚，我們去聖地牙哥野生動物園走走，看到長頸鹿、河馬、大象、犀牛、猴子和其他許多動物。跟你說，從我的村子往東半個小時的車程，就是卡桑古國家公園，而往西一、兩個小時的車程，就是恩科塔科塔野生動物保護區，那裡有許多同樣的動物在樹林間與草原上漫遊嬉戲——我從沒到過那兩個地方，卻飛過大半個地球，來美國看這些非洲動物。想到這點，我不禁啞然失笑。

隔天一早，我們開車穿越沙漠，到拉斯維加斯參觀「消費性電子展」，那裡有琳琅滿目、新穎奇巧的玩具和小機件，令人眼花撩亂，有如置身錯綜複雜的迷宮。許多產品利用低功率科技，比如太陽能發電的LED燈具，透過陽光為手機充電的頭戴式藍芽耳機，以及手動發電、永遠不用電池的「自由聽」（Freeplay）發條收音機。那天晚上，我們住在金銀島飯店，整晚都有汽車頭獎和其他獎品大放送，還有穿著內褲的女性端著免費的汽水給人喝。

置身於閃爍華麗的燈光之中，旁邊的吃角子老虎賭博機音樂大響，噴出湧泉般的金錢，這時站在賭場地板上的我，得提醒自己要呼吸。

「好玩嗎？」湯姆在吵雜聲中吼著問我。

「好玩，」我說，咧嘴大笑，「棒極了！」

不過說真的，過去這星期接受的所有刺激，多得我無法消化吸收，思緒又飄回那個再熟悉不過的地方。我站在風車下，一步一腳印的慢慢攀上風塔的木梯，感受到赤腳下柔軟木條嘎吱作響，那種觸感如此光滑，又被太陽曬得這麼暖。我從風塔頂端，放眼瞭望我熱愛的這個國家——寬廣的綠色田野、高地的起伏斜坡，高地往山谷送來熟悉的微風，轉動了我身後的葉片。

那天晚上，我回到旅館房間躺在床上時，讓這個風車夢把我旋轉入夢鄉；在幻想之中，風車發出類似白雜訊的聲音，有如母親會唱的歌。我進入夢鄉時一心思念著馬拉威，以及所有發自內心，因而成真的夢想。

我內心角落有一幅家鄉景象，在美國旅行時我經常躲回那裡。那景象永遠不變，每次我回到那裡，就會感到溫馨、歡喜。

但是在拉斯維加斯那一晚之後不久，我發現自己眺望著幾乎跟心中家鄉一模一樣的景色——綠意盎然、緩緩起伏的平地，遠方地平線上的山脈，以及上方清朗的藍天。只不過我不是在馬拉威，而是在加州的棕櫚泉。在我與山丘之間的那一片空曠區域裡，突然出現綿延不絕的風車，超過六千座豎立在大地上，有如一大片機械樹林。

我們駛進其中一座風力發電廠時，看到了風車真正的尺寸。在那裡，我似乎喪失了判斷規模大小的能力。葉輪機的白色圓杆有如我在電視上看到的卡通，寬到可以把我們家整個吞沒。我一下車，就受到呼嘯風聲的迎接，那是一種深遠廣大、無所不包的感覺，似乎牽引著我的呼吸。我抬頭仰望三十公尺長的葉片緩慢轉動，那有如上帝的玩具。

這一定是夢。

這些風車跟我的完全不同。每一座都高達六十公尺以上，翼展比載我來美國的飛機還長。「風力科技」（Windtec）風力發電廠的總工程師克里斯•寇普蘭（Chris Copeland），帶我參觀其中一座風車的陰暗內部。在監控室的一面牆上，電腦監視器告訴我們各式各樣的資料——小至電壓輸出，大至風速與葉片的旋轉速度。如果風力太強，電腦就會關閉轉子；不像我家的風車，有時候會因為風力太猛而啪答斷裂，葉片就像飛刀般往空中飛旋射出。

每一座葉輪機產生一萬兩千五百伏特的電力，整座風力發電廠產生六百百萬瓦以上的電力，透過地下電纜輸送到變電站，進而分送到南加州成千上萬的家庭。六百百萬瓦足以為整個馬拉威供電，甚至還有多餘的電力可以儲存（相形之下，馬拉威電力供應公司只產生兩百二十四百萬瓦）。

親眼看見長久以來在腦中幻想的風車，真有一種不可思議的感覺。現在它們就在這裡，在我面前乘風轉動。我走了一大圈，如今回到了原點。圖書館那本書上的照片讓我有這番構想，饑荒和黑暗給予我動力靈感。我自己展開這趟美妙的長途旅程。我杵在那裡，等待下一個方向指示。**接下來要做什麼？**我心想。費盡了千辛萬苦，走了這麼遠的路，未來有什麼在等我？我放眼觀望這一片廣袤無垠的風力發電廠，遠方的山脈似乎隨著旋轉的葉片翻滾舞動。

看著看著，忽然覺得它們在傳達給我一個訊息——我不用立刻決定未來的方向。我可以回到非洲、回到學校，過著長久以來無法享受的校園生活。接下來呢，誰知道？也許我可以研究這些高科技風車，學習怎麼建造它們，然後在馬拉威的綠色田野裡設置自己的風車森林。也許我可以教導他人搭建更簡易的風車，就像我在家裡打造的那座一樣，讓他們能在不需要依賴政府的情況下，提供自家的照明和用水。也許以上兩件事情我都會做。但是不管決定做什麼，我都會應用之前體會的這番道理：
想成功，就要放手一試。

結語

讓非洲充滿希望

二〇〇八年六月，我前往南非開普敦，參加「世界經濟論壇非洲會議」，談論新興國家的科技。我參與的小組討論，由超微半導體公司「50×15計畫」的丹恩•夏恩（Dan Shine）主持，該計畫的目標是在二〇一五年之前，讓全世界一半的人口連線上網。我之前在阿魯沙結識丹恩而成為朋友，因此當他請我在這個重要場合發言時，我欣然答應。

我告訴聽眾我如何建造風車，以及面臨的各種挑戰，尤其是尋找發電器的過程。我告訴他們傑佛瑞的故事，希望我在外求學時，他能夠開始教導附近村莊的村民建造風車。最後，聽眾中有人舉手發問，想知道馬拉威政府對於我的計畫有什麼看法。

「政府並不知道，」我肯定的回答，因為十幾個小時前，我才親自向總統報告。

馬拉威總統莫泰加也參加這場會議，前一個晚上，我們出席同一場晚宴。我非常景仰莫泰加總統，因為他關心農人，讓我們這樣的家庭能夠再度買得起肥料。總統坐在另一桌，晚宴後，我上前用英文自我介紹。我跟他說我是論壇的與談人，因為建造了風車而受邀來參加，總統聽了相當驚奇。

「唉呀，真是好消息！」他說，然後站起來與我一起合照，我覺得非常榮幸。現在照片掛在我們家客廳的牆上，只要有人來作客，父母一定會要他們欣賞。

離開開普敦之後，我飛往美國芝加哥，在科學與工業博物館接受表揚。展覽名稱是「快速前轉：創造未來」，內容呈現能改善世界的創新科技與構想。我的原始斷路器和電燈開關，與其他優秀人士的作品共同陳列，包括美國航太總署的智慧導航（SmartNav）火星探測器，它是機器人工程師阿雅娜・霍華（Ayanna Howard）製造的；以及完全依靠電力、時速可達一百一十公里的汽車，發明者是黛娜・梅爾姿（Dana Myers）。我很榮幸能跟這些聰明絕頂的人一塊參展。看到自己的臉放大印在海報上，幾乎跟身體差不多大小，雖然有點詭異，但也很酷。

回到馬拉威之後，我趁著暑假與家人相聚、拜訪親朋好友，也進行亟需處理的風車修理工作。我每次回家，似乎總會發現有葉片遭強風吹斷，甚至用油桶鋼片取代塑膠葉片後，也還是如此。此外，白蟻已經蛀穿塔架的木支柱，這表示我得重新搭建一座（後來我把木支柱插在水泥裡）。塔架的木支柱遭白蟻蛀得搖晃不穩，因此爬上去修理時更加危險，有時候我得戴著腳踏車安全帽，以免摔到地上時，撞壞了腦袋。

耶誕節期間在美國旅行時，我接到一則好消息——非洲領導者學院（African Leadership Academy）將提供獎學金讓我到該校就讀。那是位於南非約翰尼斯堡的全非洲人高中。

該校廣收來自非洲五十三個國家的學生，宗旨為訓練下一代的非洲領袖。創校當年的一千七百位申請者當中，只錄取了一百零六位。許多學生是像我一樣的發明家和創業家，克服重重困難，改善了家人和鄰居的生活；其他人純粹是該國最聰明的學生，在國家考試裡得分最高而前來就讀。

雖然之前在里朗威的那所學校裡，我非常用功讀書，但是在英文和數學方面還是遠遠落後。我知道約翰尼斯堡的這所學校挑戰度極高，擔心其他學生的程度遠高於我，但年紀卻遠小於我。由於講英文是我最大的憂慮之一，我的一位美國贊助者把我送到英國劍橋，上語言課程。整整五個星期，我在劍橋大學校園附近上課，與來自中國、義大利和土耳其的學生一同學習正統的英文。

週末時，我會在這座老城裡漫步，吸收這些建築的歷史背景，其中許多建築的歷史超過四百年，當時的人徒手打造，沒使用今天的現代技術。看到這點，讓我更有信心：我們非洲人也能發展非洲大陸，只要團結合作、集思廣益、共享豐富的天然資源，而不是被動等待他人協助。

八月份，短暫的回到家裡打包行李、再次與家人道別後，我飛往約翰尼斯堡。我在非洲領導者學院的課程果然緊湊艱難。第一學期我選了十門課，包括化學與物理，以及一堂關於企業家精神的課，後來這堂課成了我的最愛。位於約翰尼斯堡市郊的美麗校園，有高聳成蔭的樹木、綠油油的寬廣足球場，以及許多孔雀，牠們在早上時甚至比家裡那些咕咕叫的公雞還吵，更讓人受不了。我與來自肯亞的吉希歐拉・圖古（Githiora Thuku）同寢室，兩人很快成為好友，但是我們兩個不必擠一張床，雖然我確定他一定比我的前室友更常洗腳。

這是在TED會議之後，我再次覺得置身於具有共同幹勁的真正夥伴之中——但是這次的感覺更深刻，因為我們都經歷過類似的困難挫折，才能有今日的成就。

同學裡有來自南非垮札克雷（KwaZakhele）的米蘭達・娜提（Miranda Nyathi），她的學校因一場大型的教師罷工而癱瘓，米蘭達挺身而出，開始教導同學數學、科學和地理，努力維持學校的運作。米蘭達從那時候開始，開設一家小型錄影帶店，提供同學免費租看教育性質的錄影帶，而不必在暢飲中心虛度光陰。來自辛巴威首都哈拉雷（Harare）的貝琳達・姆內摩（Belinda Munemo），幫助當地的一位孤女創立孵卵所和養雞場，經營得相當成功，孤女因此繳得起上學的學費。我的朋友保羅・羅瑞（Paul Lorem）是來自南蘇丹的「迷失男孩」，他在戰火下倖存，喪失雙親的他，孤苦無依的住在難民營裡；情況類似的另一個朋友，是來自剛果的約瑟夫・穆揚邦札（Joseph Munyambanza），他全家因戰爭逃離，住在烏干達的難民營裡，因此約瑟夫是在烏干達就學的。

這些同學的故事都讓我深受啟發。即使課業艱難、備受挫折，但光是與他們共同生活，就能幫助我繼續往前。不曉得還有多少像我們這樣的人，依然在他們的旅程上奮鬥；想到他們，就讓我想起最近在書上讀到的一句引文，是偉大的金恩（Martin Luther King）博士說的：「如果你無法飛翔，就用跑的；如果無法奔跑，就用走的；如果走不動，就用爬的。」我們要鼓勵那些依然在掙扎度日的人繼續往前。

我和同學談論要創造一個新非洲，一個領袖輩出、而非處處皆是受害者的地方，一個充滿創新、而非依賴別人慈善施捨的家鄉。我希望我的人生故事，能觸及到那些試著提升自己和社會的兄弟姊妹，在他們對於自身的窮苦環境感到氣餒時，知道他們並不孤單。只要團結合作，我們就能幫助他們像我一樣，跳脫命定厄運，打造更美好的未來。

在造風車以前，我以為一輩子都要像父親一樣，
也像大部分的馬拉威人一樣，當個看天吃飯的農夫，
但是我放手一試，造出風車，實現了內心渴望的小小夢想之後，
我的人生因此有了難以想像的大轉折。

我希望跟我一樣陷入窮困無助的人，知道我的故事後，
能因此生出信心，不因生活磨難而放棄內心的夢想渴望。
因為，放手一試，就能成功，看我就知道。

photo_湯姆・雷利（Tom Rielly）攝

湯姆・雷利（Tom Rielly）攝

從前，風塔的頂端是我到過最高的地方，沒想到這裡只是起點，我有幸從這裡往外飛翔，開拓眼界，學習更多知識；將來，我要幫助我的同胞一起轉動非洲新希望。

風車，繼續轉動

還在非洲領導者學院讀書的坎寬巴，
已經迫不及待開始為家鄉的建設努力了，
他與因受他故事感動而設立的「轉動風車計畫」（Moving Windmills Project）、
以及專門幫助開發中國家建學校的「建造組織」（buildOn.org），
正合力重建他以前就讀的溫貝小學。

坎寬巴的個人網頁
http://williamkamkwamba.typepad.com/

科學文化｜138A

馭風 男孩

作者／坎寬巴、米勒
譯者／吳茵茵
總編輯／吳佩穎
策畫群／林和（總策畫）、牟中原、李國偉、周成功
編輯顧問／林榮崧
責任編輯／林文珠、畢馨云
美術編輯暨封面設計／江孟達工作室（特約）

出版者／遠見天下文化出版股份有限公司
創辦人／高希均、王力行
遠見・天下文化 事業群榮譽董事長／高希均
遠見・天下文化 事業群董事長／王力行
天下文化社長／林天來
國際事務開發部兼版權中心總監／潘欣
法律顧問／理律法律事務所陳長文律師　著作權律師／魏啟翔律師
社址／台北市104 松江路 93 巷 1 號 2 樓
讀者服務專線／（02）2662-0012
傳真／（02）2662-0007；（02）2662-0009
電子信箱／cwpc@cwgv.com.tw
直接郵撥帳號 1326703-6 號　遠見天下文化出版股份有限公司

製版廠／東豪印刷事業有限公司　印刷廠／柏皓彩色印刷有限公司
裝訂／聿成裝訂股份有限公司　登記證／局版台業字第 2517 號
總經銷／大和書報圖書股份有限公司　電話（02）8990-2628
出版日期／2010年 2 月 26 日第一版第 1 次印行
2023年 9月 1日第二版第 5 次印行

原著書名／The Boy Who Harnessed the Wind: Creating Currents of Electricity and Hope

4713510946602（英文版 ISBN：978-0-06-173032-0）　書號：BCS138A　定價：380元
天下文化官網 bookzone.cwgv.com.tw

國家圖書館出版品預行編目資料

馭風男孩
坎寬巴 William Kamkwamba、
米勒 Bryan Mealer 著；　吳茵茵 譯
-- 第一版. -- 臺北市：遠見天下,
2010.02
面；　公分. -- (科學文化；138)
譯自：The Boy Who Harnessed the Wind : creating currents of electricity and hope
ISBN-978-986-216-488-4（平裝）
1. 坎寬巴(Kamkwamba, William)
2. 發明 3. 風力發電 4. 風車
5. 傳記 6. 馬拉威
786.8498　99002242